张恩祥　范宝祥◎主编

身边的榜样

SHENBIAN DE
BANGYANG

中国政法大学出版社

2021·北京

图书在版编目（ＣＩＰ）数据

身边的榜样/张恩祥，范宝祥主编. —北京：中国政法大学出版社，2021.12
ISBN 978-7-5764-0197-4

Ⅰ.①身… Ⅱ.①张… ②范… Ⅲ.①中国共产党—北京联合大学—基层组织—先进事迹②中国共产党—北京联合大学—模范共产党员—先进事迹 Ⅳ.①D267.6②D263

中国版本图书馆CIP数据核字(2021)第262847号

出　版　者	中国政法大学出版社
地　　　址	北京市海淀区西土城路 25 号
邮寄地址	北京 100088 信箱 8034 分箱　邮编 100088
网　　　址	http://www.cuplpress.com (网络实名：中国政法大学出版社)
电　　　话	010-58908441(编辑室) 58908334(邮购部)
承　　　印	北京九州迅驰传媒文化有限公司
开　　　本	720mm×960mm　1/16
印　　　张	19.5
字　　　数	320 千字
版　　　次	2021 年 12 月第 1 版
印　　　次	2021 年 12 月第 1 次印刷
定　　　价	89.00 元

编委会

主　编：张恩祥　范宝祥
副主编：赵艳霞　马振龙
编委会成员：李　霞　陈雄鹰　张志丹　朱香敏　蒋丽平

前 言

近年来，在学校党委的领导下，北京联合大学生物化学工程学院党委认真学习贯彻习近平新时代中国特色社会主义思想、党的十九大和全国高校思想政治工作会议精神，坚持以立德树人为根本任务，深化推进"课程思政"建设，努力提升"三全育人"水平，全院各级党组织、广大共产党员和师生不忘初心、牢记使命，立德树人、甘于奉献，为学院各项事业的发展做出了贡献。

为树立身边榜样、宣扬身边榜样、学习身边榜样，学院党委将近三年来学院涌现出来的优秀榜样的先进事迹汇编成册，集中展示先进基层党组织创新担当固堡垒、优秀共产党员践行使命守初心、优秀党务工作者履职尽责促发展、师德先进集体和个人立德树人育栋梁的风采，讲述他们的感人故事，诠释他们的教育情怀，为全院各级党组织和广大党员、师生提供笃学践行的生动教材。

他们的岗位都很平凡，他们的事迹或许也很平淡，但是他们就在我们身边，他们用自己的担当和坚守，激励着我们，不忘初心，牢记使命，以饱满的干事创业的热情，健全"三全育人"体制机制，落实"立德树人"根本任务，努力推动学院各项事业高质量发展，以优异成绩庆祝中国共产党成立100周年。

北京联合大学生物化学工程学院《身边的榜样》编委会

目　录
CONTENTS

壹　创新担当固堡垒

贰　坚守初心担使命

叁　履职尽责促发展

肆 立德树人育栋梁

（壹）

创新担当固堡垒

学以致用增才干 知行合一践青春

2015—2017 年度、2017—2019 年度学院先进党组织 工程与艺术系学生党支部

学以致用增才干，
知行合一践青春。

工程与艺术系学生党支部现有党员 35 人，其中正式党员 19 人、预备党员 16 人。由工业设计和建筑环境与能源应用工程两个专业构成。从支部组织结构上，支委中，由教师担任党支部书记，学生担任党支部副书记、组委、宣委等。支部在校院党委和学生处党总支的领导下，紧密围绕学院中心工作，结合专业特色，丰富创新教育形式，从学习型、服务型、创新型三个方面建设学生党支部，引领学生在提高党性修养的同时构筑属于自己的中国梦，曾荣获 2017—2019 年度北京联合大学红旗党支部称号。

一、建设学习型党支部，增强凝聚力和战斗力

（一）强化支部建设，保证发展质量

坚持开展好"三会一课"制度，认真填写党支部工作手册；做好发展党员工作，对入党积极分子、预备党员加强培养考察、教育培训，结合学院完全学分制、导师制，多方面听取班主任、导师、宿舍党支部、团支部的意见，全面把握学习、生活、工作各方面情况，坚持标准，保证发展质量，改善结构，慎重发展，成熟一个发展一个，推进规范化培养。

认真践行"三会一课"制度

（二）加强理论学习，坚定理想信念

在入党积极分子中除开展网上学习、听专家讲座活动外，支部还通过学生党员主讲微党课、学生宣讲团进行理论与实践结合的宣讲等方式开展学习。2018年，结合"两学一做"教育实践活动，以及纪念马克思诞辰200周年，《共产党宣言》发表170周年，组织学习党章、习近平新时代中国特色社会主义思想、《共产党宣言》等，将合格党员的标准落细落实，在生活、学习等方方面面起到先锋模范作用。宣讲团进行了诚信考试、光盘行动、感恩教育、防诈骗等方面内容的宣讲，支部还开展了手抄党章等活动，全面提高党员的思想道德修养和理论水平。

宣讲团开展理论学习、校园安全、感恩教育等宣讲

（三）结合专业特色，搭建实践平台

党建工作与大学生科技创新工作统筹兼顾，搭建大学生科技实践活动平台。支部鼓励党员积极参加境外学习交流、"挑战杯"等项目，已经举办9届

"青年创新人才联合会年会"，会上邀请学院领导和相关教师、获奖学生讲解、宣传各项科技活动，注重学生个性化发展，将科研兴趣、院系资源和导师指导有机融合，为学生搭建科技创新实践的平台，实现资源共享，提升学生科研素质和创新能力。

多年来，党员在"启明星"科技立项、数学建模、制冷空调设计大赛、节能减排科技竞赛、暖通空调创新设计大赛以及"人环奖"等诸多赛事上取得了优异成绩，这些成绩的取得激励着一届又一届学生锐意创新、不断超越。

制冷空调设计大赛获奖学生代表

第 9 届青年人才创新科技年会

（四）提升自我价值，勇攀科学高峰

在学习方面，2019 届毕业生有 6 名同学考研成功，其中有 5 名党员，5 名党员中有 2 名是支部支委。值得骄傲的是，其中 1 名同学是以总成绩 707.8 分考入了清华大学工程物理系安全工程专业。支部同志能够平衡好学习和工作，提升自我价值，勇攀科学高峰，发挥了很好的模范带头作用。

二、建设服务型党支部，增强吸引力和感召力

（一）党员联系群众，带头服务同学

支部党员坚持联系低年级班集体，承担班级助理工作，开展党团、学风、班风建设，做好新生班级引导、帮助新生适应大学生活、规划生涯、指导开展各类科技文体活动、了解思想动态、协助培养考察等。

党员坚持联系学业困难学生，帮助、督促其养成良好学习习惯、掌握学习方法。除对经济困难、心理困扰学生帮扶之外，对新疆籍少数民族学生的帮扶成为支部工作亮点。由于新疆籍学生在语言沟通上的不便和学习基础上的薄弱，在数学、英语学习和生活方面会遇到更多困难。党员及入党积极分子在课余时间开设"高数大讲堂"，在学业上进行帮扶，和新疆籍学生同庆古尔邦节，在生活中也给予更多关注，使新疆籍学生逐渐适应并喜欢上了在北京联合大学（以下简称"联大"）的学习生活。

小倪老师（学生党员倪凯松）高数大讲堂及考研分享会

庆祝古尔邦节和生活上关心新疆籍学生

（二）依托专业优势，惠及社区居民

支部建筑环境与能源应用工程专业的党员及入党积极分子自 2012 年开始，每年多次深入堡头社区，免费为居民测量室内空气质量，提供空气质量检测报告，对如何改善室内空气质量提出建议，真正做到了学以致用，广受社区居民好评。他们在学雷锋活动日进行的室内空气质量入户检测工作被北京电视台新闻频道进行了报道。

支部建立微信交流平台，每天至少转发一条时政资讯或学习资料，交流学习心得等，利用学生喜欢的形式，积极传播正能量。

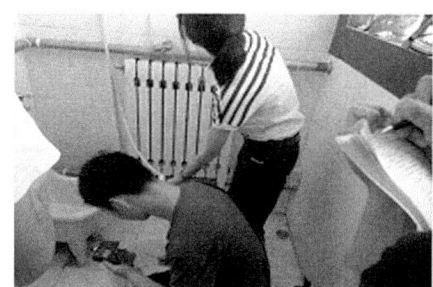

室内空气质量入户测量

北京电视台新闻频道报道　　　　　　社区室内环境检测宣讲

（三）发挥专业优势，弘扬非遗文化

支部结合工业设计专业学生特长，与丰台区王佐镇怪村党支部开展共建，对国家级非物质文化遗产怪村太平鼓进行弘扬与提倡保护，活动自 2012 年 4 月启动以来，共建几十次，手绘设计了一百多幅既包含文化底蕴，又紧跟时代潮流的鼓面，制作了钥匙链、手机壳、宣传册、台历、手提袋等周边产品，受到村镇领导、太平鼓老艺人和村民的极大肯定，吸引了北京日报、北京青年报、新华每日电讯、交通广播电台等多家媒体关注，促进了太平鼓的弘扬和发展。党员在锻炼专业能力、学以致用的同时，也增强了服务社会的意识。该活动在 2014 年获得校红色"1+1"活动第一名、北京市红色"1+1"示范活动一等奖的好成绩。共建使学生支部党员获得了成长，在深入农村服务社会的过程中，了解并逐渐喜欢上了中国传统文化，努力为传承与发展中国传统文化做出自己的贡献，达到了"知北京、爱北京、荣北京"的目的，让共建支部得实惠，实现了"1+1>2"的效果。

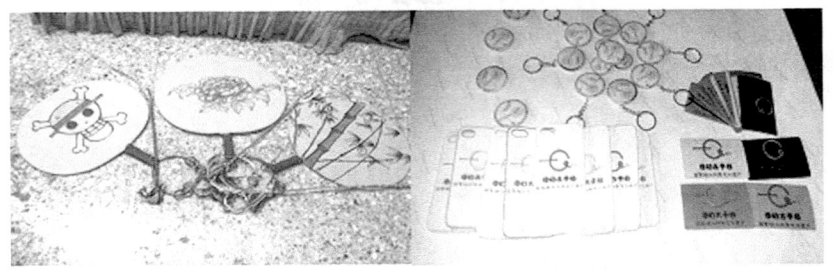

红色"1+1"共建活动 部分鼓面和整体 VI 设计作品

支部在持续关注弘扬传统文化的同时，也积极为怪村的都市农业体验园项目献计献策，测量空气质量、设计绿色蔬菜包装箱、对发展模式和规划提出建议设想、设计观光门票等。支部积极在实践中服务社会、服务社会主义新农村建设，坚持绿色发展可持续的理念，获得村、校的认可，并多次获得校红色"1+1"活动优秀策划案的一等奖。

三、建设创新型党支部，增强向心力和推动力

（一）创新活动形式，传承品牌活动

支部还依托专业平台，创新活动形式，进一步提高党建工作科学化水平。"i设计"工作室的成立是由支部学生党员牵头负责、专业教师参与指导的品牌活动，利用学生专业特长，为院系各项活动的宣传、场地布展进行设计，服务院系实际工作需求。如设计迎新晚会、毕业典礼、联大华音等大型活动的海报、背景，科技年会手册、太平鼓宣传册等。工作室主办的一年一度的风筝节至今已是第10届，每次活动历时约一个月，进行手绘和放风筝的比赛和评选，不仅发挥了工业设计专业绘画设计的优势，还吸引了全院师生共同参与，让学生在娱乐中受到教育和启发。

一年一度的风筝节活动 放飞自己手绘的风筝

支部与教工支部共建，通过《青年马克思》《老师·好》《放牛班的春天》等影片，提升党员和入党积极分子的艺术修养，同时提高思想觉悟，坚定理想信念。

支部还创建了"舍得小屋"，开展捐赠置换活动，在学院学生事务大厅设置交换空间，倡导广大师生将个人闲置资源进行捐赠或置换、免费领取等，

盘活资源，厉行节约，切实帮扶困难学生。活动吸引了全院师生的关注，并作为品牌活动长期坚持开展。

（二）创新思政载体，扩大辐射范围

支部创建公众号，通过对《马克思靠谱》图书的接力朗读，使学生走近马克思，认识、了解马克思，参与传播马克思主义，在活动中感受真理的力量。

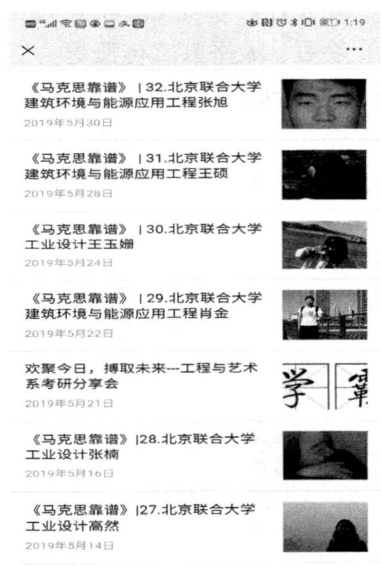

公众号上宣传和感受真理的力量

支部全体党员统一思想、求真务实，扎实推进各项党建活动，不忘习总书记嘱托，树立远大理想、热爱伟大祖国、担当时代责任、勇于砥砺奋斗、练就过硬本领、锤炼品德修为，让青春在为祖国、为人民、为民族、为人类的奉献中焕发出更加绚丽的光彩！

与时俱进 厚德敬业

2015—2017 年度学院先进党组织 经济管理系教工党支部

营造良好教风学风，
与时俱进，厚德敬业。

经济管理系教工党支部隶属经济管理系党总支，共有党员 16 名，全部为正式党员。党支部围绕学校和学院中心工作，积极争创先进基层党组织，充分发挥党支部的战斗堡垒和党员的先锋模范作用，积极提高党员思想政治水平、教学科研能力和创新进取能力，致力于为首都培养优秀的人力资源管理专业人才。

一、加强政治理论学习，规范党员纪律管理，保障支部工作稳定进行

政治理论学习方面，支部党员及时主动学习党和国家的路线方针政策，不断加强政治理论修养。在实际工作和生活实践中，通过支部集体学习文件、讲党课、小组讨论等方式不断学习马克思列宁主义、毛泽东思想、邓小平理论、"三个代表"重要思想、科学发展观的基本理论，以及党中央重要会议精神和领导人讲话等，使支部党员牢固树立无产阶级的世界观、人生观和价值观，坚定共产主义理想信念，树立正确的政治立场、政治方向、政治观点，在思想上、政治上同党中央保持一致。积极组织党员深入学习习近平总书记在党的十八届六中全会和全国高校思想政治工作会议上的重要讲话精神，深入学习《关于新形势下党内政治生活的若干准则》《中国共产党党内监督条例》等文件，掌握基本内容和基本要求，深刻认识到加强和规范党内政治生活、加强党内监督的重大意义。支部不断完善入党积极分子培养制度，积极

了解有入党意愿教师的思想、学习、工作和生活状况，及时发现问题并予以指导。支部积极宣传、执行党的路线方针政策和上级党组织的决议，团结师生员工，积极服务校院建设，在学风建设、教育教学、人才培养、招生就业、党建和思想政治工作方面发挥引领作用。

支部不断完善"三会一课"制度，每季度召开一次支部大会，每月召开一次支委会、党小组会，及时向大家传达党的最新方针政策；根据校院的安排，认真开展党课。支部完善党员"自省"制度，要求每个党员每学年上交党性分析报告，积极开展对方批评，提升个人素养。每季度支部还召开一次民主座谈会，党员相互指出对方的优缺点，互相监督，帮助党员们发扬优点，改正缺点，提高支部整体素质。支委按照工作计划，认真执行，总结问题，吸取经验。2017年3月17日，按照学校、学院组织部的工作部署和要求，支部积极召开专题组织生活会与党员民主评议会，得到了校院领导的高度好评。此外，支部积极撰写3篇城市型、应用型大学建设论文和1篇微评论，主动参与"一支部一特色"申报活动，所申报的项目成为学院党委资助的重点项目。

二、积极开展教学、教研工作，创先争优，发挥党员先锋作用，营造良好教风学风

党支部教师党员带头开设通识教育选修课、新生研讨课，努力将人力资源管理的前沿知识传授给学生，提升学生的实践技能运用能力，为首都培养了一大批优秀的人力资源管理专业人才。同时，支部教师党员提升专业育人责任意识，多次召开专业座谈会和专家报告会，提高学生专业素养。支部为每位专业教师党员发放两本以上关于专业建设、专业素养提升的图书，通过自学，在教师党员中加强专业建设，提升人力资源管理专业素养，并及时交流心得。此外，支部还邀请参加教学比赛获奖的专业教师党员，以及外校专业知名教授为经济管理系师生做人力资源管理方面的报告，进一步提升师生专业素养。教师党员共组织近40名学生在寒暑假期间分别前往白俄罗斯、我国台湾地区和我国香港地区进行学习交流，与当地师生一起交流研讨，这些宝贵的交流机会开阔了学生的视野，丰富了学生的理论知识，也提升了学校人力资源管理专业的知名度。教师党员积极组织学生参与国际劳动与雇佣关系协会第 9 届亚洲会议和第 3 届 "职业发展与就业管理" 国际论坛，促进学生了解人力资源管理领域研究前沿，并提高学生的跨文化管理能力。

在教学研究与学生指导方面，支部党员充分发挥党支部战斗堡垒作用，取得了优异的成绩。近几年来，教师党员积极开展 4 门校院级本科专业核心课程建设；成功申报校级教改项目 5 项，完成校级教改项目 1 项；指导学生成功申请大学生 "启明星" 科技立项国家级 1 项、市级 28 项，校级 11 项；获第 9 届 "挑战杯" 首都大学生课外科技作品竞赛特等奖 1 项；在校级 "启明星" 第 6 届大学生课外学术科技作品竞赛中获得一等奖 1 项、二等奖 4 项、三等奖 3 项；积极为学生创造参加各类人力资源管理专业知识和技能大赛的机会，组织学生参加了 2016 年第 1 届全国大学生人力资源管理知识技能大赛（获北京赛区选拔赛二等奖）及全国赛（获三等奖），并参加了由首都经济贸易大学主办的第 4 届人力资源知识竞赛（获二等奖）。在与兄弟院校学生的同台竞争中，教师党员所指导的学生展现出了良好的专业能力和蓬勃的精神风貌，综合素质也得到了锻炼和提高。专业教师带领学生参与国家级、省部级、校级、院级等纵向课题以及企业横向课题研究，实现毕业论文真题真做，培养学生专业素养。

三、加大科学研究力度，实现理论与实践相结合，提升师生专业素养，为首都社会发展服务

支部教师党员起到了先锋模范作用，在项目申报、学术论文发表方面取得了较好的成果。近几年来，支部教师党员成功申报了国家社科基金 1 项、北京社科基金 2 项以及校级项目多项，与企业合作开展横向项目研究 7 项，为首都部分企业人力资源管理提供了重要的专业指导。近几年来，支部教师党员积极开展学术论文撰写，发表学术论文 70 余篇，在核心期刊发表文章 30 余篇，取得了较好的研究成果。此外，支部通过多次举办学术讲座的方式，开阔教师眼界，了解人力资源管理专业领域的最新动态，提高人力资源管理专业教师科研水平，并将这些知识与实践结合，应用到党支部的规范化建设中。

四、为人师表，注重师德建设，关心爱护学生，确保他们全面健康成长

在学生管理方面，支部党员高度认真负责，积极关心学生生活、学习和社会活动开展情况，关注有困难的学生，为他们提供精神、物质方面的支持和援助。随着导师制的推行，人力资源管理专业也取消了横向班级，全部开展纵向班级建设，每名教师党员既是专业导师，又是纵向班级班主任，教师党员定期召开班会，与学生充分交流学习与生活体会，了解学生的学习动态和心理变化，更好地促进学生专业素养提高和综合素质发展。每年临近期末考试，支部党员都积极在自己班级学生中召开良好专业课程考风座谈会，树立文明参加专业科目考试的理念，警示学生要严格自律，重视考风建设，强化学生的自律和诚信意识。教师党员积极做好新生入学专业教育，并组织纵向班级学生开展"人力资源管理专业学习意义"主题班会，进一步明确学生专业学习目的，端正专业学习态度。近几年来，支部多名教师党员获得校级、院级优秀班主任、优秀教师、师德先进个人等称号。

践行核心价值观 永葆党员先进性

2015—2017 年度学院先进党组织 经济管理系学生第一党支部

践行核心价值观，永葆党员先进性。

经济管理系学生第一党支部隶属经济管理系党总支，共有党员 27 名，其中正式党员 9 名、预备党员 18 名。曾获联大生物化学工程学院 2013—2015 年度"先进基层党组织"荣誉

称号，以及联大 2015 年红色"1+1"示范活动二等奖。

2015—2017 年度，支部在学院党委和系党总支领导下，紧密围绕学院中心工作，以建设学习型、服务型、创新型党支部为目标，不断提升学生党员党性修养，增强党支部凝聚力的同时，发挥了党支部的模范引领作用。

一、建设学习型党支部

（一）健全组织机构，保障工作稳定进行

1. 完善工作制度，规范党员监督管理

支部不断完善"三会一课"制度，每季度召开一次支部大会，每月召开一次支委会、党小组会，及时向大家传达党的最新方针、政策等；根据校院安排，认真学习党课；完善党员"自省"制度，要求每个党员每学年上交两篇"自省"文章，积极开展自我批评，提升个人素养；每季度召开一次民主座谈会，党员相互指出各自的优缺点，互相监督，帮助党员们发扬优点，改正缺点，提高支部整体素质。支委按照工作计划，认真执行，总结问题，吸取经验。

2. 坚持发展标准，壮大党员队伍

支部坚持贯彻落实"控制总量、优化结构、提高质量、发挥作用"的新十六字方针，提高党员发展管理工作科学化水平。完善入党积极分子联系人制度，联系人定期与入党积极分子谈话，了解他们最近的思想、学习、工作和生活状况，及时发现问题并予以解决。

(二) 推进思想建设，提升党员整体素质

1. 读一本好书，坚定政治信仰

支部组织党员每学期读一本好书（有关党的理论书籍、世界名著以及热销书籍等），并以学习笔记的方式进行交流，提高党员的思想政治道德修养和理论水平，坚定政治信仰。

2. 办一个讲堂，提高党性修养

支部开办内部讲堂，通过党员自学自讲的方式，每个党员讲一堂课，学习党章、党史及习总书记重要讲话等理论知识，通过党建带团建，提高大学生党员和入党积极分子的理论知识水平，培养大家"自我净化、自我完善、自我革新、自我提高"的能力，争当"三者"，即"道德示范者、诚信引领者、公平正义维护者"。

3. 建一个平台，共享学习资源

建立党支部微信群、公众平台等网络信息交互平台，方便党员及时沟通交流，通过网络学习先进的理论知识，讨论世界各国最新发生的热点事件，学习最新的会议精神、方针政策，提高党员们的政治敏锐性和理论水平。

二、建设服务型党支部

(一) 建立公共服务体系，解决同学实际困难

1. 党员积极承担班级助理工作

从开学迎新到开展"新生团体辅导"活动（带领大一新生进行破冰及心理等方面的辅导），再到后期的思想引导等方面，让新生们能够快速相互熟悉，帮助他们尽快融入大学生活。通过班级助理的工作，及时解决新生刚入学可能遇到的各种问题，深入了解新生们的思想状况、心理活动等。

2. "一帮一"帮扶活动

关心学习困难、家庭困难、心理有问题的学生，关注他们的最新情况，对他们进行心理疏导。帮助经济困难生申请助学金、励志奖学金等，并学习

他们身上艰苦朴素的精神。

3. 办好一个讲座

通过举办"启明星"科技创新讲座、寒暑假社会实践经验交流讲座，为学生们集中解决学习中亟待解决的实际问题，真正做到解同学所惑。

（二）加强党群联系纽带，树立支部良好形象

1. 服务社会——社区共建

党员通过为社区居民义务量血压、派发健康宣传单、画知识板报、照顾孤寡老人等方式，发挥党员模范带头作用，参与学校附近的堡头社区文化建设，构建社会主义和谐社会。

2. 扎根农村——红色"1+1"支部共建

支部与密云区溪翁庄镇石马峪村党支部建立长期共建关系，几次共建后已略显成果。支部党员利用自身所学知识，通过改善该村的管理体系，加强财务管理的规范化；通过整合旅游资源，并制作宣传手册等途径，从内、外两部分，切实提高该村的影响力，提升该村整体发展水平。另外，支部还利用共建机会在新领域发挥支部党员的专业性，通过大学生村官作为纽带，支部与顺义区木林镇茶棚村党支部建立长期联系，目前已制订合理且有效的农产品销售和宣传方案，制订果树推广计划，并和该村签订供销协议。在接下来的共建中发展旅游新途径，重点推出该村旅游品牌五彩浅山步道，新建及拓宽原有网络媒体宣传渠道，丰富该村的对外宣传内容。通过红色"1+1"共建活动，支部全面深入农村、扎根农村，为农村的建设服务，在推动新农村建设的同时强化大学生"服务人民、奉献社会"的服务意识和奉献精神。

三、建设创新型党支部

（一）依托其他组织，创新活动形式

支部结合人力资源协会，通过举办人力资源知识竞赛、模拟面试、就业沙龙等创新型活动，组织支部成员开展及参与此类活动从而带动本专业其他学生对专业知识的学习及专业能力的提升，进一步发挥党支部对学科专业建设、人才培养工作的推动作用。

通过与其他支部共建，在执行过程中实现结对互促、双向受益、共同提高。全面推进支部工作到达一个新的高度，并且结合两支部实际情况，通过结对共建，促进双方的深入交流和学习，使共建双方党支部建设水平共同

提升。

（二）争当学习榜样，提高党员先进性

支部党员带领班级同学，进行社会实践，救助流浪动物、回收废旧电池等，参加献血及各类志愿活动，在实践和志愿服务中学习、成长。

支部党员参加"启明星"和"挑战杯"等科技活动及专业比赛，提高党员们的科研创新能力和专业能力，提升支部整体水平。支部党员在全国大学生人力资源技能竞赛中荣获全国三等奖。

支部党员带头学习，互相监督，营造浓厚的学习氛围，引导广大同学提高学习主动性和创造性，帮助培养同学们良好的学习习惯，激励广大同学成长成才，促进学风建设的深入开展。平均学分绩点 3.0 以上的党员达 74% 以上，四级通过率达 78% 以上，获得校级奖学金的党员达 80% 以上；参与各类志愿服务的党员达 85% 以上。联大高等数学竞赛、联大数学建模大赛、联大杯羽毛球锦标赛、全国大学生人力资源技能竞赛等各类竞赛中均可以看到支部党员的身影，在提高自身综合素质的同时，为校院争光。

几年来，经济管理系学生第一党支部携手奋进，践行核心价值观，永葆党员先进性，充分发挥党支部的模范带头作用，带动更多同学在学习中进步、在实践中成长。

以"四心"工程推进三型党组织建设

2015—2017 年度学院先进党组织 工程管理系直属党支部

立德树人以生为本,"两学
一做"强本固基。

工程管理系直属党支部隶属
生物化学工程学院党委,共有 26
名党员。

近年来,支部始终按照"围
绕中心、服务大局、凝心聚力、推动发展"的工作理念开展党建工作,永葆
红心,增强政治意识;奉献爱心,以学生为本,坚持立德树人思想引领;坚
定信心,发挥党员先锋模范作用;保持恒心,加强"两学一做"长效机制建
设。通过"四心工程",提高了党组织的学习能力、服务水平、创新意识,推
进了"三型"党组织建设,增强了党组织的战斗力与凝聚力,曾荣获 2015—
2017 年度联大十佳党支部称号。

一、永葆红心,增强政治意识

师生党员在自己的工作学习岗位上尽职尽责,努力拼搏,尽管教科研任
务繁重,但是支部在抓党员教育工作上始终不放松,要求党员每月过一次高
质量的组织生活,支部每月双周五下午 1:00—2:30 组织理论学习,学习包
括《学习文选》《支部生活》和《习近平总书记系列重要讲话读本》等,领
会贯彻党的路线方针和政策,增强政治意识、大局意识、核心意识、看齐意
识,明确新形势下共产党员肩负的责任。

支部注重加强学生党员和入党积极分子理论素质培养,邀请理论导师、
支部书记讲党课,以讨论、座谈、交流、读书会、党史知识竞赛等多种形式

开展理论学习，通过有规律、有质量的学习和有针对性、有指导性的实践，不断提高党支部学习能力和理论水平。支部定期开展党员民主评议，积极开展批评与自我批评，进一步坚定党员理想信念，为教科研工作顺利开展提供强有力的组织保障。

支部加强与系行政班子的协作配合，结合行政例会，开展常态学习活动，力求形式多样化，提高活动的实效性，同时加强与群众的沟通，随时接受群众监督，创造和谐氛围。每次学习活动都做到有主题、有中心发言人、有活动记录，保证学习与活动质量，增强党性观念，提高党员的政治素养与支部凝聚力。

二、奉献爱心，坚持立德树人思想引领

支部为提高服务水平，设立"系党务、政务公开栏"，及时公布院系重要工作。支部每位党员提升服务意识、弘扬友善、奉献爱心，以学生为本，坚持立德树人思想引领。支部书记以身作则，每周按时走访系办公室、实验室、系教研室，了解教职工工作情况，关心教职工生活，对反映出来的问题，及时分析、及时解决。并与全系每位教职工建立全方位联系，传达通报相关的教科研信息，努力提高工作能力和服务水平，每周多次联系学生办公室，了解学生情况，每学期召开不同群体学生座谈会，针对学生学习、思想和心理等方面易出现的问题，指导辅导员有重点地对学生进行深度辅导。目前，支部书记身患重病依然坚持在工作岗位。书记与师生的深厚感情感染了身边每一个人，带动了支部党员进一步提高服务意识。

教师党员在为学生成长成才服务、纵向建班过程中，为每位同学建立个人成长档案，为学生的个性化成长与发展提供精细化指导。完全学分制背景下，导师为学生提供专业学习方法与知识建构指导，提升学生学习能力，每年指导多名学生获得校级优秀毕业设计，吕明老师和张璋老师获得优秀毕业论文指导教师称号。导师指导学生参加"启明星"等科技活动，获 2015 年"启明星"科技立项市级 4 项、校级 2 项，2016 年国家级立项 2 项、市级立项 2 项、校级立项 1 项，6 个团队参加第 7 届全国高等院校"斯维尔杯"建筑信息模型（BIM）应用技能大赛获得优异成绩，通过科技活动的参与有效提升学生的科技创新能力。2015 年 84 名学生毕业，2016 年 103 名学生毕业，导师与毕业生密切联系、端正学生就业观念、为学生提供就业信息与就业指导，

两年均实现100%就业率。2016年工程管理系被评为学院就业工作先进单位，张璋老师被评为校级就业工作先进个人。2016年王仕卿老师被评为校级"三育人"先进个人及校级优秀导师。

学生党员为普通同学服务，每年组织新生上晚自习，帮助他们形成良好的学习习惯；党员与入党积极分子组成帮扶小组，学期末为学业困难学生答疑解惑，有效提升学业困难学生成绩；献血活动中，学生党员积极参与献血，传递爱心；就业工作中，学生党员为就业困难同学提供就业信息，从朋辈角度提供帮助。

在红色"1+1"支部共建活动中，支部以"红色力量传递温情"为主题，与通州区人工耳蜗学校党支部开展红色"1+1"共建活动，为学校听障孩子送去温暖与关怀。支部通过举办该活动，发挥青年党员的示范引领作用，传递爱心，培养社会责任感与使命感。活动取得了良好的效果，被评为联大"十佳"项目。

三、坚定信心，发挥党员先锋模范作用

支部加强党员自身的素质建设，师生秉承学院"追求真理、崇尚实践、弘扬友善、勇于担当"的使命，在教科研及学业等方面取得优异成绩，更加促进党员坚定信心，自觉发挥先锋模范作用，充分提高党支部的感召力、向心力和凝聚力。在学校组织的纪念抗战胜利、"城市型、应用型大学"建设及学院组织的践行学院使命的征文活动中，支部党员积极参与并取得较好成绩。

工程管理系有教师9名，其中党员7名。教师党员教学效果良好，学年学生评教成绩平均89.8分，其中56%的教师成绩优秀。教师党员积极参与教科研活动，争取到多项教科研项目，并产生多项成果，2015年发表论文5篇、完成项目6项，2016年发表论文12篇、出版专著1本、立项4项、获行业委员会科技成果奖1项。王仕卿的《京津冀经济生态系统运作模式与实施对策研究》获北京市社会科学青年基金项目，并出版专著《中小企业客户信用风险研究》，发表4篇核心论文。张璋的《北京城乡土地市场一体化进程中的农民土地权益保障研究》获北京市优秀人才培养资助青年骨干个人项目，《农村土地流转过程中的农民权益保障研究》一文获得北京市社会科学基金项目。吕明参加北京市微课比赛获得二等奖，并获得学院青年教师教学基本功比赛二等奖，论文《油气行业市场化改革的理论思考及建议》获中国石油学会经

济专业委员会一等奖，陈静的《辅导员和导师协同育人模式构建与实证研究》获北京市教工委思政课题研究成果三等奖。

支部注重对大学生入党积极分子综合素质和在班级中发挥模范带头作用情况的考察，每学期召开党员和入党积极分子座谈会，给他们提要求、定目标、压担子，更好地发挥党员的先锋模范作用。2015、2016 年，支部共发展党员 17 名，为党组织输送了新鲜血液。学生党员学习努力，2016 年蒋曙凤以优异成绩获得国家奖学金，豆佳钰获得市级三好学生，每年有多名党员获得校级三好学生及优秀学生干部等荣誉。在党员的带领下，2016 年工程管理系共有 3 人获得特等奖学金。

四、保持恒心，加强"两学一做"长效机制建设

支部于 2011 年与阳光爱儿童智能康复中心建立合作，通过支部 3 年多的努力，用支部学生党员的专业知识为该中心设计了教室，粉刷了墙壁，通过共建活动为这里的孩子们带来了欢乐，并得到了一致好评。康复中心为支部送来的锦旗激励着每一位党员继续奉献爱心、弘扬友善、勇于担当。支部与学院青年志愿者协会合作，每个月都会有志愿者到朝阳公园体育场给自闭症儿童送温暖。这个活动延续到现在已经将近 6 年了，支部还会继续坚持下去，让爱心延续下去。

爱心需要延续，"两学一做"学习教育也需持之以恒，加强长效机制建设，并不断创新学习模式，以达到更好效果。支部通过优化组合，健全党支部委员会，努力建设一个知识结构合理、切实发挥领导核心作用的支部班子。支委成员分工明确、团结协作，保证"三会一课"制度的执行，认真记录工作手册，定期进行通报。深入开展"两学一做"学习教育，加强组织建设与长效机制建设，将支部活动与科研提升、教学交流、知识竞赛进行有机结合，激发了党员的主动性。

为提高组织活动实效、创新支部活动方案，支部积极利用互联网等载体，组织教工党员参加网络学习，组织学生党员集体观看纪录片《长征》《永远在路上》，组织所有党员观看电影《勇士》。全体党员一起到老君堂公园做环保宣传，开展赴焦庄户地道战遗址的主题党日活动并重温入党誓词等实践，理论与实践结合的方式有效提升了活动效果。坚持党建带团建，成立马克思主义中国化理论实践研究社，学生党员带动入党积极分子开展理论学习、红色

参观、社会调研、实践探索、途径研究等，引导青年学生正确的政治方向，坚定树立共产主义远大理想及中国特色社会主义共同理想。

工程管理系直属党支部所有党员将继续强化"四个意识"，以"四讲四有"为基本标准，教工党员争做师德标杆，坚持教书和育人相统一、言传和身教相统一、潜心问道和关注社会相统一、学术自由和学术规范相统一；学生党员争做优秀标兵，以先锋工程为抓手，各方面发挥示范引领作用。支部每一位党员以实际行动践行着对党的忠诚，犹如一面面旗帜，引领着工程管理系全体师生不断拼搏奋进，取得新的突破。支部将继续以学生为本，坚持立德树人思想引领，深入推进"两学一做"学习教育，强本固基，发挥支部的战斗堡垒作用。

打造坚强战斗堡垒 服务人才培养

2015—2017 年度学院先进党组织 食品质量与安全党支部

踏踏实实做人，认认真真做事。

食品质量与安全党支部隶属食品科学系党总支，共有 19 名党员。

一、注重加强支部规范化建设

党务工作无小事，支部进一步完善各项工作制度，统筹兼顾党务大小事务，做到分工明确、责任到人、工作有计划、有制度、有总结、有汇报；重视党务工作的日常管理、文书文件的规范与及时报送；及时召开支委会，通过沟通交流，交换思想，能够听取别人的意见。党支部要发挥先锋战斗堡垒作用，增强服务意识是发挥凝心聚力作用的重要内容。

进一步完善学生党员发展制度，抓精细管理，抓热情服务。重视支部学生入党积极分子的选拔、考察、培养、发展，学生预备党员的考察、培养、转正等工作的建档，记录工作以及组织活动的经验积累。支部通过关心、关注学生党员及入党积极分子的培养，端正了学生入党动机，加强了党员思想政治教育，增强了支部的服务意识，促进了他们的早日成熟。

支部在党员培养中通过一帮一互助形式，帮助学生党员在理想信念方面有持续的进步和成长。同时帮助他们解决具体的问题，通过做好特困生党员的认定工作和奖学金评定工作，加大对学生党员、学生入党积极分子的帮扶和奖励，并且通过日常的照顾、特殊纪念日的慰问，如春节前夕，到部分经济困难党员家里进行慰问，加强党支部对党员的关怀，也增大了支委会委员之间的协作、团结。

二、提高高校党建科学化水平、马克思主义理论学习

提高高校党建科学化水平、促进高校科学发展，为培养造就中国特色社会主义建设者和接班人提供强有力的政治保证、思想保证和组织保证。为此，党支部不仅注重提高党员的党性修养，建立定期学习马克思列宁主义理论的学习制度，还通过创新组织生活方式，如个体与集体结合的马克思列宁主义理论学习小组、召开小型的热点问题辩论赛、参观历史博物馆、观看革命电影、邀请校外先进党员来做讲座等形式多样的组织生活方式，让学生受到培养、教育，心灵受到洗礼，增加了学生党员践行社会主义核心价值观的信心，取得了长足进步，使支部成为名副其实的马克思主义学习型支部。

三、发挥专业知识、专业技能特色，创新活动载体，推动支部建设

党建活动中紧密结合学生专业特色与党建、实践活动思路和活动形式，创新了党建形式。促进支部学生党员个人能力的提升，让他们迅速成长，在踏入社会后也受到用人单位的高度评价，是他们践行社会主义核心价值观的有力证明。通过发挥学生专业优势，展开紧扣学生专业的科研、实践活动，创新党建载体，如通过红色"1+1"活动，创新党建方式，提升党建活动的效果和质量，红色"1+1"活动连续多年获得市校奖励。例如：2012年北京高校红色"1+1"示范活动中荣获三等奖；2013年北京高校红色"1+1"示范活动评选中荣获优秀奖；2013—2014学年红色"1+1"示范活动中荣获一等奖；2013—2014学年荣获院级学生十佳党支部称号；2013—2015年度荣获院级先进基层党组织称号；2015年红色"1+1"示范活动评选中荣获优秀奖。

四、以党建带动学风建设和志愿活动

大学生党员的身份是学生，做好学生本职工作是第一要务。按照围绕中心服务大局、拓宽领域强化功能的要求，在抓党务工作质量、抓党员素质的同时，以扩大覆盖、增强党员活力为重点，在发挥支部组织战斗堡垒和党员先锋模范作用上，通过促进党员在学业、出勤、科研方面的进步，树立一些典型人物，让他们起到学风带动作用，促进学风建设上一个新台阶。支部成为名副其实的学习型党支部，2015级新生公共课成绩全院第一，考勤为院系

最优。2015、2016 年中，系里考研人数最多，具备唯一考取博士研究生的学科，学生获得奖学金数也名列前茅，申请的"启明星"课外项目数量全院第一，获得 20 余项，共 20 余万元的资助，系里教师党员申报国家自然科学基金项目再创新高。这些成绩也增加了人才培养的资料，增加了学生实习、实践的机会，提升了系里服务社会的能力。

固本强基 重在育人
为完全学分制下学生工作提供坚强保障

2015—2017 年度学院先进党组织 学生工作党支部

固本强基，重在育人。

学生工作党支部隶属机关党总支，现有正式党员 9 人，支部委员 3 人，党支部成员为学生工作部和团委的干部，在全体党员的共同努力下，支部以中国特色

社会主义理论体系为指导，以科学发展观为统领，始终以育人为中心，用党风严于律己，坚持"围绕发展抓党建、抓好党建促发展"的工作思路，切实加强党组织建设和党员队伍建设，着力提高党支部的凝聚力、战斗力和创造力，有力地促进了学院又好又快发展，曾荣获 2015—2017 年度联大先进基层党组织称号。

一、三个建设：打造坚强堡垒

基层党支部是党组织的细胞。学生工作党支部既是学院学生工作的核心，也是学院党组织的一个细胞。近年来，支部重点抓"三个建设"，即"党风建设、组织建设、阵地建设"。

党风建设重学习。近年来，为充分发挥党支部的战斗堡垒作用和党员的先锋模范作用，根据学院党委部署，党支部认真开展"两学一做"学习教育，认真学习党章，学习习近平总书记的系列重要讲话，主动接受政治教育，自觉加强思想锻炼，认真学习党的方针政策和有关法律法规等知识，紧密联系学院完全学分制改革发展的工作实际和党支部、党员队伍建设实际，坚持改

革创新，务求实效，充分发挥基层党支部的战斗堡垒作用和共产党员的先锋模范作用。

组织建设讲互动。为进一步增强党支部的活力和影响力，在学院与堡头街道社区共建的基础上，2014年9月，党支部与堡头街道机关党总支共同组织召开了区域化党建工作座谈会，并举行了共建协议签字仪式，制订"结对子""四助计划"等工作框架，目的是能够既让教师党员走进社区，又让社区居民走进校园。在学生工作党支部的带领下，五个学生党支部与堡头街道五个片区对接，采用"结对子"的工作方式，安排学生以党支部为单位，以优秀团员、"推优"对象和入党积极分子、党员为主体，定期深入堡头街道社区内开展共建文明社区活动，力争使参与共建学生覆盖面更为广泛。

阵地建设抓特色。为贯彻落实学院2011年"本科生沟通与表达能力提升训练教学研讨会"会议精神，以学院办学目标为切入点，根据生源、培养目标和毕业生就业特点，在立足课堂，更新教育理念，改进教学手段的同时，学生工作党支部结合校园文化建设，开展了形式多样的提升学生沟通与表达能力的活动。支部党员为学生指导演讲内容，担当评委，有力推动了特色活动的开展，如"汇青春风采、展生化力量"大学生论坛、"生化梦、青春志"辩论赛、主持人大赛、英语演讲比赛等，既围绕"中国梦"等宏大主题，又彰显了本院系特色，深受同学们的喜欢。

二、身先士卒：争当先锋模范

赢得青年、赢得未来，不仅要赢在学识上，更要赢在信仰上。学生工作党支部紧紧围绕学院育人这一中心工作，在学院完全学分制改革的背景下，抓住学生科技创新这一学院特色活动，鼓励身边教师党员和学生党员身先士卒，勇攀科技创新高峰。经过几年的不断积累，完善了"五个保障"，即思想保障、组织保障、制度保障、条件保障、激励保障；明确了按年级划分的"三级培养层次"；加强了指导教师、学生、管理人员三支队伍建设；抓住科技创新活动中"六个核心环节"；在院内形成了院、系两级竞赛体系。在最近几年内，学院本科生科研训练计划项目累计申报学生科技创新作品418项，参与学生4000余人，其中教师党员作为指导老师的项目占95.6%，入党积极分子和学生党员占64%。在学院全国"挑战杯"赛获得二等奖的7名队员中，有5名是学生党员。

三、真情服务：铸就组织之魂

基层党组织的核心和灵魂到底是什么？是凝聚力。学生工作党支部统筹协调，积极与有关部门沟通，于2015年10月建成学生事务中心，整合与学生事务相关的所有部门，提出"在服务中引导学生，在引导中铸造学生"的理念，做强组织之基，铸就组织之魂。

自学生事务中心建成，学生工作党支部党员每天到服务大厅一线工作，建立首问负责制，无论学生遇到什么样的问题与困惑，只要来到学生事务中心就有老师的帮助。2016年6月，气温比往年高很多，学生宿舍还没有空调，又面临着期末考试，学生事务中心24小时对外服务，支部的党员每天值班。每当深夜，学生事务中心都有百余名学生在空调房中学习到天亮，他们身后是支部的教师党员。"怕热想学就来学生事务中心，我爱联大，我爱生化"，学生在留言簿上写道。真心以对，真情相报。学生服务热线、学生事务中心公众号、微信群，学生工作党支部全体党员和教工群众时时和学生在一起。过去学生有问题找班主任，现在他们首先想到的是学生事务中心，想到的是事务中心的党员老师，找到他们，就找到了答案。党员、教工的努力如涓涓细流汇成了澎湃的江河，推动着学院学生工作的发展。一年多以来，学生座谈会上对服务不满意的学生少了，2016年年底，利用微信公众号，对学生事务满意度进行调查，在862个填写调查问卷的学生中，满意和非常满意的学生占到了86.4%。

对于学生工作来说，育人的主体在基层，夯实学生党建工作的关键也在基层。学生工作党支部实施了"党员先锋工程"，将工作着力点聚焦于基层学生党支部建设，积极开展红色"1+1"活动。在支部内部通过实施"三会一课"制度，严格民主评议党员，把支部建设抓在日常、严在经常。努力营造良好的育人环境，让党支部的战斗堡垒作用发挥到极致。

发挥支部的组织功能和政治功能 做推动学校事业发展的战斗堡垒和行动榜样

2017—2019 年度学院先进党组织 工程与艺术系教工党支部

不忘初心，牢记使命，发挥党组织政治功能和组织功能，同心同向聚合力，一二课堂促协同。

工程与艺术系教工党支部共有党员 21 人，支委 5 人，由建筑环境与能源应用工程党小组、工业设计党小组和实验室基础教研室党小组 3 个党小组组成。

支部坚决贯彻党的教育方针，认真落实新时代党的建设总要求，自觉维护党的团结和集中统一。同时支部结合建筑环境与能源应用工程和工业设计专业的特点，积极开展课程思政建设，使支部工作真正服务于专业发展和建设，服务于学生的全面成长成才。在支部的组织和带领下，全体教师党员持续学习和进步，在推动学校事业发展、落实立德树人根本任务等方面不断进取。

一、认真学习新时期党的路线方针政策、学习贯彻落实党的教育方针

党支部充分发挥政治引领和组织推动作用，组织全系教师认真学习了习近平新时代中国特色社会主义思想和习近平总书记关于教育的重要论述，研究了学校和学院关于推进课程思政建设的相关文件精神，增强学习的责任感、紧迫感。支委会成员还带头先学一步、学深一点，在推进学校教育事业、立德树人方面做出表率，发挥引领示范作用。

同时为使教师党员在学深悟透上下功夫，支部开展了"原原本本读原著，支部书记讲党课——《论共产党员的修养》"导读以及习近平总书记对教育工作的重要讲话等一系列学习。为了促进大家融会贯通，在学习中思考、在思考中学习，提高自身的政治素养和能力水平，支部还组织了多次全系范围内的集体学习和研讨，邀请党建督导专家亲临指导、学院内外的先进集体和个人做经验分享，大家交流体会和想法，使大家对党中央大政方针的理解越辩越明，共同进步。

二、联系实际加强党建，团结带领师生在推动学校事业发展、落实立德树人等根本任务上下功夫

提升党组织规范化建设水平，严格执行党的组织生活制度，把"三会一课"制度作为加强党员教育管理的好方式，同时采用多种灵活的方式拓宽"三会一课"制度的学习教育模式，号召大家要珍惜学习机会，遵守学习纪律，静下心来把主要精力放在学习上，开展好每一次交流研讨，确保学习取得实效。

为了增强大家贯彻落实的自觉性和坚定性，把学习成果转化为锐意进取、开拓创新的精气神，支部在推动联系实际上下功夫，结合新时代赋予首都的新任务，结合系专业特点，对工科类课程贯彻课程思政的有效载体和路径方法进行了深入交流和研讨，通过研讨取得了共识。

第一，工科类课程思政要紧紧围绕"学以致用"的人才培养方向展开。这里的"用"不光是解决具体技术问题的"小用"，更强调旨在服务国家整体发展战略的"大用"。在此认知基础上，深挖课程的价值目标。

第二，研究各门课程思政的切入点，将思政元素融入第一课堂的学习。思政元素的切入点多从学生关注的、鲜活的现实问题中挖掘。

第三，多渠道打造第二课堂，通过丰富的实践活动促成价值内化。思政元素要实现从教室课堂到实体课堂的映射和迁移，让学生在第一课堂学到的知识在第二课堂进行有效的实践，实现知行合一。具体结合不同课程特点，可以采用科技活动、社会实践、企业实习、学科竞赛等不同形式多渠道开展。实践活动类型聚焦国家和区域发展、聚焦高端产业与科技创新、聚焦民生与公益事业、聚焦政治理论与模范先进，也是产教融合、科教融合的主要途径。

第四，以培育学习共同体的文化观念为抓手。学习共同体是由不同的学习者构成的集体，是科学素养和人文精神孕育的重要基地，既有相互合作的社会性维度，又有传承和发展的历史性维度。例如，建筑环境与能源应用工程专业依托开放性专业实践教学平台，以学生兴趣为导向，构建了学生专业社群的学习共同体。依托供热通风与空气调节（HVAC）全生命周期优化技术实验室、BIM 与智慧建筑实验室、洁净与空气品质实验室、制冷空调实验室，建立了与之对应的 4 个学生专业社群：HVAC 新风社群、BIM 技术研究社群、洁净与室内污染治理技术社群、制冷空调全国大学生科技竞赛社群，针对各类项目（技术开发、研讨讲座、技术服务、学科竞赛、实验室建设、科普活动等）形成学习共同体。这些学习共同体也是"1+1"共建和"支部五牵手"的主力军，学生们在服务社会的过程中实现专业价值、树立"四个自信"，得到社区和行业充分认可。

三、认真执行民主集中制，建设作风正、素质佳、形象好的党员队伍

在支部工作的开展上，注重支部班子的建设。首先要求支部班子成员要坚守党的信念，维护党的纯洁，遵守党的纪律。同时支委内部经常交换想法和意见，对于工作中遇到的困难和出现的问题推心置腹、相互提醒、取长补短，工作气氛融洽高效，是一个分工明确、团结协作、有战斗力的班子。由于很强的号召力和影响力，在 2019 年支部考核和党员民主评议中获得了广大党员和群众的高度认可，5 名支部委员考核全部为优秀，支部考核连续获得先进。在支部班子成员的带领和影响下，教师党员队伍素质优良、形象好，能充分发挥政治核心和战斗堡垒作用，赢得了师生的信任和拥护，在近期支部考核中，群众对支部工作的满意度有明显提升。

总之，通过一年的建设，党支部的组织力、创新力、战斗力得到进一步提升，同时我们也认识到支部建设绝不是一次性工作，需要与时俱进，支部还需在党建的路上不断学习和实践，为发挥好支部的战斗堡垒和行动榜样作用而不懈努力。

党建引领牢根基 凝心聚力促提升

2017—2019 年度学院先进党组织 资源管理系教工党支部

> 凝聚支部力量，切实履行党建责任，以原则、情怀和坚守构筑"三全育人"之路。

资源管理系教工党支部共有党员 18 名。在校院党委的领导下，党支部全面带动资源管理系的教学、科研和社会服务工作，在落实"三全育人"等工作方面取得较好成绩，荣获 2017—2019 年度联大先进党组织称号。

一、认真执行"三会一课"制度，加强支部规范化建设

自 2017 年成立以来，党支部一直高度重视支委会建设工作，强调支部成员的团结协作，把讲团结、讲支持、讲大局作为对支委会成员的基本要求，充分调动所有委员的能动性和积极性，并注重发挥各位支委会成员的整体作用，在工作上互相配合，使支委会能够保持团结、协作、勤奋的工作状态，不辜负上级党委的信任和全系教师党员的期望。

党支部始终把政治理论学习放在首位，认真执行"三会一课"制度，通过集中学习与个人自学、通读文件与专题讨论相结合等多种形式，使每位党员把握时代脉搏，深刻领悟党的路线、方针、政策的实质，不断提高自身政治素养，明确作为一名党员的历史责任，不断提升基层党组织的战斗力。在支部全体党员的努力下，党支部每年均获批校级基层党支部活动重点培育项目立项。

二、创新党建活动形式与内容，持之以恒深化师德师风建设

资源管理系教工党支部教师党员占比较高，是一支党员为骨干的教师队伍。支部时刻把师德建设放在首位，引导教师恪尽职守，关爱学生，严谨笃学，乐于奉献，同时也注重加强教师的业务培训，鼓励和引导教师走专业化发展的道路，不断提高自身专业素养和育人水平，真正做到"学为人师、行为世范"，真正成为学生健康成长的指导者和引路人。

第一，在加强教师党员教育管理方面，支部采取了上党课、网上学习、集中学习等方式，认真组织学习党的十九大和习近平总书记系列重要讲话精神，加强教师党员的思想政治教育和师德规范教育，树立为人师表的师德形象。在实践工作中，教师党员更是以身作则，带动全系教师向先进人物学习，鼓励教师刻苦钻研业务，加强自身修养，不断提高工作能力和业务水平，争做"四有"好老师。近年来，有多名教师党员被评为联大师德先进个人、"优秀班主任（导师）"等荣誉称号。多名教师党员所管理的纵向班级分别获得了校级优秀班集体、优良学风班称号。

第二，与食品科学与研究院教工党支部、学生党支部开展"1+1"共建活动，互学互促、同"学"共"进"，与其他学科的教师开展课程互听互评，组织学生开展专业调研、创新创业实践活动。

第三，开展丰富多彩的党员主题实践教育活动，组织全系教师党员观看廉政教育视频资料、参观爱国主义教育基地、组织党性锻炼等主题实践教育活动，这些活动已经成为全系教师党员学习理论、研讨问题的平台。

第四，聚焦教学科研管理服务具体任务，组织师生开展专业调研学习活动，密切关注师生思想动态和学习状态，搭建师生沟通和交流的平台，助力学生成长与教师完善自我的方法与途径。

三、积极推进课程思政、专业思政建设，推动实现专业成才、精神成人

资源管理系教工党支部积极发挥基层党支部的思想引领作用，为课程思政、专业思政建设的顺利开展工作奠定坚实的基础。一是注重发挥基层支部思想引领和服务保障作用，通过支委会、党员大会、系务会等深化对课程思政、专业思政建设重要性和内涵的认识；二是认真做好组织协调工作，凝聚专业负责人及教研室力量，完善专业课程的顶层设计工作，根据学习计划及

本系两个专业课程思政建设思路，制订专业核心课程示范先行，专业选修课程依次推进，最后全课程覆盖的工作步骤，配合系部推动专业思政建设，把育人目标融入党支部建设活动；三是充分发挥党员在专业思政和课程思政建设中的先锋模范作用，及时督促、监督全系课程思政建设进度，目前全系所开课程均已完成了思政融入设计，课程思政案例库也不断丰富。近年来，资源管理系教师获批多项教研课题，并发表了多篇相关论文，资源管理系教工党支部也被评为2018年度校级课程思政建设先进党支部。

资源管理系学生专业素养和综合素养也得到不断提高。在学院完全学分制下，资源管理系学生在课程学习的基础上，积极参加教师的课题研究和相关学术竞赛活动，实现手脑并重的人才开发模式。近年来在全国各类学生科技竞赛与科技立项中，成果丰硕。学生项目多次获得北京市以上和行业协会奖项，如在第2届中国"互联网+"大学生创新创业大赛获三等奖，2017年北京地区高校大学生优秀创业团队二等奖，第15届"挑战杯"全国大学生课外学术科技作品竞赛中获三等奖，连续多届在全国大学生人力资源管理知识技能大赛斩获奖项，其中第4届大赛中获得团体一等奖及个人特等奖、一等奖各一项。学生利用专业知识在节能减排、农民工创业、城市建设等多方面开展科研活动，取得了骄人的成绩。近年来资源管理系两个专业的毕业生均深受用人单位欢迎，2018年度获评校级"就业先进集体"称号。

今后资源管理系教工党支部将发扬优点，弥补不足，以饱满的精神，团结协作、艰苦奋斗，迎接新机遇、新挑战，争取取得更大成绩。

讲党性 重品行 做表率

2017—2019 年度学院先进党组织 党政办党支部

> 讲党性，重品行，做表率，树立良好的窗口形象，全面提升党员的服务意识和责任意识。

党政办党支部现有党员 5 名，其中，局级领导 1 名、科级干部 1 名、普通党员 3 名。一直以来，党支部紧紧围绕学院中心工作，为学院党政领导、为教学科研、为师生员工提供优质服务，履行职责，取得了一定成绩，较好地发挥了党支部的战斗堡垒作用。

一、加强规范建设，提高支部组织生活质量

党政办党支部注重加强学习型党组织的建设，支部全体党员按学校统一要求，认真参加"北京高校教师党员在线"和"学习强国"的学习，通过理论学习、交流研讨、观看录像、外出参观等方式，加强政治理论学习和业务学习，学习贯彻习近平新时代中国特色社会主义思想和党的十九大精神，推进"两学一做"学习教育常态化制度化，使党员在更深层次上把握习近平新时代中国特色社会主义思想的深刻内涵，增强教书育人、管理育人、服务育人和推进学院事业发展的意识和能力，树牢"四个意识"，坚定"四个自信"，做到"两个维护"，自觉在思想上、政治上、行动上同党中央保持高度一致，支部成员的思想政治素质和党性修养得到了进一步提高。

坚持"三会一课"制度，坚持至少每月一次组织生活，每年召开一次组

织生活会，每年进行一次民主评议党员，开展批评与自我批评，分析查找问题，深入整改。支部有年度工作计划和总结，支部手册填写基本符合要求。注重加强支部党员教育管理，督促支部党员每月按时通过党费缴纳系统缴纳党费；完成发展对象、预备党员信息采集及录入工作；积极完善党内信息管理系统的数据，及时调整维护；以教职工爱心基金会为主要平台，积极参与"共产党员献爱心"捐献活动。

二、加强组织建设，打造和谐务实的工作团队

党政办党支部充分发挥党员先锋模范带头作用，在做好本职工作的同时，积极参与学院中心工作，党政办所有工作人员在每一次急、难、重的临时任务面前，不分分内分外，相互补台，加班加点，齐心协力完成。

协助完成本科教学工作、审核评估专家入校检查工作；协助举办首届、第2届、第3届健康与环境国际学术交流会；走进中学社会服务深入推进，组织教授、优秀青年教师走进中学开发实验教材，构建一系列实验课程方案，组织中学生到学院开展科技实践、科技夏令营等活动，推进生源基地校建设，在山东、安徽、甘肃等生源重点省市新建6所优质生源基地校；组织开展"联大正青春，健康赢未来"第1届校友足球友谊赛，退休教职工、留校工作人员代表、青年教师代表参加的"学习新思想，跟上新时代"纪念校庆40周年座谈会、历届校友座谈会，协助学校档案馆举办2018年"扬帆新时代，共筑兰台梦"档案校史知识竞赛等建校40周年校庆系列纪念活动。

三、开展丰富多彩的主题党日活动，增强党支部的凝聚力

为营造严肃紧张、生动活泼的工作氛围，打造精干高效的团队，支部开展了丰富多彩的主题党日活动。组织支部党员参观平西抗日战争纪念馆，开展"不忘初心讲廉洁，牢记使命共筑梦"主题党日活动，重温入党誓词；参观"真理的力量——纪念马克思诞辰200周年主题展览"，重温马克思的崇高精神和光辉思想；参观八路军冀热察挺进军司令部旧址，开展"重温革命历史"主题党日活动；参观北京市房山区霞云岭乡"没有共产党就没有新中国"纪念馆，开展"新时代、新担当、新作为"主题党日活动；观看《弄潮儿向涛头立》专题片，聚焦40年思想解放历程，开展"我们一起走过——致敬改革开放40周年"主题党日活动。

　　党政办党支部坚持立德树人根本任务，增强办公室工作的责任感和使命感，时时刻刻牢记"讲党性、重品行、做表率"，牢固树立全心全意为人民服务的宗旨意识，树立良好的窗口形象，热情接待来访师生及办事人员，并提供优质的服务。力求做到热心服务、耐心服务、细心服务、贴心服务、真心服务。

　　总之，党政办党支部是一个无私奉献、团结合作的集体。

博学笃志 切问近思 激流勇进 争创先锋

2017—2019 年度学院先进党组织 生物医药系学生党支部

创新学习形式，
搭建活动平台，
夯实党建工作，
发挥先锋作用。

　　生物医药系学生党支部现有党员 25 名，其中正式党员 6 名、预备党员 19 名。自从成立以来，支部致力于加强对学生党员理想信念教育，搭建创新实践平台，充分发挥学生党支部的战斗堡垒作用。2018 年支部获得北京高校红色"1+1"示范活动优秀党支部三等奖、联大红色"1+1"示范活动一等奖，支部建设不断迈上新台阶，被评为联大十佳学生党支部。

一、以青马班为载体，建设学习型党支部

　　为了加强学生党员的理想信念教育，支部依托实行"三会一课"制度，提升学生党员的党性修养。组织本支部学生党员参加各种活动，如举办"重走红色故地、重温入党誓词""党史知识竞赛"等不同形式的活动。并成立了求是学社理论社团，由学生党员讲党课，理论学习与实践相结合。在学习形式上积极创新，既有传统的线下交流与讲授，也充分利用微信群、微信公众号等新媒体平台，开展理论学习和讨论。

二、加强支部制度建设，切实做好发展党员工作

（一）加强支部制度建设

结合学生党员发展特点，不断健全"三会一课"制度、民主评议党员制度、党员联系群众制度、党员谈心谈话制度、发展党员公示制度等规章制度。加强党支部对团学组织的引导，实行党员带班，以党建带团建的组织模式。

（二）做好党员和入党积极分子培养工作

2018 年共发展党员 19 名，8 名预备党员转正，共计 108 名入党积极分子备案，组织入党积极分子参与培训，为支部做好选苗、培养等工作。

三、依托创新实践平台，学生党员学以致用

为深入践行社会主义核心价值观，推进大学生社会实践，搭建创新实践平台，促进学生党员学以致用。

（一）搭建大学生科技实践活动平台

搭建大学生科技创新平台。支部搭建"启明星""挑战杯"等大学生科技实践活动平台，充分发挥党员和入党积极分子模范带头作用，支部党员积极参与"挑战杯""启明星"、生物学竞赛、中国"互联网+"大学生创新创业大赛、制药工程专业学生竞赛、制药车间设计大赛等各种科技竞赛，并获得了优异成绩。2018 年"启明星"科技立项共计 31 项，其中国家级 5 项、市级 14 项、校级 12 项，全部顺利结项。2019 年"启明星"科技立项共计 39 项，其中国家级 7 项、市级 13 项、校级 19 项。

（二）社区共建平台

组织党员、入党积极分子深入周边社区服务，发挥专业特点，继续开展堡头社区"中草药种植"项目和"社区中草药园义务讲解员"项目。

（三）红色"1+1"共建活动平台

围绕学校城市型、应用型大学的办学定位，切实加强学校学生党支部建设，2018年支部与平谷区刘家店镇松棚村党支部开展以"生物制药技术下乡服务农村建设"为主题的红色"1+1"共建活动。支部党员利用所学专业，把所学知识运用到实际生活中，把科研成果转化到大地上，通过使用植物源农药，以前一亩地收益不到2万元，现在能收益4万元—5万元，果品增收翻一番。帮助村民销售了300多斤桃，并为村民制作宣传册，受到村民们的广泛好评。支部获得了市级红色"1+1"示范活动三等奖、联大红色"1+1"示范活动一等奖、联大十佳学生党支部等荣誉。通过党支部共建活动，党员在基层服务与党性认识方面有所提升。

四、搭建党员服务载体，发挥先锋模范作用

（一）树典型、立标杆

开展优秀学生党员就在我们身边系列活动，通过宣传介绍身边优秀学生党员的先进事迹，用身边鲜活的事例带动学生党员争当先进的积极性。每周，支部安排党员进行文明岗监督，严格规范履行学生党员校园文明监督。

此外，党员起到模范带头作用，为身边的同学树立榜样。据统计，支部有24名学生党员，其中21名学生党员取得了奖学金，占学生党员人数的近88%。另有多名学生党员获得了市级、校级三好学生、优秀学生干部、优秀团干部、优秀团员等荣誉称号。党员积极参与课外科技活动，其中多名党员参与的"启明星"项目通过市级立项，同时在"创青春"全国大学生创业大赛获得了市级铜奖的佳绩，充分体现了共产党员的先进性，为学校、学院赢得了荣誉。学生党员取得的成绩为其他同学树立榜样，带动了大家的学习气氛。

（二）创建"党员123"服务活动平台

支部党员创建"党员123"活动的平台，鼓励每个党员联系1个新生班

级，辅导 2 个学习困难的学生，帮扶 3 个贫困生。党员尊重爱护同学，带头服务同学，努力帮助同学解决困难。通过"党员 123"帮扶开展系列活动，促进学风、班风、舍风建设，发挥每名党员先锋的作用。

（三）积极开展志愿活动

支部还坚持倡导学生党员真情回报社会，积极参加各项公益活动，传播爱心，强化社会责任感、奉献意识，弘扬新风气和新风尚。如学生党员到天阶支教、前往广渠门等社区看望老人、参加献血等志愿服务活动。

学生党员在平时生活、学习的点点滴滴中争先创优，努力发挥先锋模范作用，践行"全心全意为人民服务"的宗旨，锤炼党性觉悟，自觉树立服务意识和奉献精神。

明责任 练本领 谋创新 促发展

2017—2019 年度学院先进党组织 资源管理系学生第一党支部

勇于创新、敢挑重担、冲锋在前、无私奉献。支部通过做细做好党员发展、教育和监督等环节，提高支部成员的素质和凝聚力，充分发挥党员的先锋模范作用。

资源管理系学生第一党支部共有党员 53 名，其中正式党员 10 名、预备党员 43 名，涵盖人力资源管理和工程管理两个专业。人力资源管理专业党员 28 名，工程管理专业党员 25 名。支部内设立支部委员会，由周杰同志任书记，李叶丹同志任副书记，许晶同志任组织委员，王怡然同志任宣传委员，李静珍同志任纪检委员。支委互相协助工作，保证支部内各项活动顺利开展。

一、充分发挥政治引领作用，与党同行，做新时代"四有青年"

支部推进"两学一做"常态化、制度化，增强党员先进性；严格落实"三会一课"制度，2018 年支部召开支部委员会 10 次、党员大会 8 次、组织生活会 2 次、"支部主题党日"活动 6 次、支委给党员上党课 4 次；开展丰富多彩的主题活动，"不忘初心，牢记使命"学习贯彻党的十九大精神的支部系列教育活动、"不忘初心讲廉洁，牢记使命共筑梦"主题党日活动、"情系困难党员，爱心捐款在行动"爱心捐款活动、"激励困难学子成才，知行合一送温暖"征文活动等。

支部严格落实组织育人工程，加强党团组织建设，充分发挥党组织的带领作用，党建带团建，提高党团员素质，加强新老党团员的沟通与交流，创新党员教育模式。通过新老生的沟通与交流，使党团员青年更加深入地了解如何成为一个优秀的党员。让党支部带动纵向团支部，让团员从学生党员的经验中找到一个合适的榜样加以学习。

二、支部党员充分发挥先锋模范作用，把报国之志转化为实际行动

支部落实"三全育人"的朋辈育人方针，发挥先锋模范带头作用。第一课堂，支部党员践行"四个自觉"主动学习、积极实践，大学英语四级考试通过率、毕业生签约率和奖学金覆盖率达100%；特等奖学金1人、国家励志奖学金3人、一等奖学金2人、二等奖学金13人。同时，支部党员勇于担当，贯彻"全心全意为人民服务"宗旨，丁宁同志获市级优秀学生干部、任睿同志获市级三好学生；支部内党员获优秀团干部3人、优秀团员14人、优秀学生干部3人、三好学生12人。

支部贯彻科研育人工程，提升科研整体水平，探索科学研究和人才培养的有效路径，持续培养学生的科技创新能力，提升学生"大胆创新"的自觉，党员积极参与"挑战杯"全国大学生课外学术科技作品竞赛，其中《北京老旧社区垃圾处理模式创新与一次尝试——以堡头社区为例》获国家级三等奖和市级特等奖；《参与式治理视角下社区公共区域"宠物狗粪便清理"对策研究》和《"绿色银行"大学校园快递纸箱循环利用创意方案探究》获市级一等奖。

三、支部开展多种特色活动，支部党员在奋斗中释放青春激情，追逐青春理想

支部贯彻实践育人工程，构建实践育人长效机制，整合多方实践资源，丰富实践育人载体。支部党员利用人力资源管理与工程管理的专业优势，结合所学，理论联系实际，服务人民，奉献社会。与北京市大兴区庞各庄镇薛营村党支部以"时代新人助力民俗村发展"为主题开展红色"1+1"共建活动。作为当代大学生，积极响应党的号召，与时俱进，走在时代的前面，学习共产党员的精神，志愿服务社会，增强服务新农村建设的积极性，树立吃苦耐劳、团结互助、服务人民的优良传统。人力资源管理专业的党员结合人力资源管理专业知识，运用目标管理的思想，根据该村的发展战略要求，有

计划地对人力资源进行合理配置。工程管理专业的党员结合工程管理专业知识，帮助该村设计规划村中建设。参观民俗村，对其建设提出建议，做出合理设计规划。本次与薛营村党支部的共建活动荣获 2018 年北京高校红色 "1+1" 示范活动优秀奖和 2018 年联大红色 "1+1" 示范活动优秀党支部二等奖。

支部党员团结互助。支部 2013 级的一名党员，患有先天性脊柱侧弯，2015 年感染重度肺炎，生命垂危，家庭经济状况不容乐观，为挽救其生命，党员组织全校师生为其捐款，募捐所得 10 万余元进行治疗，经过成都市第三人民医院的几次手术治疗，身体逐渐好转。进入毕业环节后，支部党员自发为其在论文上提供数据的收集、调研、采集等方面的帮助，2018 年 7 月，其顺利毕业。还有一名支部党员，家住江西省，为多子女家庭，家中父亲突发脑溢血，其他支部党员贡献自己的微薄之力，自发为其进行募捐。目前这名党员已顺利签约江西省某工商银行支行工作。支部党员之间有难同当，使困难党员切实感觉到了党组织的关怀和温暖，感受到党支部是所有党员坚强的后盾。

但支部仍存在一些不足，例如：党建工作与学生党员成才目标联系不够紧密；党员的教育管理方面，学习形式单一，方法老旧。支委结合实际情况，制定下阶段工作思路及措施：首先，要立足 "学以致用" 校训，重视 "五个工程"，培养 "四个自觉"，同时认真贯彻执行《中国共产党党员教育管理工作条例》，严格要求每位党员，维护党的团结统一。支部今后将更加坚定全心全意为人民服务的信念，维护群众的正当利益，勤奋上进、开拓进取，为人民群众、为社会做出应有的贡献。

重引领 抓落实 促提升 显成效

2018、2020 年度课程思政建设先进党组织 资源管理系教工党支部

资源管理系教工党支部成立于 2017 年。支部现有党员 18 人，占全系教职工的 69.23%。近年来，党支部充分发挥基础党组织的战斗堡垒作用，创新党建工作模式，在深化课程思政建设和推进专业思政建设中，不断探索，取得较好成效，曾荣获 2018、2020 年度联大课程思政建设先进党组织称号。

一、工作特色

充分发挥党支部的战斗堡垒作用，积极推进并落实全系课程思政建设，注重发挥基层支部思想引领和服务保障作用；认真做好组织协调工作，凝聚专业负责人及教研室力量，完善专业课程的顶层设计工作，制订学习计划及本系两个专业课程思政建设思路，及时指导、督促、监督全系课程思政建设进度。通过构筑"四位一体"模式，推动课程思政建设目标的实现；坚持立德树人的根本任务，以思想政治教育贯穿到专业建设的各要素和全过程为抓手，构建人力资源管理专业和工程管理专业的思政教育框架，明确专业核心素养的思政要求，固化专业思政的建设成果，提升育人成效。在不断的实践中，党支部的战斗堡垒作用与专业建设形成合力，在课程思政和专业思政建设中，重引领、抓落实、促提升，使育人效果不断优化。

二、主要做法

（一）深入实践，不断探索，构筑"四位一体"课程思政建设体系，提升课程思政建设效果

在课程思政的建设实践中，支部定期组织全体教师开展共同学习和探讨，整合课程思政教育元素库、总结课程思政融入模式、打造课程思政示范课和选树课程思政示范教师，形成了"四位一体"课程思政建设模式。在支部督促下，经过全体教师的共同努力和提炼总结，目前两个专业已经完成了 42 门专业课、近百个教学案例的课程思政案例库。每个教学案例结合课程特点，有机融入做人做事的基本道理、社会主义核心价值观的要求和实现民族复兴理想与责任等内容，使每门专业课的思政元素得到系统提炼和挖掘。在课程思政元素的融入模式中，支部与全系教师探讨总结了"直接引入型""实践探索型""启发思考型"和"行为引领型"四种方式，使每名专业教师可以结合课程特点思考并确立思政元素的融入方式。经过实践，目前两个专业已经遴选了招聘与人才测评、组织与工作设计、工程造价、BIM 全过程项目管理综合实训、建筑材料等 7 门专业课为课程思政示范课；选树了汪昕宇、陈海燕、房宏君、吕明、王仕卿等一批课程思政示范教师。2019 年全系教师共发表课程思政与教学研究论文 19 篇。通过"四位一体"课程思政模式建设，全系课程思政工作得到不断推进和深化。

（二）优化已有课程思政成果，有效融入"创新创业教育"课程设计

课程思政体系的整体架构，离不开专业课程持续的创新设计。完善课程思政体系，要将专业课程作为课程思政的重要组成部分，立足学科的特殊视野、理论和方法，创新专业课程话语体系，实现专业授课中知识的传授与价值引导的有机统一，达到"以文化人、以文育人"的隐形"课程思政"目的，扭转专业课程教学中重知识传授、轻德行培育的状况，深度发挥课堂主渠道功能，真正做到习近平总书记所要求的守好一段渠、种好责任田，与思想政治理论课同向同行，形成协同效应。

2018 年以来，全系两个专业共有 10 门课程获批院级课程思政建设立项，分别由 9 名专业课程教师牵头负责，其中教师党员 7 名，起到了教师党员的先锋模范作用。支部持续开展对课程思政新内涵的学习活动，融入创新创业教育新理念，目前有院级"专创融合"课程建设项目 6 项，项目负责教师全部为教师党员。另有 3 名教师党员主动承担创新创业基础课程的教学工作，成为这一国家级"金课"团队的重要成员。

在支部大力推动课程思政和加强创新创业课程新设计的要求下，各专业教师努力设计新的教学大纲和教学模式；将课程建设与大学生"启明星"项目、专业竞赛项目紧密结合，组织和指导学生参加各种科技创新活动，实践"学以致用"的教育方针和目标，取得了丰硕的成果。

（三）明确专业思政建设目标，协力构建专业思政建设体系

党支部带动全系教师坚持立德树人的根本任务，以思想政治教育贯穿到专业建设的各要素和全过程为抓手，凝练人力资源管理和工程管理的专业特色，构建两个专业的思政教育框架，明确专业核心素养的思政要求，从社会主义核心价值观引领、专业知识应用、综合能力培养等方面开展教学研究与改革创新，结合第一课堂和第二课堂的特点设计具备不同专业特色的专业思政建设模式、方案、机制与具体实施路径，固化专业思政的建设成果，提升育人成效。

支部切实发挥好协调、保证作用，凝聚专业负责人和教研室的力量，带动全体教师共同研讨，根据学校人才培养的总目标，结合 2019 年版专业人才培养方案及专业人才培养特点，明确了专业人才的核心素养。人力资源管理专业突出智慧人力资源管理的专业特色，确定了信念坚定、上德若谷、智慧管理、人本情怀、诚信守业、创新赋能、协作共享、文化交融的培养特色。工程管理专业紧紧抓住家国情怀、职业精神、团队精神三个维度，培养具有爱国主义核心价值观、科学严谨细致的工匠精神、可持续发展理念、创新精神，培养全过程精细化管理的专业人才，构建专业思政总体目标体系。

（四）带动全体教师发挥"引领、示范"作用，积极实践"科研育人"思政新内涵

党支部带动全系教师积极践行"学以致用"，学习要实，做事要真，深入生产实践做科学研究。通过科研活动培养学生健全人格和思想品德。通过教师党员发挥"引领、示范"作用，让学生参与教师科研课题的研究工作，组织、带领和引导学生在开展科学研究中，培养科研能力，逐渐形成学生的严谨作风、团队协作精神、组织管理能力。

"科研育人"是高等教育发展的时代呼唤，是创新创业教育的更高水平。人力资源管理专业汪昕宇教授是北京市高校优秀共产党员，她带领的教授团队在教学任务分配、教学改革与研究任务落实等方面形成合力，根据专业教

师的专长，合理安排教学工作和科研任务，实现教学与科研的良性互动。同时通过让学生在课题研究中承担一部分工作，比如，资料搜集任务、统计分析任务、企业实地调研任务等，将科研活动纳入教育教学本身的内在要求中，逐渐发展为育人的阵地和途径。

全系多名教师积极发挥教师的育人引领作用，带领本科学生组建团队，让学生参与自己的课题项目，培养学生的项目管理能力、团队协作能力和与人沟通能力，培养了一批具有科学追求的优秀学生，将科研育人进行深度融合，效果显著。

三、成果成效

通过党建引领，全系各项工作取得显著成果。支部荣获 2017—2019 年度校级先进党组织称号，资源管理系 2018、2019 年被连续评为毕业生就业创业工作"先进集体"并获评联大 2017—2018 年度"三全育人"先进集体，支部书记陈雄鹰教授被评为联大 2017—2019 年度优秀党务工作者，陈海燕副教授被评为联大 2017—2019 年度优秀共产党员，邸耀敏、房宏君等 6 名教师被评为 2018—2019 学年优秀班主任（导师）。

通过党建引领，育人效果不断优化。陈雄鹰、汪昕宇担任导师的人力资源管理专业腾鹰班和昕阳班 2019 年被北京团市委评为 2018—2019 年度市级先进班集体，腾鹰班 2020 年被学校推荐申报全国五四红旗团支部，多个教师党员担任导师的班集体获评校级"先进班集体""优良学风班""活力团支部"等荣誉。教师党员指导多个学生团队分别获得"挑战杯""互联网+""节能减排"等大学生科技大赛奖项的国家级 4 项、市级 9 项，荣获校级"致用杯""启明星"等奖项 9 项和 20 余项国家级、省部级各类学生专业竞赛奖项。

成绩属于过去，今后，在学院党委的领导下，资源管理系教工党支部要继续做好基层党建工作，提升课程思政建设效果，落实专业思政建设方案，发挥党支部战斗堡垒作用，进一步充分挖掘两个专业自身特色和优势，提炼专业课程中蕴含的文化基因和价值范式，将其转化为社会主义核心价值观具体化的、生动化的、有效的教学载体，推动系产学研教协作向纵深发展，不断提升学科建设、专业建设及科研水平，固化专业思政的建设成果，不断提升育人成效。

以课程思政为抓手 发挥党支部立德树人的战斗堡垒作用

2018、2020 年度课程思政建设先进党组织 公共基础课教学部党支部

公共基础课教学部党支部共有党员 16 名，其中正式党员 15 名、预备党员 1 名。党支部充分发挥战斗堡垒作用，创新党建工作模式与课程思政建设思路，立足公共基础课教学的实际，引领党员发挥模范带头作用，深入挖掘课程内容蕴含的思政元素，发挥党支部在课程思政建设工作中的战斗堡垒作用。

一、工作特色

公共基础课教学部党支部在学院党委的领导下，以习近平新时代中国特色社会主义思想和党的十九大精神为指导，围绕立德树人根本任务，以"课程思政"和"三全育人"工作为抓手，选树典型，发挥榜样的力量，形成辐射力，发挥党支部的战斗堡垒作用。以支部建设引领、组织、保障课程思政建设，同时激发了支部的生机与活力。

二、具体做法

（一）加强政治理论学习，用理论指导教学实践

思想决定行动，实践是理论的最好诠释。党支部注重加强党员理论学习，以习近平新时代中国特色社会主义思想为指导，认真学习党的十九大精神，认真开展了"不忘初心，牢记使命"主题教育活动。在理论学习过程中，注重党的科学理论和公共基础课程教学实践的紧密结合，使所学理论真正能指导教学实践。

（二）加强师德师风建设，落实立德树人根本任务

加强师德师风的建设，就要落实到立德树人的教育行动上去。党支部注重加强教师对师爱的深层次理解和讨论，达成教师要理解、尊重、信任和包容学生的共识。在以人为本、以德育人的教育思想指导下，引导教师把立德树人放在工作的首要位置上，对学生尊重、平等、民主、关心；要求党员必须以身作则，做好学生的表率。同时，注重提升党员的模范服务意识、为人师表意识、教学质量意识以及团结、协调、凝聚的意识，并在实践教学工作中得以体现。把主题党日活动作为提升党员老师思想理论素养和工作热情的有效途径，积极开展形式活泼、内容丰富、内涵深刻的主题党日活动，既有宣讲交流，也有融合理论性的实践活动，通过春风化雨、润物无声的作用，使支部全体党员党性修养得到进一步提升，思想素质和业务能力得到显著提高，给党员的工作带来很大鼓舞和动力，从而强化支部的战斗堡垒作用，真正达到了"在活动中学习，在活动中提高"的效果。

（三）深入开展专题研讨，深入推进课程思政建设

党支部多次举行课程思政建设研讨会，结合教研室活动，集体研讨思政元素的挖掘和整合；积极鼓励和动员老师开展课程思政建设，把课程思政和立德树人工作有机结合，进行校外拓展，形成聚合力。比如，体育教研组的老师们多次召开全员课程思政学习会和教研室集体讨论会，结合不同运动项目的体育课程收集思政元素、进行集体备课、更新教学大纲与教案，挖掘体育课程的思政价值，实现体育教育与思政教育的完美融合。支部发挥政治核心作用，推动公共基础课程与思政课形成合力，同向同行，发挥育人功能，确保以课程思政落实立德树人根本任务的理念内化于心，外化于行。

（四）积极开展教学改革，提升立德树人成效

支部带领党员在教学实践中积极进行教学方法改革的探索与实践。在教学方法上，支部书记带头，尽可能把"注入式"教学转变为"互动式"教学，增强学生的参与意识。教学中采取多种诸如提问式、专题讨论式、辩论式、案例教学等方法，充分调动学生的学习积极性和主动性，让学生从内心接纳课程教学中蕴含的思政元素和红色基因，从而达到立德树人的教学效果。在教学方法的选择上，遵循百花齐放、百家争鸣的原则，教学有法，教无定法，贵在得法。讲究教学方法的多样性、求异性。自从新冠肺炎疫情暴发以来，全体党员统一思想，响应党的号召，在做好防护的前提下，做好课程思

政工作，把疫情期间的爱国情怀融入云端教学实践中。

三、工作成果

（一）课程门门有思政，建设成效突出

物理和数学课程本身就蕴含着丰富的思政元素，网络授课在保持课程自身系统性、逻辑性、严密性的前提下，为充分展示这些元素提供了得天独厚的条件。老师通过丰富的素材，全方位向学生展示科学家在探索自然过程中表现出来的严密思维和一丝不苟的科学精神，使学生在学习自然科学知识的同时受到人文素养的熏陶，提高学生综合素质。跆拳道课堂上，老师要求学生要用武术礼仪约束自己，言行有礼，发扬中华民族的传统美德。瑜伽课堂则强调瑜伽礼仪：进教室脱鞋保持地面干净，关掉手机免受干扰，安静上课力求身心合一，互相尊重心怀感恩，始终如一注重学生行为规范。大、小球类项目的教师，在教学过程中更注重团队意识的灌输：强调团体配合，维护集体利益，不怕吃苦、坚韧的意志品质。

（二）教师人人讲育人，育人成效显著

党支部共有 7 名教师成功获得课程思政建设立项，并形成了具有课程特色的教学案例。支部党员张美娟老师带领体育组教师党员认真钻研体育课程思政建设，申秋燕老师获学校课程思政教学设计大赛一等奖。英语教研组郑师老师获得学校课程思政教学设计大赛二等奖，高炯老师获得北京市大学英语教学大赛三等奖、学院青年教师基本功比赛三等奖。党员高炯老师申请了联大生物化学工程学院课程思政专项教学改革项目"高级英语写作"，以及联大生物化学工程学院党建和思想政治工作研究课题"大学高级英语写作中的情感教育实践研究"。教师党员辅导学生参加全国大学生英语竞赛，多名学生获奖，获得 2018 年"外研社杯"全国英语写作大赛省级复赛（北京赛区）指导三等奖和 2018 年"外研社杯"全国英语阅读大赛省级复赛（北京赛区）指导三等奖。

（三）让党旗高高飘扬，同心抗疫共克时艰

疫情期间，支部党员在做好自身防护的前提下，积极投入防疫战斗中。党员高炯在新冠肺炎疫情发生后的第一时间通过电话和网络向社区党组织报到，表达自己愿意分担社区防疫工作的愿望，在疫情期间，主动报名参加"先锋行动、邻里守望"社区防疫值守，作为社区党员志愿者，登记来往车辆

牌照、记录来京人员身份信息、核查社区居民出入证件、协助测量体温、观察社区出入人员是否有干咳等症状。战"疫"时期，处处是战场，时时有考验，在社区疫情防控的工作中，支部党员挺身而出，义无反顾，贡献了自己的力量。

公共基础课教学部党支部以立德树人作为根本任务，充分发挥战斗堡垒作用，积极探索创新党建工作模式路径与课程思政建设思路，不断将课程思政工作继续深入。在今后的工作中，支部将以更高的标准、更严的要求、更实的举措、更强的担当，全面把握新形势、新任务、新要求，以习近平新时代中国特色社会主义思想和党的十九大精神为引领，深入学习领会全国教育大会精神，认真贯彻落实上级各项决策部署，不忘初心、牢记使命、再接再厉，发挥支部的战斗堡垒作用，带领公共基础课教学部全体教师，充分发挥党员的先锋模范作用，努力开创立德树人工作的新局面！

推动一二课堂的融入式设计　探索实践工科类课程思政之路

2019 年度学院课程思政建设先进党组织　工程与艺术系教工党支部

工程与艺术系教工党支部共有党员 21 人。党支部依据建筑环境与能源应用工程专业和工业设计专业的专业特点，积极开展课程思政建设，使支部工作真正服务于专业发展和建设，致力于学生的全面成长成才，荣获 2019 年度联大课程思政建设先进党组织称号。

一、明确建设思路

党支部充分发挥政治引领和组织推动作用，组织全系教师认真学习了习近平新时代中国特色社会主义思想和习近平总书记关于教育的重要论述，研究了学校和学院关于推进课程思政建设的相关文件精神，对工科类课程贯彻课程思政的有效载体和路径方法进行了深入研究，取得了以下共识：

第一，工科类课程思政要紧紧围绕"学以致用"的人才培养方向展开。这里的"用"不仅是解决具体技术问题的"小用"，更强调旨在服务国家整体发展战略的"大用"。在此认知基础上，深挖课程的价值目标。如在国家节能减排、实现可持续发展的战略目标下，建筑环境学课程的价值目标确立为：正确认识人、建筑、环境三者的关系，能在解决复杂工程问题的技术方案中体现新能源、环境友好型技术和节能技术思想，树立可持续发展的价值观。

第二，从鲜活的现实问题中挖掘课程思政的切入点，将思政元素融入第一课堂的学习。各门课程的思政元素切入点多从学生关注的、鲜活的现实问题中挖掘。如建筑环境与能源应用工程专业的"专业导论"从雾霾、环境问题、提升人民幸福感等热点问题都有切入。或者从关注科技活动的人文价值、着力于科学思维的启发、依托于专业伦理的价值渗透、落脚于为国家和人民服务四个方面来挖掘。如专题设计（服务）实训课程中，要求学生在设计方案表达和成果呈现中要融入社会、健康、安全、法律、文化以及环境等因素。

第三，多渠道打造第二课堂，通过丰富的实践活动促成价值内化。思政元素要实现从教室课堂到实体课堂的映射和迁移，让学生运用在第一课堂学到的知识在第二课堂进行有效的实践，实现知行合一。具体结合不同课程特点，可以结合产教融合、科教融合，采用科技活动、社会实践、企业实习、学科竞赛等不同形式多渠道开展。实践活动类型聚焦国家和区域发展、高端产业与科技创新、民生与公益事业、政治理论与模范先进。如工业设计专业的专业导论在第二课堂中安排学生参加"改革开放以来中国设计40年回顾展"等北京设计周活动并对设计、市场与环保问题的关系组织讨论，了解我国改革开放以来设计行业发展成果和设计实力，用身边的事实为学生展现改革开放的新成就，激发学生的爱国热情，触发对设计师社会责任的深度思考，使学生理解专业所担负的社会责任。

第四，以培育学习共同体的文化观念为抓手。学习共同体是由不同的学习者构成的集体，是科学素养和人文精神孕育的重要基地，既有相互合作的社会性维度，又有传承和发展的历史性维度。建筑环境与能源应用工程专业依托开放性专业实践教学平台，以学生兴趣为导向，构建了学生专业社群的学习共同体。依托HVAC全生命周期优化技术实验室、BIM与智慧建筑实验室、洁净与空气品质实验室、制冷空调实验室，建立了与之对应的4个学生专业社群：HVAC新风社群、BIM技术研究社群、洁净与室内污染治理技术社群、制冷空调全国大学生科技竞赛社群，针对各类项目（技术开发、研讨讲座、技术服务、学科竞赛、实验室建设、科普活动等）形成学习共同体。

二、打造示范课程

结合课程内容和教学特点，党支部确立了工程与艺术系第一批课程思政示范课程：建筑环境学、专业导论（建筑环境与能源应用工程/工业设计专业）、服务设计、空调冷热源技术、工业设计史、建筑环境智能控制技术等7门课程。其中有5门课程获批学院课程思政建设项目，目前已经基本完成课程建设。各门课程在教学大纲中明确了育人目标，在教学设计中进行了第一、二课堂的融入设计，修改了课程教案，在课程评价体系中考虑了育人目标的反馈和考核方法。

其中建筑环境学课程通过让学生对地方民居建筑环境进行研究和分析，使学生对中华传统建筑文化有一定认知，增强了民族自豪感和文化自信，能汲取传统建筑文化的智慧来思考现代建筑环境营造的优化方式，理解被动房和绿色建筑的意义，理解节能减排、人与环境和谐发展的重要意义。通过教师团队从选题开始就一对一指导的设计性探究性实验，在校企共建的 HVAC 实验室从场地、资金、行业资源等方面给学生提供全面支持，使学生将课内教学与课外学习有效结合，提升运用专业知识解决实际建筑环境问题的能力，并将部分实验拓展为学生科技活动。

服务设计课程通过深入堡头社区，在与社区充分沟通、实地考察和调研等深入实践的基础上，将第二课堂的开展与发挥专业特长服务首都建设的实践相结合，让学生在服务社区的实践过程中掌握服务设计的基本理论、方法、思维方式、研究和表达手法，着眼人民群众美好生活所需，围绕首都"四个中心"定位，为满足居民全生命周期和谐宜居的需要提供有效解决方案。

工业设计史将马克思主义哲学中的观点与传统文化相结合，在第一、二课堂的融合设计中，着重引领学生理解工业设计与传统手工艺的关系，用马克思主义哲学中的辩证唯物主义观点引领学生在产品设计中处理好形式与功能的关系；融入中国及华裔设计师作品集设计案例，提升同学们的民族自信心、自豪感；通过课后调研等大作业，帮助学生深刻理解中国现状，建立自信心，提升原创意识，致力于从"中国制造"到"中国创造"。

 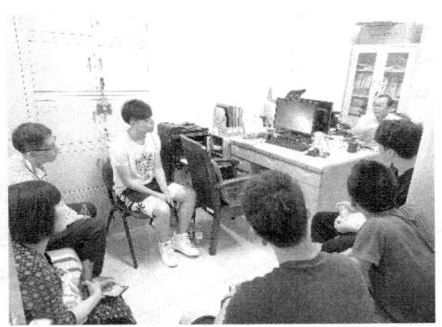

建筑环境学课程学生开展探究性实验　　服务设计课程学生深入社区考察调研

三、固化建设成果

（一）相关研究论文和思政交流

李春旺和田沛哲老师发表《"专业思政"的内涵、体系构建与实践》论文，王浩宇和任晓耕等老师发表《"课程思政"视野下的专业课程教学改革探讨》。李春旺老师在校研讨会和赴兄弟院校宣讲交流 5 次。

（二）四类学生学习共同体的构建

为促进产教融合和科教融合协同育人，构建了与行业资源开放融合的实践教学平台。依托该平台，专业建立了四类学生团队，包括兴趣导向的学生专业社群、隶属课程的探究性实验团队、项目导向的科技创新团队和任务导向的学科竞赛团队。学生在以学习共同体为组织的专业实践中，将课上课下的学习打通，积极试验、敢于试错、不断创新，取得了丰硕成果。如获得 2018 年全国制冷空调行业大学生科技竞赛（华北赛区）特等奖。依托与企业合作共建的 HVAC 全生命周期优化技术实验室，2016 年成立的新风社群团队与社区党支部共建，开展社区入户公益性测试 80 家，收到社区感谢信，并被电视台新闻报道。新风社群团队的项目还入选北京市"双百行动计划"，同时"联合新风科技有限公司"项目获得国家级创新创业立项。团队成员在学术和实践活动中得到全面成长。

李春旺老师在天津中德应用技术
大学做经验介绍

BIM 技术研究社群

街道领导送来感谢信

电视台新闻报道新风社群服务社区的实践活动

学生发表论文参加年会

学科竞赛屡创佳绩

新风社群团队的项目入选北京市"双百行动计划"

总之,在推动课程思政建设的过程中,党支部的组织力、创新力、战斗力得到进一步提升，对工科类课程思政有效开展的载体和路径方法达成了共识，打造了第一、二课堂的协同效应，培育了一批课程思政建设的课程案例，取得了一系列课程思政建设成果，在学院与社区的共建中树立了品牌，实现了支部、教师党员、群众教师和学生的共同成长。

同时我们也认识到思政元素的挖掘和课程思政的建设绝不是一次性工作，需要与时俱进，随着时代的发展和中国特色社会主义伟大事业的推进，随着课程思政教学实践的开展和教师认识的提高，不断补充、优化和完善。支部还需不断学习，为立德树人、培养社会主义合格的建设者和接班人不懈努力。

发挥战斗堡垒作用 探索生物医药类课程思政建设路径

2019 年度学院课程思政建设先进党组织 生物医药系教工党支部

生物医药系教工党支部共有党员 23 名。支部把课程思政作为重点工作，作为落实立德树人的根本抓手，边学习边实践，边总结边建设，在不断的摸索中，探索符合生物医药系特点的课程思政建设方案。

一、加强学习，明确课程思政建设内涵

2016 年习近平在全国高校思想政治工作会议上指出，要坚持把立德树人作为中心环节，把思想政治工作贯穿教育教学全过程，实现全程育人、全方位育人。思想政治理论课要坚持在改进中加强，提升思想政治教育亲和力和针对性，满足学生成长发展需求和期待，其他各门课都要守好一段渠、种好责任田，使各类课程与思想政治理论课同向同行，形成协同效应。2017 年 11 月，学校党委颁布《关于推进"课程思政"建设的实施意见（2017—2018）》，2018 年 3 月，学院党委颁布《北京联合大学生物化学工程学院"课程思政"行动计划实施方案》，由此拉开了生物医药系教工党支部课程思政建设的序幕。

课程思政建设之初，老师们普遍非常困惑，以为课程思政就是在专业课上讲授思政课的内容。党支部及时组织党员开展学习、进行专题研讨，通过学习，老师们逐步明白了课程思政绝不是让教师在专业课上讲授思政课的内容，而是把"做人做事的基本道理、社会主义核心价值观的要求、实现民族复兴的理想和责任"润物细无声地融入专业课程教学中，每门课都要做到

"守好一段渠、种好责任田"，从而提升育人的水平。

二、结合实际，深入挖掘课程思政元素

经过学习动员，特别是教师党员发挥良好的带头作用，老师们逐步认识到了课程思政建设的意义，积极投入课程思政建设中。为进一步推动课程思政建设，党支部多次组织党员开展专题研讨，在研讨中发现，一部分教师简单地认为在课程中增加几个增强民族自豪感的例子就是课程思政，也有老师反映部分专业课程思政元素挖掘困难，特别是如何将社会主义核心价值观融入教学内容，把价值引领贯穿到课堂中去，需要更明确、更可行的操作办法，迫切地需要党支部做出有效的指导。

党支部召开支委会进行专题讨论，及时总结经验，提出了"增加几个增强民族自豪感的例子就是课程思政"的做法，是课程思政的片面化、庸俗化，是非常不可取的，同时根据学校的有关精神，先是提出了教师可以参考中国学生发展六大核心素养和十八项能力与专业课结合挖掘思政元素的建议。随着课程思政建设的不断推进，支部对如何结合生物医药系的实际开展课程思政建设有了更深入的思考。经过组织党员们认真讨论，大家形成了一致意见，将"培育学生科学研究的文化观念"作为生物医药系课程思政的核心要素。

第一，充分利用学生参加课程实验、毕业设计、"启明星"科技活动等机会，认真培养学生开展科研的基本精神教育，让学生通过自身实践，体验科学研究的严谨性、踏实性、规范性，达到"行胜于言"的效果。

第二，结合科学研究协同性、集体性、合作性的特点，在学生参与科研的过程中，通过分组协作，培养学生的团队合作意识，通过教师认真严格的要求培养学生的纪律意识。

第三，鉴于生物医药系实验危化品多的实际，在实验中培育学生的安全意识，培育学生安全高于一切的理念。

第四，通过严谨的实验和科学研究，逐步培养学生专业人的思维、习性和精神品质，逐步塑造学生专业化的职业精神。

三、不断深化，启动专业思政探索

自然科学课程旨在揭示自然界发生的现象及其实质，进而把握规律性。科学研究者捕捉、思考、把握自然界背后的规律性，自然界就进入了人的知行之域，从而渗入人的价值态度、价值观念。一旦掺入了价值态度、价值观念，自然科学也就有了思政属性。这正是所谓"科学无国界，科学家有国界"的原因。

生物医药系目前包括生物工程和制药工程两个专业。这两个专业都是与生物医药产业密切相关的专业，很多课程都有较强的实用性。经过讨论，党支部认为，生物医药系专业课程教学的最终目的是"应用"。"小用"是解决具体的技术问题，"大用"是服务国家的整体战略，实现中华民族伟大复兴的中国梦。因此，生物医药系的课程不应仅仅"就知识谈知识、就技术谈技术"，而要放在国家整体发展战略中来思考，充分发掘生物医药类学科背后的人性考量、价值关怀、战略定位。这为启动生物医药系的专业思政建设明确了方向。

生物医药系开展专业思政的第一步就是"课程思政要结合人才培养目标"，党支部带领支部党员和群众，结合工程认证的要求，结合学校的专业定位，结合2019年人才培养方案的修订，认真梳理两个专业的"人才培养目标"。第二步将在生物工程、制药工程两个专业的专业知识和专业技能的基础上提炼专业品格，从而提升专业育人的针对性和水平。

四、凭借助力，提升课程思政建设质量

生物医药系是学院最早试行导师制的单位，迄今为止已有10年的时间。作为离学生最近的老师，专业导师不仅开展专业学习方面的指导，同时也是学生思想政治工作的重要力量。党支部注重充分发挥专业导师的作用，引导他们在学生日常生活中开展影响更为广泛、具体、鲜活的思想政治教育，通过课上课下的有益结合，在教学、科研以及人生阅历上助益广大学生成长成才。专业导师成为课程思政建设最有力的生力军，提升了生物医药系课程思政建设的质量。

课程思政建设的目标是要达到"润物细无声，让思政教育入脑入心"的效果。要想达到这个效果，生物医药系教工党支部认为课程思政建设必须与

教学改革同向同行，既要通过教学模式、教学方法改革提高授课水平，也要通过教学模式、教学方法改革实现"润物细无声"的课程思政效果。2018 年，生物医药系有 5 门课程获批了学院的课程思政建设立项。同时，生物工程专业所有的专业核心课程都参与了教学模式改革。2019 年，生物工程专业又开启"双语授课"改革，这为进一步提升课程思政建设水平打下了基础。

党员带头 全员行动 外援内修 打造食品类专业课程思政的内涵和品质

2020 年度学院课程思政建设先进党组织 食品科学系与研究院教工党支部

组织支部到红旗渠开展党性教育

食品科学系与研究院教工党支部共有党员 18 人，涵盖三个相对独立的行政部门：食品科学系、功能食品科学技术研究院和功能食品检测中心。办公地点自 2017 年以来分处两地，食品科学系在朝阳区垡头生物化学工程学院校区，功能食品科学技术研究院和功能食品检测中心在海淀区学院路应用文理学院校区。由食品科学系全体教师（20 人）和功能食品科学技术研究院部分教师（8 人）承担教学任务。

一、主要特色

食品科学系与研究院教工党支部立足食品类专业"民生之基，健康之本"的专业特点，在深入推进课程思政、积极探索专业思政建设过程中，着力发挥支部引领、党员带头作用，团结带动全体教师，借力"1+1"支部共建外援内修，广泛利用大数据大网络教育平台优势，向校内外模范支部、模范教师和模范课程学习。支部活动与系务会、系会、教研室活动、导师培训等相结合，党政一体、全面布局，集集体智慧群策群力，综合打造食品科学系"课程门门有思政、教师人人讲育人"的大学习、大讨论格局，扎扎实实地落实食品类专业课程思政品质之基和健康之求的专业特点。

二、主要做法

（一）提高认识，打消顾虑，党员带头，全员行动

在习近平新时代中国特色社会主义思想和习总书记关于教育的重要论述的指引下，学校进行了课程思政的探索和实践，制定和发布了《关于推进"课程思政"建设的实施意见（2017—2018）》和《关于深化"课程思政"建设，落实立德树人根本任务的实施意见（2019—2020）》等指导性文件。"课程思政"提出之初，老师们是有疑问和顾虑的，比如，"课程思政是费力不讨好的事""课程思政是教师党员的事"等，为了提高对课程思政建设时代价值及其重要性的认识，食品科学系与研究院教工党支部组织教师党员与全体教师，多次深入学习、讨论习近平总书记在全国高校思想政治工作会议上的讲话和全国教育大会上的重要讲话，学习讨论学校关于课程思政建设的指导性文件。大家深刻认识到"课程思政"是所有教师教书育人的应有之义，是课程教学的价值回归，而不是对教师额外的要求，更不是给教师添加额外的负担，实现了全体教师对课程思政的统一认识。

课程思政建设初期，老师们对开展课程思政建设实施路径和方法略感迷茫，支部成员与专业负责人和教研室主任多次沟通讨论，确定了课程思政讨论与教研室活动相结合的办法，在讨论中找思政元素、找切入点和实施路径，加深了对各门专业课程承担育人目标的认识，激发并升华了思想的火花，每一门课程的思政元素、切入途径逐步在老师们头脑中变得清晰和生动起来。

支部要求教工党员发挥带头作用，积极申报学院课程思政立项，敢于挑战，勇于开拓，为其他教师和课程积累经验。同时，支部鼓励教师党员团结带动课程群内其他教师参与到课程思政项目的申报和建设中来。在支部的督促和引领下，全体任课教师共有 5 名党员、3 名群众申报获批 10 门专业课程的课程思政建设项目并结项，其他教师也都启动开展了至少 1 门课程的课程思政建设任务，形成了一批课程思政示范课程和示范教师。

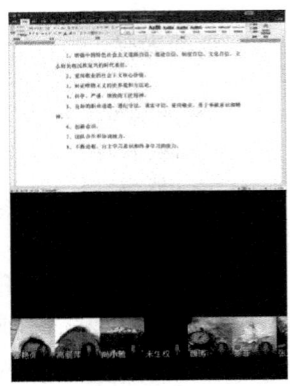

支部活动与系会（左）、教研室活动（右，线上会议）结合讨论挖掘课程思政元素

（二）虚心求教，借力发展，外援内修，提升育人成效

2017 年 9 月，食品科学系全体教职工从学院路校区搬迁到堡头校区，支部从此开始了两处办学的"教、研分居"局面，对教师内部交流、教学和科研提出了新的挑战。生物化学工程学院在学校最先实践完全学分制和导师制，积累了很多有益的经验，在课程思政建设中，能有效整合利用导师制优势、拓展课堂外导师班实践活动，内化提升思政效果。支部充分认识到面对两处办学的困难，必须突破原有思维格局，紧跟并发挥导师制优势，尽快适应、融入生物化学工程学院育人体系，以课程思政为载体、为突破点，向优秀的支部、教师学习，借力发展，外援内修，切实提升育人成效。

支部与资源管理系教工党支部结成"1+1"共建支部，建立和完善了"互听课""导师培训""师德师风建设""课程思政主题党日"等一系列制度和研讨活动，尤其在支部共建促课程思政建设方面，从粗浅到深入，从局部到全面，从文科软切入、工科硬着陆到文科工科互借鉴、相交融、共促进、大融合，思政要素从知识价值到文化价值到学术价值，再到思政价值自然升华，开创了大文科支部和大工科支部共建促课程思政建设的新思路。食品品质控制中渗透着责任意识、担当精神的教育，还渗透着科学管理、绩效促进的人文关怀，工程管理中渗透着严谨求实，还渗透着绿色健康的理念，如此种种。两支部、两个系全体任课教师被吸引到这种共建交流活动中，两支部共建促课程思政建设经验交流现场汇报展示也获得一致认可和广泛赞誉。

支部共建互听课（左）和课程思政经验交流（右）

支部共建促课程思政经验交流现场汇报

　　支部还与基础部教工党支部、生物医药系教工党支部、工程与艺术系教工党支部以联合举办主题党日活动的形式，加强交流、学习和提高。新冠肺炎疫情暴发以来，居家抗疫的日子里，支部党员和全体教师心心念念我们的学生，心心念念孩子们的学业和就业问题，老师们迫切希望在课程思政上有新的突破、新的成效，希望在学生身上看到自立、自强、自我管理和约束、责任心、担当精神等变化，老师们将课程思政的课堂搬到了线上，开始了和孩子们的隔空交流和心灵沟通。在此期间，支部在校、院党委领导下，充分利用大数据大网络教育平台，积极拓展教师学习渠道和学习资源，组织党员和教师观看人民网"北京联合大学课程思政实践探索"系列直播、学堂在线清华大学"我们的课：一门思政课的翻转改革，2020 年线上教学思路设计和实践"、上海大学教师教学沙龙·课程思政"云培训"——专业课程融入思政工作的实施途径、韩书记关于三全育人体制机制的宣讲等直播课程，并组织开展课后思考和讨论。老师们表示，做好课程思政，教育者要不断接受教育、要终生学习，不断深挖思政元素、自然而然融入专业教育，真正做到水到渠成、润物无声。

（三）党政一体，全面布局，打造食品类专业课程思政的内涵和品质

针对支部内食品科学系、功能食品科学技术研究院和功能食品检测中心分别侧重教学、科研和社会服务的特点，支部在课程思政建设中逐步摸索出一套党政一体、全面布局的工作机制和工作方法。支部负责搭建交流学习互助平台和把握思政方向，系部主任和专业负责人负责专业层面的总体思政目标布局，尤其是凸显专业特点和内涵的本专业职业道德行为规范所要求的思政要素，任课教师则负责落实本课程在专业思政目标中所承担的具体目标。专业思政目标和课程对应目标经多次支部活动（邀请专业负责人和教研室主任参加）和教研室活动广泛讨论确定。经过讨论，大家对专业定位特色、专业思政内涵要素、课程思政显性要素了然于心，每门课程就像专业这一整盘棋中的棋子，各自承担职责，所有课程组合在一起，又彼此呼应，形成协同放大效应。

课程思政不仅仅是思想认识领域的"心动"，还要有专业实践领域的"行动"，这样才能将思政成效落地生根。食品类专业关系国计民生，更关系百姓健康，作为有责任、有担当、有爱心、有作为的食品类专业教育工作者，支部鼓励并组织教师们身体力行走出课堂用专业服务社会，给学生做榜样，陪学生在实践中成长成才。自《"健康中国2030"规划纲要》和《国民营养计划（2017—2030年）》发布以来，食品科学系师生勇担食品人的责任和使命，多年来坚持在营养宣传周走出校园、走进社区进行科普宣传，提供营养咨询，传播健康饮食理念和方法。2020年疫情防控期间，食品科学系有多名教师在线上义务开展"合理膳食、免疫基石"的系列科普讲座，深受中国营养学会和北京营养师协会好评。

2019 年营养宣传周奥森公园"慧吃慧动健康体重"健身跑活动

2020 年营养宣传周"合理膳食、免疫基石"线上课堂系列科普讲座

三、成果成效

支部着力于全面深入、持续推进课程思政教学改革与实践，基本形成了专业有特点、课程有品牌、讲授有风格、教师有榜样、成果有固化的格局。支部按照学院党委课程思政建设实施方案要求，系部教师利用春节假期，及时总结反思课程思政建设经验和不足，撰写完成 10 篇课程思政教学案例论文，计划纳入学院课程思政优秀教学案例选编。另外，支部书记结合自己课程思政建设经验和市委党校学习收获，撰写完成"疫情之下深入推进课程思政建设的几点思考——基于食品营养学课程思政的实践"的教学研究论文，已投稿到《学校党建与思想教育》期刊。

"课程思政"是一项系统工程，食品科学系与研究院教工党支部将与时俱进，坚持学习，不断前行，为中华民族伟大复兴培养德智体美劳全面发展的合格的建设者和接班人而努力奋斗。

坚守初心担使命

收获奉献的幸福

2015—2017 年度学院优秀共产党员 李春旺

立足本职，踏实做事，做有思想、有理想、有信念的共产党员。

李春旺，男，汉族，1972 年 2 月出生，1992 年 10 月加入中国共产党，1993 年 8 月参加工作，工程与艺术系主任，系党总支纪检委员，供热通风与空调工程技术专业负责人，教授。兼任北京制冷学会理事，北京市工程技术系列（热能与暖通空调）专业技术资格评审委员会评审委员，北京高等教育自学考试物业管理专业（独立本科段）负责人。曾获 2011—2013 年度、2015—2017 年度北京联合大学优秀共产党员称号；2014 年获得联大教学成果二等奖；2016 年获得联大教学成果三等奖。

一、积极探索，推动专业的特色发展

随着首都功能定位的变化、生源的减少，学校必须走内涵发展和特色发展的路径，以实现建设高水平有特色首都人民满意的城市型、应用型大学的目标。李老师坚持认为专业实力是基础，专业特色是方向，特色鲜明则方向明确，实力强则特色凸显。针对工程与艺术系的两个本科专业都存在学科基础薄弱、特色不够鲜明的问题，李老师积极探索，寻求专业的特色发展点，推动学科专业的特色发展。

针对建筑环境与能源应用工程专业，李老师推动组建了绿色建筑节能与信息化技术研究所，聚焦室内非均匀环境营造理论与技术、建筑环境智能控制与 BIM 创新应用、绿色建筑评估理论与方法三个研究方向，打造研究团队。

在两年之内研究团队就获批国家自然科学基金 1 项、北京市自然基金 2 项、其他各类课题 6 项、局委办级 2 项，并与北京建筑设计院等行业领军企业建立了深入的产学研合作关系。这不仅提高了教师团队的水平，也锻炼了学生团队的创新实践能力，为城市型、应用型人才培养打下了基础。

针对工业设计专业，李老师多次组织专业研讨，寻找专业特色发展的突破口。经过多次研讨，逐步将学科特色定位在特殊需要人群的产品设计。在学院的支持下，与特殊教育学院建立了协作关系，为专业提供了良好的发展模式。李老师还积极推动工业设计专业参与学院创格空间的建设，开展了创新创业教育与工业设计专业教育相融合的实践，为专业创造了良好的发展路径。

二、开拓创新，促进完全学分制改革

2014 年学院开始实行完全学分制，课程建设是保障完全学分制改革顺利开展的基础。李老师负责学院的专业核心课程建设工作，他制定了课程建设指南和课程建设评价方法，推进了课程按能力素质目标重新整合教学单元，倡导采用主动学习的教学方法、合理的过程评价方法，加强网络资源的协同设计，提升了课程质量和教学团队的执教能力。

在完全学分制模式下，学生主动学习和课下的学习性投入程度是保证人才培养质量的关键。李老师在工程与艺术系推动多要素协同的学生科技创新平台建设，建立绿色科技社团、本科生研究室和创新实验室，依托科技立项、开放课题、学科竞赛，汇聚学生团队和教师指导团队，力图营造崇尚创新实践的文化氛围。近年来，工程与艺术系荣获了包括"挑战杯"国家级二等奖在内的北京市级以上竞赛奖 30 多项，获得北京市级以上科技立项 70 多项，取得了丰硕成果。

三、以身作则，锻造过硬的工作作风

很多同事对李春旺老师的评价是思想敏锐、工作务实、待人厚道。虽然他并不需要坐班，但几乎每天早上 7 点 10 分在学院的校园中都能看到他的身影。他担任系主任以后，经常和大家说的一句话是："多做有利于事业发展，有利于教师发展，有利于学生成长的事情。"他凭借开拓进取的精神、扎实的工作业绩和朴实的为人，在中层干部年度考核中多次获得"优秀"，得到了大

家的认可。

李老师还兼任机电实践教学中心主任，承担着专业实验室和计算机房共60个房间的管理工作。他带领中心教师，不怕苦不怕累，对10个实验室进行了优化整合，改造了12个"计算机房"，推动"创格空间"的改造，大大提高了教学支撑环境的品质。

尽管承担着繁重的行政和专业建设工作，李老师在科学研究方面仍然取得了丰硕成果，近两年承担科研课题6项，发表论文4篇，授权发明专利5项，参编专著1部，起到了共产党员的表率作用。

四、关爱师生，营造和谐的工作环境

近年来，系里进行了学科专业的一系列重大调整，造成很多教师心理压力较大。面对这种情况，李老师多次和相关教师座谈，了解大家的真实想法，及时与相关部门和领导沟通，解除大家的后顾之忧。他关心老教师的身体状况，尽量不让老教师承担过多的压力，当系里有教师生病需要手术时，他积极帮助协调安排课程，并主动承担工作量。

他还投入大量时间关注和帮助青年教师成长，了解他们工作和生活上的困难。他不断鼓励青年教师，帮助他们梳理成长路径，亲自帮助他们修改各种申报文本，出谋划策，尽可能地为青年教师的成长提供支持。他在系里营造了一种宽松和谐、团结协作的良好氛围。

李老师热爱学生，担任班主任和专业导师期间，在生活、学习、职业规划、思想方法等方面给予学生细致指导。他指导的多名同学获得各类奖学金、科技立项和学科竞赛奖。能否顺利就业关系到每个学生今后的发展和幸福，李老师非常关心学生的就业，每到就业季，他都帮助学生联系就业单位，积极向用人单位推荐学生，通过各种努力，李老师每年都能帮助20多个毕业生顺利就业。

这就是李春旺，一名默默奉献、辛勤耕耘的教师党员。他的付出，他的奉献，镌刻在了学院的发展年轮上，也镌刻在了学生们的心里。有的学生毕业多年还乐于回学院找李老师咨询工作中遇到的困惑，和自己的老师聊聊心事。李老师总说："我觉得最得意的事情就是看到自己的学生事业有成、生活幸福！"当然，他也从奉献中收获了属于自己的幸福。

做无愧于时代的青年

2015—2017 年度学院优秀共产党员 倪凯松

内外兼修，勤于奉献，知行合一。

倪凯松，男，汉族，工业设计专业，1994 年 6 月 3 日出生，2015 年 10 月加入中国共产党，工程与艺术系 2013 级本科生。

倪凯松积极向党组织靠拢，坚持学习党的先进理论，时刻以优秀党员标准来要求自己。2013 年 10 月，他向党组织递交了入党申请书。在实践过程中，他积极履行在申请书中给自己提出的要求，不断提高自身的思想觉悟，服务更多的同学。2015 年 10 月，他成为一名光荣的共产党员，依旧坚持遵守校规校纪，尊敬师长，团结同学，做一个思想道德合格的大学生，发挥学生党员的先锋模范带头作用，荣获 2015—2017 年度联大优秀共产党员称号。

一、勤奋学习，做学习的排头兵

在学习上，倪凯松努力汲取新知识，扩大知识面，和同学们交流学习经验，勤奋刻苦，认真学习专业基础理论知识，专业成绩名列前茅。2014 年荣获联大大学生物理竞赛一等奖、联大大学生校级数学竞赛二等奖、联大大学生校级数学建模三等奖；2014—2015 学年被评为联大优秀学生干部、三好学生、优秀团员；2015—2016 学年，荣获联大十佳团干部、优秀心理委员称号，荣获首都大学、中职院校"先锋杯"竞赛"优秀基层团干部"和第 2 届中国"互联网+"大学生创新创业大赛（北京赛区）创意组三等奖；连续三年荣获奖学金。他的付出和努力，老师和同学们都看在眼里，给予他很高的评价。

二、热爱集体，做大家的好班长

倪凯松是班里的班长和生活委员，也是 2015 级新生的班级助理。他积极投身班级工作，对自己高标准、严要求，以身作则，营造了友好相处、互帮互助、和谐融洽的班级氛围，把他自己的班级和 2015 级工业设计班级建设成为一个积极向上、团结互助的集体，得到辅导员、班主任以及同学的支持。他多次担任学院重大活动的负责人，积极配合老师，带领学院的同学参与各项活动，丰富同学们的课余生活，在新生运动会团体操演练、校运动会啦啦操排练、宿舍文化节、学院篮球比赛、学院的迎新晚会等，都能看到他的身影。

大二的时候他担任院团委宣传部部长，负责制作海报、横幅、传单等。任职期间他还开设了 Photoshop 软件课程的学习班，教各系团总支、学生会的学生干部们使用软件，分享本专业技能。大三的时候他担任了院团委社团部部长，在院团委老师的指导下，带领所有社团干部积极及时地宣传和组织社团活动，配合学校进行各项事务的检查工作，紧密团结同学。"青春在生化，梦想在社团"社团展示活动、"青春志 梦飞扬"晚会、"百团大战暨社团文化节开幕"活动等活动中，他的组织能力和社交技巧再一次得到了提高，这对他来说无疑是宝贵的经验。

除此之外，他还为自己的专业贡献力量，负责 2016、2017 届的工业设计专业毕业设计展的布展和宣传，以及专业招生宣传等。他低调谦虚，任劳任怨，虚心向先进学习，为学院、专业和班级奉献光和热。

三、参与实践，做革命的接班人

2015 年暑假，倪凯松赴井冈山参加"红色足迹 忆先辈英魂"社会实践。他感受到井冈山是一块具有革命精神的圣地，井冈山会师壮大了井冈山的革命武装力量，对巩固扩大全国第一个农村革命根据地、推动全国革命事业的发展，具有深远的意义。他参观了毛泽东同志的故居、红军医务室旧址等，通过在井冈山学习，重温革命历史，他增长了历史知识，了解了革命传统，激发了爱党爱国的热情，特别是加深了对井冈山精神的理解，他的思想水平又一次得到提升。

除了参与社会实践，2016 年 8 月他还积极投身于系学生党支部丰台怪村红色"1+1"共建活动，践行"知北京，爱北京，荣北京"。他为怪村的发展出谋划策，改善设计方案，为村民们更好的生活而努力，通过他们的努力，世界非物质文化遗产——太平鼓受到更多人的关注，同时，他希望能有更多人关注到大城市周边还有一些需要帮助建设的村镇。他服务农村，为自己是一名联大的学子而自豪。

四、开设讲堂，做同学们的小倪老师

为帮助同学们提高数学成绩、为老师分担辅导压力，倪凯松 2014 年开始利用晚上的时间开设"小倪老师高数大讲堂"，开辟了"辅助战场"，作为老师课堂教学"主战场"的补充，为更多学生答疑解惑。上过大讲堂的同学成绩有了明显提高，大讲堂的名声也越传越广，听课人数从十几人、几十人到上百人，场地也从一个普通教室换到了大阶梯教室。在他的带动下，其他数学拔尖的同学也加入了大讲堂，与他一起辅导更多同学补习数学，他们打造了一支 25 人的公益团队。

经过团队成员的共同努力，参与"小倪老师高数大讲堂"的同学人数不断增多。三年的时间，辅导人数达 300 多人次，累计辅导学时达 300 多学时。来听课的不仅有生物化学工程学院的，还有来自兄弟学院的同学。每次考试前，他的心情都很紧张，就像老师送学生去高考一样，期盼同学们取得好成绩。当得知同学们取得了好成绩时，他也倍感欣慰，体会到了帮助他人的幸福和快乐。他们的团队在第 4 届"我与联大共奋进"主题宣讲比赛中荣获优秀宣讲团队。

通过大讲堂的服务，同学们学会了自主学习，晚上在宿舍打游戏的人少了，学习兴趣浓厚了，这些都为同学们培养良好的学习习惯、更好地适应完全学分制下的学习，奠定了良好的基础。另外，越来越多的少数民族学生也走进了大讲堂，在帮助他们提高学习成绩、解决学习困难的同时，也促进了民族融和。未来的日子，他有信心把"大讲堂"越办越好，相信在他们的共同努力下，高数及格率会越来越高，这门课程将不再成为困难。

风雨兼程的四年，丰富多彩的课外生活，给倪凯松的大学生活平添几许亮丽的色彩，他被老师和同学鼓舞着，他用汗水与执着换来了今天的成

长与收获，在人生道路上迈出了坚实的第一步！但是过去并不代表未来，不忘初心才是真实的内涵。在今后的成长道路上，他还将继续严格要求自己，自强不息、厚德载物、求真务实、勇往直前，努力做一名无愧于时代的青年！

为人师表 先锋本色

2015—2017 年度学院优秀共产党员 霍清

海阔凭鱼跃，天高任鸟飞。

霍清，女，汉族，1966 年 2 月出生，1986 年 1 月加入中国共产党，生物医药系教授。

霍老师是一名具有多年党龄的老党员，具有坚定的马克思主义信仰和共产主义信念，具有正确的世界观、人生观、价值观；在工作和生活中，一直以优秀共产党员的标准严格要求自己，注重加强自身道德修养和品格修养，始终以党的教育思想为指导开展教育教学工作，始终遵守全心全意为人民服务的宗旨，处处考虑群众的利益，踏实正派、坚持党性、清正自守，荣获 2015—2017 年度联大优秀共产党员称号。

一、信念坚定，理论扎实

作为一名信念坚定的共产党员，霍老师自觉加强理论学习，筑牢根基；在思想上始终拥护党的领导和各项方针政策，在理论上积极学习、深化理解、与时俱进，在组织上不断加强党性修养，强化纪律观念；积极参与"两学一做"学习教育，认真学习党章，深入学习习近平总书记系列重要讲话和治国理政新理念、新思想、新战略，理论联系实际，自觉用马克思列宁主义的立场、观点、方法分析和解决问题，主动宣传和执行党的路线、方针、政策和决议；认真遵守党员行为规范各项要求，自觉增强"四个意识"，党性观念强，自觉遵守党章，严格遵守党的各项纪律，特别是政治纪律和组织纪律，认真履行党员义务，正确行使党员权利。廉洁自律，品德高尚，坚持原则，坚决抵制不正之风；维护党的团结和统一，克己奉公，顾全大局，有协作精神。

二、严守师德，为人师表

作为一名教师，霍老师能够坚持言传身教，严守师德，为人师表；长期从事一线教学工作，并担任班主任及导师工作；关心学生身心发展，对学生在学术上要求严格，在生活上平等关爱，打造了一个同学互相关心友爱，班风、学风积极向上的班集体。班里有个别家庭困难的学生，霍老师尽自己所能多次在经济和精神方面给予帮助，并发动周围同学关心照顾他们，使他们感受到关爱。

作为一名导师，霍老师注重对学生全方位的指导，注重学生的思想状况，与家长保持密切联系，经常通过微信及时了解学生思想动态，给学生指引成长的方向；注重在实践环节中发现学生的特点，有针对性地引导他们，使他们对所学专业知识感兴趣；注重培养学生查阅文献、独立思考、总结的能力以及学习分析问题、解决问题的能力。

霍老师现在所带的班级，在第一学期的时候有很多学生两门学科成绩不及格，这对同学们触动很大。有些平时学习很认真的同学考试也不及格，他们非常着急，甚至对顺利完成三年的学习产生动摇。霍老师及时与家长联系，集合多方努力来激发学生的学习热情，并加强对学生学习方法的指导，提升学生的学习能力。功夫不负有心人，霍老师的努力慢慢显现成效，学生们已经开始适应大学生活、学习，学习成绩和学习能力都有所提高，为他们大二的学习打好了基础。

三、治学严谨，科技创新

霍老师具有强烈的事业心和责任感，在科学研究中治学严谨、注重基础、精益求精。霍老师主要从事天然药物分离纯化工艺研究以及缓释药物剂型、脑靶向制剂研究以及利用同步辐射技术进行卤素污染物的种态、来源及其生物效应等方面的研究。2009年至今，霍老师担任仁普（苏州）药业有限公司兼职科学家一职，参与ACS-101抗肿瘤药物的研发，负责其中的制剂研究部分；参与深海鱼油有效成分的分离纯化研究，负责分析方法建立以及酶解工艺和制剂工艺研究。获得"双师"称号。

近年来，霍老师取得了丰硕的科研成果，主持国家自然基金项目——基于分子影像技术活体研究转铁蛋白受体介导的类脂质体药物脑内递药特性（11475020）；主持国家自然科学基金委员会与韩国国家研究基金会合作项目——转铁蛋白受体介导的类脂质体药物脑内递药特性研究（8151101007）；主持北京市自然基金项目——应用同步辐射技术研究城市空气超微细颗粒物中卤素污染物的种态、来源及其生物效应（L140006）；参与国家自然基金项目——典型土壤团聚体中氯素种态及其再分配机制的原位研究（11375212），为第二参与人，承担土壤中有机卤素污染物的 X 射线吸收精细结构（XAFS）分析；参与北京市自然基金项目——基于功能基因的丹参道地品质形成的分子机制研究（7092056）。在国内外核心刊物上发表学术论文 30 余篇，被 SCI 收录 25 篇；作为第一发明人申报国家发明专利并获授权 15 项。

霍老师还积极利用自己在科学研究方面的优势，指导学生参加各类科技创新大赛，培养学生的科技创新和科研能力。她指导学生参加大学生"挑战杯"赛、全国节能减排科技竞赛，取得优异成绩。2014 年指导学生参加"金川杯"第 7 届全国大学生节能减排社会实践与科技竞赛，作品《太阳能路灯空气净化装置设计说明书（00701713）》获得三等奖；指导学生参加第 9 届"挑战杯"首都大学生课外学术科技作品竞赛，作品《顺磁性近红外染料纳米粒子的制备及在生物成像和癌症治疗方面的应用》获得二等奖；指导"北京高等学校高水平人才交叉培养计划——实培计划"项目（2016 届毕业生）；指导学生参加 2016、2017 年联大"互联网+"大学生创新创业大赛；指导学生参与联大 2016、2017 年本科生科学研究计划两个项目。通过指导学生参加各类科技创新竞赛，启发了他们参与科研和主动学习的热情，取得了很好的成效，学生的科研水平得到了很大提高。

在学生的心里，霍老师是一位好老师；在同事们的心里，霍老师是一位好同事。她用自己朴实的教育情怀，在平凡的岗位上教书育人，严谨治学，彰显了一名共产党员的先锋本色。

春风化雨润桃李 一片丹心铸师魂

只有当你不断地致力于自我教育的时候，你才能教育别人。

冀颐之，女，汉族，1977 年 10 月出生，1998 年 6 月加入中国共产党，生物医药系副教授，2012—2016 年度任生物工程教工党支部书记。

冀颐之从教 14 年以来，以身体力行的方式与学生共同成长，在自己热爱的教学科研事业中默默耕耘，怀揣着创新求真的精神教书育人、服务师生。在平凡的教育岗位上，坚守着一名党员对教育事业深深的热爱。

一、身体力行，与学生共同成长

作为"追梦细胞"班导师，冀颐之认为做一名好导师最重要的是一个"爱"字，要爱学生、了解学生、关心学生，良好的师生关系是教育的基础。在方法上，她更注重身体力行，用自己勤勉、严谨的工作学习态度去感染学生，使学生在潜移默化间，树立正确的人生目标，用积极向上的态度充实地度过四年大学时光。

师者，所以传道受业解惑也。结合导师制，冀颐之采用"师徒式"的方法，引导学生从专业知识的入门、累积，到能够独立完成基本专业任务。积极鼓励他们参与大学生科学研究活动，打通学生科研项目和毕业设计环节，从申报材料的书写、实验设计、准备、实验开展、完成论文到答辩等环节均投入了大量的心血。对学生精心指导，常常为了获得一组好的数据，在实验室陪学生加班至深夜。付出总有回报，2015 年至今，获得资助的大学生科研项目有国家级 1 项、市级 4 项、校级 1 项，所指导的毕业论文《Rhizopus arrhizus 脂肪酶基因毕赤酵母表达载体的构建》被评为 2015 届校级优秀本科毕业论文，《一步酶催化合成 1，3-二油酸-2-棕榈酸甘油三酯的工艺》被评为

2016届院级优秀本科毕业论文，《色氨酸生物传感器的构建》被评为2017届校级优秀本科毕业论文。通过"师徒式"的科研训练，使本科生掌握了课堂上无法获得的专业技能，提升了科研能力，为其今后的人生奠定了扎实的专业基础。2015年被推荐到中央军委后勤保障部军需装备研究所做科研助理的一名学生，进入单位后，其科研素质在工作中得到充分发挥，科研能力得到单位认可，目前已获得多项科研成果。

一位教育家曾说过："只有当你不断地致力于自我教育的时候，你才能教育别人。"冀颐之非常热爱教育科研事业，积极深造，不断成长。2015年获得教育部高等学校青年骨干教师国内访学项目资助，在清华大学化学工程系绿色生物技术实验室进行了为期一年的国内访问，期间踏实努力，刻苦勤奋，科研作风严谨，受到实验室一致好评，并掌握了多项先进专业技能，收获颇丰，为后续科研发展提供重要的动力。其积极向上、学术上不断探索的态度也深深影响了学生。在她的鼓励下，所带班级学风浓郁，多位学生选择继续深造读研。2015年至今，已有6位同学分别考取了中国科学院、北京协和医学院、南开大学、南昌大学、南京林业大学和天津科技大学重点院校及本专业特色优势高校的硕士研究生。冀颐之被评为2015年度校级优秀班导师。

二、立足教学科研，在热爱的事业中默默耕耘

三尺讲台说天下，一寸粉笔写乾坤。作为青年教学骨干，冀颐之承担了微生物学、生物工艺学和发酵食品等专业课程的教学任务。此类课程研究的是肉眼看不到的奇妙小生命，从它们的形态结构、生长特点、培养方法到工业应用，从史前期的古老酿造酒到现代高新技术的基因工程菌，从几乎使印第安人灭绝的天花到挽救人类于水火的青霉素，课程涉及以微生物为基础的各类重要生产技术及产品。为了燃起学生对专业知识的兴趣，她认真钻研教学技巧，全心投入教学。根据所授课程特点，依据CDIO理念，探索了"理论教学案例化""实践教学产品化"和"自主研习项目化"三套工程化创新教学模式，使CDIO理念在课程建设中得以实施，学生知识、能力、素质得到全面发展，取得了非常良好的教学效果。在2015年年度考核中被评为优秀，2016—2017学年第一学期教学质量评价为优秀，论文《基于CDIO理念的生物工程人才培养模式探索》被《高校生物学教学研究》编委会评为年度优秀论文，主持并完成了校级教研项目《生物工艺学网络教学资源的建设及应用

研究》、院级生物工艺学核心课程建设项目，参与并完成校级教研项目"微生物学网络教学资源的建设及应用研究"，《以产品和项目为主线的生物工程专业实践教学体系改革和实践探索》获得校级教学成果二等奖，《基于创新人才培养的生物化学课程教学改革与实践》获得校级教学成果一等奖。

科研是教学的"源头活水"，如果没有科研做支撑，大学课堂教学就会失去"灵魂"。著名科学家钱伟长曾指出，教学没有科研做底蕴，就是一种没有观点的教育。认真从事科研的老师思路开阔、具有创新意识和批判性思维，令学生耳目一新，眼界开阔。因此青年教师在教学科研中要两手抓、两不误。冀颐之长期从事工业微生物、酶工程方面的研究，具有良好的科研素质。主持并完成北京市教育委员会中青年骨干人才项目1项和北京市组织部优秀人才资助项目1项，主持北京市教育委员会科研面上项目1项、生物质废弃物北京市重点实验室项目1项，同时参与了其他多项科研课题，发表研究论文数篇，在本聘期科研工作量达到1400多研时，超额完成任务。成绩的背后是巨大的付出，作为幼儿的母亲，常常面对节假日陪伴孩子或加班的艰难选择，而生物学实验在时间上有持续性的要求，否则就会半途而废，这是一道没有选择的选择题。在科研过程中，她积极鼓励学生参与其中，并以自身行动，将严谨的科研作风、细致的科研习惯以及对科学研究发自心底的热爱潜移默化间传递给学生，手把手、心传心帮助学生完成良好的科研训练。

三、创新思路，特色发展，凝聚人心

2012—2016年度，冀颐之任生物工程教工党支部书记。在此期间，以发挥支部特色为抓手，以"紧抓思想、深化学习，发挥优势、科技兴校，凝聚人心、促进和谐"为指导思想，围绕学校和学院中心工作，积极开展形式多样的党建活动，提高党支部的凝聚力。在支部工作中，她积极鼓励支部党员发挥高学历、高职称的科研优势，在科研项目、科研成果、学生课题等方面取得丰硕的成果，树立了生物工程支部"科技兴校"新品牌。在党建活动中，她创建了"生物技术科技周"特色活动。结合本专业特色及高层次人才优势，打造了一个涵盖生物技术科普展、教师成果展示、知名专家前沿讲座等内容的多层次、多形式的"生物技术盛宴"。以专业特色服务师生，提升了校园学术氛围，取得了良好的效果。生物工程教工党支部2015年度获得校级"先进基层党组织"和院级"先进党支部"称号，2016年度获得校级"三育人先进

集体"称号。

春风化雨润桃李，一片丹心铸师魂。作为一名普通高校教师，冀颐之在三尺讲台和一方实验室中，以学生的发展为己任，用爱温暖生命，十几年来默默耕耘。捧着一颗心来，不带半根草去。她不计个人得失，在平凡的岗位上，用实际行动诠释着一名青年党员对党的教育事业的担当和责任！

春风化雨立德树人 笃志向学潜心问道

2015—2017 年度学院优秀共产党员 汪昕宇

生如夏花，必定竭力绽放！

汪昕宇，女，汉族，1975 年 5 月出生，2007 年 7 月加入中国共产党，经济学博士，经济管理系副主任，人力资源管理研究所所长，教授。长期从事劳动经济、人力资源开发与管理领域的教学与科研工作。曾荣获北京高校优秀共产党员、北京市师德先进个人、联大师德先进个人、优秀班主任、毕业生就业工作先进个人、优秀教师、优秀共产党员、身边的好党员等荣誉称号。

汪昕宇同志认真学习马克思列宁主义、毛泽东思想、邓小平理论和"三个代表"重要思想，深刻领会习总书记系列讲话和党的十八届三中、四中、五中、六中全会精神，拥有良好的政治素养，在"两学一做"活动中表现优异。在工作中，坚持以科学发展观为指导，顾全大局，以身作则，注重践行"四讲四有"合格党员标准，时刻以一个优秀党员的标准严格要求自己，多年来以其踏实的工作精神、优秀的业务水平、较高的管理能力、先进的教育理念和突出的教育实绩赢得领导、师生的普遍赞誉，在教书育人、科学研究、学科及专业建设等方面均有良好表现，充分体现了一名共产党员的先锋模范作用。

一、坚持立德树人，教育有情怀，课堂有温度

作为一名教师，教书育人是天职。汪老师注重理论联系实际，加强教学

研究，不断进行教学方式方法的创新，在专业教学中首先探索开展了网络课堂教学、社会实践教学、专业课程软件教学、专业热点前沿教学、横向科研项目参与式教学等方式方法，激发学生的求知欲，培养学生发现问题、分析问题和解决问题的能力与意识。她指导学生参与申报国家级、市级科研项目如"启明星""挑战杯"、创业计划大赛等，完成了《超大城市新生代农民工就业满意度测度及其代际差异比较与研究》《益粘之剂生物农药创业计划书》等多部作品。

同时，汪老师还坚持立德树人，以德施教。在她的课堂教学中，不仅能经常看到新的教学理念、新的教学方式和有趣的教学手段，更是能体会到她将自己的理想信念融入平常教学中的那种情怀，让学生在课堂上，在不知不觉中，树立科学的人生观和价值观。她在讲授新生研讨课"当前就业矛盾的现实与思考"时，引导新生对中国当前就业的前沿、热点问题进行研讨，鼓励学生学会理性思考和充分表达，在她的课堂上学生们时而激烈辩论，时而互相鼓励，时而又被相互感动得泪流满面。用学生的话说，"汪老师的课堂是有温度的课堂，是走心的课堂。"

在她的引导下，学生主动参与对就业形势的调查与研究、学习调查数据的整理与分析、开始思考规划自身职业生涯等，所教授班级的新生都成为其主持的北京菜篮子集团公司岗位薪酬目录项目、人力资源和社会保障部职业能力体系与职业能力测评项目等横向科研项目的积极参与者，也成为"启明星"学生科技立项、大学生"挑战杯"科技竞赛的中坚力量。

二、担任学生导师，指引人生方向，呵护学生成长

近年来，生物化学工程学院开展了完全学分制改革。导师制是完全学分制改革的重要组成部分，导师对学生在导学、导研、导就业等方面的作用在一定程度上决定了学分制改革工作的成败。作为一名教师党员，汪老师担任了人力资源管理专业28名学生的导师，所带学生数在人力资源管理专业教师中是最多的。她心系学生，积极探索导师工作的新思路，注重对学生入脑入心的"心教育"，加强对学生的品德教育，与同学保持密切联系，关心学生的学习与生活，为学生点亮理想的灯、照亮前行的路，深受学生的爱戴。

作为一名学生导师，汪老师对学生的细致关怀换来学生的健康成长。她所带的一个新疆籍哈萨克族女学生，2015年上半年父亲突然因病去世，汪老

师得到消息后第一时间从家中赶往学校,看到泪流满面手足无措的学生,汪老师一边把学生搂在怀里,一边低声安慰,稳定学生的情绪。了解到学生除去往来路费已身无分文,她毫不犹豫地拿出 1000 块钱给学生,并积极联系车辆护送学生去机场,随时与学生保持密切联系,直到学生安全到家。

汪老师针对学生的不同特点和诉求,因材施教,指引学生的发展方向。如有的学生学习好而沟通能力差一些,她就为这样的学生多提供一些与人交流、沟通的机会,鼓励他们打破"担心、害怕与人交流的魔咒";有的学生在考研和就业选择之间摇摆不定,不知如何抉择,她就帮助这些学生分析不同选择的优势和可能遇到的困难、机会和挑战等,让他们学会如何客观地看待自己、看待选择,以及积极勇敢地面对未来等。根据她所指导的学生反馈,正是汪老师在他们大学迷茫之际给予了最贴心的鼓励与最实用的建议,帮助他们找到了人生的方向,学生们亲切地称她为"人生的导师",有的毕业生还发出了"您是我们的唯一"这样发自内心的感慨。

三、潜心科学研究,促进个人发展,带动团队建设

作为一名教授,汪老师潜心科学研究,并取得了丰硕成果。近 5 年主持科研项目 10 余项,其中,主持国家社科基金面上项目 1 项、北京市教育委员会重点项目/北京社科基金项目 1 项、国家社科基金项目子课题 1 项、北京市教育委员会项目等纵向科研项目 6 项;主持中国劳动保障科学研究院竞选项目、北京菜篮子集团委托项目等横向科研项目 6 项;参与国家社科基金重大项目 1 项、国家社科基金项目 1 项、省部级项目 6 项,近 3 年累计科研到账经费 80 万元。近 5 年在《管理世界》《人口与经济》《中国人口·资源与环境》等杂志公开发表论文近 30 篇,其中,被《新华文摘》转载 1 篇,被《中国人民大学复印报刊资料》转载 1 篇。出版学术专著 1 部,参与撰写学术著作 3 部,撰写研究报告 6 部,其中 1 部被北京市哲学社会科学规划办公室优秀研究成果汇编收录,1 部获得人力资源和社会保障部领导审阅和批示,取得了较好的社会效益。

作为系里负责科研和学科建设的副主任,汪老师自 2012 年 10 月接手工作以来,面对系里科研水平相对较低、科研实力相对较弱、学科建设相对空白的局面,她心里虽然很着急,但几乎没有对老师们说教过,而是用实际行动,认真地做着每一件对老师的成长和团队建设有帮助的事情,包括为年轻

老师确定研究方向、联系专家为老师们做学术讲座和辅导课题申报，甚至不厌其烦地帮助老师一遍遍地修改论文等，积极发挥党员的先锋模范作用，帮助、带动年轻教师实现多元化成长。经过几年的努力，学科建设大有改观，科研实力明显增长，团队整体的社会服务能力和社会影响力有了较大幅度提升，高级别项目立项取得了重大突破，获批 1 项国家社科基金项目、3 项北京社科基金项目，高水平研究成果大幅增加，竞争性科研到账经费年均增长 20%。

不论是个人还是带领的团队都取得了优异成绩，但汪老师并没有在成绩面前迷失自己，而是更加努力地学习和提升自己。用她自己的话说："只有我自己够强大，才能带着大家走得更好、更远。"在做科研的过程中，她常常会为一个数字的正确与否反复求证，为一个观点的形成反复论证，甚至不放过报告中的一点点格式问题。她那份对学术研究认真严谨的态度和时刻保持鲜活的求知欲望，让大家深深感受到了她那志存高远的气度和意守平常的淡定与坚持，并在潜移默化中影响着老师们。老师们常常感叹她小身板里所蕴藏着的巨大能量，戏称："汪老师是和谐号，我们这绿皮车得紧跟啊！"

作为一名普通党员、一名普通教师，汪老师并没有惊天地泣鬼神的辉煌业绩，却在自己平凡的工作岗位上用"春风化雨立德树人，笃志向学潜心问道"的目标和追求诠释了一名教师党员的神圣使命，用自己的默默耕耘与奉献折射出了一位优秀共产党员的熠熠光芒。

求真务实 永葆先进 爱岗敬业 开拓创新

2015—2017 年度学院优秀共产党员 房宏君

> 求真务实，永葆先进，爱岗敬业，开拓创新。

房宏君，男，汉族，1974 年出生，1998 年 12 月加入中国共产党，管理学博士，经济管理系教工党支部书记，副教授。从事教育工作以来，坚持"求真务实，永葆先进，爱岗敬业，开拓创新"的理念和信条，积极发挥党员先锋模范作用，努力开展教学、科研、学生管理和教工党支部管理等各项工作。多年来以其踏实的工作精神、优秀的业务水平、较高的管理能力、先进的教育理念和突出的教育实绩赢得领导、师生的普遍赞誉，在教书育人、科学研究、学科及专业建设等方面均有良好表现，充分体现了一名共产党员的先锋模范作用。

一、加强政治理论学习，提升政治素养，坚定政治立场

作为一名参加工作 17 年的党员，同时兼任经济管理系教工党支部书记，房宏君同志知道自己的言行举止会直接或间接、部分或全部的影响到身边的教师和同学。所以，不管是在工作还是生活中，他都积极加强政治理论学习，及时学习、掌握党的路线、方针和政策，坚持用邓小平理论、"三个代表"重要思想、科学发展观指导自己的工作，不断提高自己的理论水平，牢固正确的世界观、人生观和价值观，坚定共产主义信念。在"两学一做"学习教育中，他带头学习习近平总书记在党的十八届六中全会和全国高校思想政治工

作会议上的重要讲话精神，深入学习《关于新形势下党内政治生活的若干准则》《中国共产党党内监督条例》等文件，学习掌握基本内容和基本要求；坚持以"四讲四有"为标尺，查找自身在政治合格、执行纪律合格、品德合格、发挥作用合格方面的差距和不足，并及时弥补。此外，在平时的工作中，他时时刻刻用优秀党员的标准严格衡量、约束自己的言行，不断增强党的观念，加强党性修养，按照党章的规定履行党员义务，严格遵守党的纪律，执行党的决定，珍惜党员的光荣称号，以新时期保持共产党员先进性的具体要求鞭策自己，不断提高综合素质和业务能力，能够做到维护党的团结统一，积极完成党的各项任务。他能够把每一位优秀党员当作自己的折射镜，树立自我的人格魅力，无论是工作还是生活中都力求率先垂范，发挥着一名共产党员应有的先锋模范作用。

二、钻研教学理论，提升教学水平，培养优秀人才

房宏君同志始终以一名优秀党员的标准在教学和教学研究方面严格要求自己，忠诚人民的教育事业，以身作则，为人师表，爱岗敬业，乐于奉献。身为高校教育一线的工作者，房老师深感教书育人任务的艰巨和重要性。在教育教学工作中，不断提高个人教育理论素质和职业修养，恪守教师的职业道德，严格遵守考勤制度，认真钻研教材、教法，精心备课、上课，在教学中积极进行教学法改革，不断提升教学效果；对学生做到因材施教，因势利导，提高学生能力的同时使个人教学能力得到了充分锻炼，真正做到了教学相长。他认真履行了一名高校人民教师的神圣职责，得到了听课专家的好评和学生的普遍赞誉。同时，他积极开展教学研究，发表教研论文多篇，主持院级本科核心课程建设1项，主持院级教改立项1项，作为副主编出版《组织与工作设计（2015）》教材1部。房老师深受学生爱戴，曾两次获得学院、经济管理系由学生评选的"最敬爱的教师"称号；2014年，在联大第3届中青年教师执教能力比赛中获得二等奖；2015年被评为生物化学工程学院优秀教师。

三、潜心科研事业，提升个人水平，带动团队发展

房老师自入校以来，就认识到党员的带头模范作用，带头开展科学研究，取得了较好的研究成果，推动了经济管理系科研工作的向前发展。近几年来，

他发表学术论文 40 余篇，其中核心期刊发表论文 29 篇（CSSCI 检索近 20 篇），主持局委办级别项目 2 项，校级项目 2 项，作为主要成员，参与国家级、省部级等项目多项。在科研工作量方面，上一聘期内完成院科研处认定的科研研时 1500 研时以上，2014—2016 年三年科研研时量分别为 577 研时、406 研时和 526 研时，远远超过岗位聘期内研究工作量 240 研时的基本要求，超额完成科研工作量任务，并且每年都能获得学校的科研成果奖励。同时，作为一名党员，他能够热情、主动帮助其他党员或教师撰写、修改科研项目申报书和学术研究论文，为其他教师申请科研项目和发表学术论文打下了良好的基础，得到了教师们的一致好评，带动了团队科研工作的发展。

四、履行导师职责，关心爱护学生，引导健康成长

作为导师，房老师认为热爱学生、助其成才是高校教师职业道德的重要核心，也是教育学生的最佳途径。在导师工作中，他始终本着"尊重、理解、关爱、帮助学生"的原则与学生相处，和同学们既是师生关系，也是朋友关系，得到了学生的信任，得以与学生之间真诚交流。房老师对所管理的人力精英班 31 个学生都有较为深入的了解，对每一位同学的具体情况，如学习成绩、实践能力、资格证书、个性特点、求职要求、住址和家庭背景等都充分知晓，对他们的困难及时提供物质上和精神上的帮助，同时积极帮助他们进行职业生涯规划，帮助他们确立学习与职业发展目标，以在学习和工作实践中少走弯路，引导学生健康成长。房老师积极开展每年的就业工作，就业率达到百分之百；他积极鼓励、辅导学生考研，2016、2017 年每年均有毕业生考上研究生，为学生进一步深造打下良好的基础。此外，他还不辞辛苦，多次和北京猎聘网联系，建立了人力资源管理专业大学生实习基地，为学生社会实践能力提升打下了坚实的基础。2015—2016 学年，房老师被评为联大优秀班主任；2016 年被评为生物化学工程学院师德先进个人。

五、做好支部工作，不断创新进取，促进支部发展

作为经济管理系教工党支部书记，房老师认为自己的宗旨就是全心全意为支部及其他党员、教师群众和学生服务，为社会服务，为人民服务。他以服务教师、学生为荣，以损人利己为耻。在党支部活动中，他能够切实执行学院党委和系党总支的任务和决策，积极开展各项工作，及时召开教工党支

部民主生活会、组织生活会和小组会等各项活动。如 2017 年 3 月 17 日，组织教工党支部召开"两学一做"学习教育专题组织生活会和民主评议党员工作会，校纪检张楠书记、学院书记参会督导并给予了高度的评价。此外，他能够积极响应学院组织的其他活动，如带头撰写、提交城市型、应用型大学建设征文，积极参与"一支部一特色"立项活动，并获得了院级党委重点项目的支持等。

作为一名普通党员、一名专业教师，房老师始终努力学习党的理论，用理论来指导实践，确保其不在社会前进的过程中迷失方向；他能够不断增强党性、廉洁奉公，严守党的纪律，从不利用职务之便搞特权；他在工作中时刻以一名优秀党员的标准严格要求自己，时时刻刻在各个方面起到先锋模范作用，出色地完成了党组织交付的各项任务，履行了一名优秀党员和人民教师的神圣职责。

品学兼优内外共修　勇往直前初心不悔

2015—2017 年度学院优秀共产党员 赵晓蕾

　　每一分努力都会加重梦想的砝码，
不忘初心，砥砺前行。

　　赵晓蕾，女，汉族，1995 年 1 月出生，2016 年 10 月加入中国共产党，经济管理系人力资源管理本科生，现担任联大校团委（学生）副书记、联大经济管理系人力 1303B 团支部书记。曾获首都高校"先锋杯"优秀团员、优秀团干部、联大三好学生、优秀学生干部等荣誉称号。

　　赵晓蕾同志是一个有理想、有追求、有责任感的学生，在老师眼中，她是一个十分优秀的学生，做事认真、踏实，积极努力；在同学眼中，她是可靠的伙伴，为人谦和，乐于助人。她将大学当成自己的训练场，不断锤炼、成长，内修品格，外修涵养，在大学里慢慢沉淀，为自己绚丽的人生积蓄能量。

　　自 2007 年加入中国共青团以来，她意识到自己所肩负的责任与义务，用满腔青春热忱，奋发向上，不断为自己争取新的学习机会。进入大学以后，她严格遵守学校各项规章制度，脚踏实地，严于律己，勤奋学习，积极进取，各科成绩优异，积极参加各项活动，在思想、学习、生活、工作和实践活动等方面取得了很大的进步。在她看来，人这一生也许很漫长，但每一个机会都不容错过，走过的每一步都是为未来做奠基，要抓住机会，用一生去成长。

　　赵晓蕾同志思想进步，积极向党组织靠拢。她于 2013 年 10 月向党组织递交了入党申请书，并认真践行在入党申请书中做出的承诺，不断提高自己的思想觉悟，为融入党组织做着不懈努力；2014 年 12 月，因表现较好，成为入党积极分子；2015 年 10 月，通过组织考察，正式发展为预备党员；2016 年 10 月，转为正式党员，以一名光荣的党员的身份继续前行。自始至终，她不忘初心，始终坚持加入中国共产党时对自己许下的承诺，保持着那份崇高理想，坚持社会主义核心价值观，学习"四进四信""两学一做"，不断提高自己的思想道德素质，力求德智体美劳全面发展，用实际行动完善自我。

　　在学习方面，她刻苦努力，认真钻研专业知识，与老师和同学交流学习心得，学以致用。经过努力，她学习成绩优良，曾获国家奖学金 1 次，国家励志奖学金 2 次，校级奖学金 3 次。在校期间她参与了一系列的学科竞赛如人文知识竞赛、数学竞赛等，获得了优异的成绩，顺利通过大学英语四六级考试，并利用课余时间考取了全国计算机专业人才中级证书等。身为一名党员，要凡事走在前头，敢于尝试、敢于争取，为了给自己的大学生涯画个圆满的句号，她申请了北京市高等学校交叉培养"实培计划"项目的研究课题，选了一个难度相当大的毕业论文，她是系里第一例申请该课题的同学，为了完成论文，她与项目合作伙伴不分昼夜地搜索资料、开展调研，积攒论文资料，最后闭关一个多月终于完成了论文撰写工作，并被评为校级优秀毕业论文。在这个项目中，她得到了很大的历练，无论是知识的积累还是写作能力的提升，各方面都成长成熟了很多。前人铺路后人行，她鼓励大家积极参加实培计划，并将自己的经验介绍给大家，为大家答疑解惑，在她的带动下，新一届实培计划报名人数明显增多，同学们学习的劲头也更加高涨。她始终相信天道酬勤，要不断地汲取新知识，努力强化自我，增强学识，在提高自身的同时充分发挥党员的模范带头作用，帮助其他同学共同进步。

　　在工作方面，她始终坚持求真务实的工作作风，坚持从同学中来、到同学中去的工作原则，兢兢业业地为同学服务。这些年来，无论身处什么工作岗位，她都是一个优秀的学生干部，始终站在最广大同学的角度思考问题，完成分内工作的同时，善于观察和发现同学们日常生活中存在的问题并予以妥善解决，做好组织建设，丰富学生的课余生活，为同学们更好地服务；作为团支部书记，与党的后备军紧密联系，她不仅认真做好日常工作，包括团员信息的收集整理和及时更新，以及团支书工作手册的填写，同时积极召开支部会议，开展团日活动，组织"读书会"，开展"平安校园"宣讲活动，践行"光盘行动"，组织同学参加体育文化节和校运会，雷锋日带领同学们打扫教室，组织期末复习及大学英语四六级考试经验交流活动，等等，为同学们服务，带领大家一起进步。在她的带领下，团支部精神风貌良好，被评为首都高校"先锋杯"优秀团支部、北京市"优团计划"优秀团支部。任职期间，她善于学习总结经验，学会了如何与同学们交往，如何更好地做人处事，如何更好地发挥党员的作用，如何平衡各个学生组织和个人之间的关系并能很好地完成各个组织安排的工作，始终秉承集体利益高于一切的原则，勇于牺牲、勇于奉献，认真地履行着自己的职责。

在生活方面，她始终坚持艰苦朴素的原则，用一颗充满热情又积极向上的心面对生活。在日常生活中，她团结同学，乐于助人，待人热情真诚，同时利用课余时间勤工俭学，帮助宿管老师管理宿舍，为同学们服务。认识她的人都知道她是个热心肠，身为一个学姐，她细心关照身边的学弟学妹，答疑解惑、排忧解难、情感宣泄，谁遇到难题需要帮忙的，她能帮到就一定会帮，她是一个热爱生活的人，无论面对什么困难，都能保持平和的心态，认真地生活。

在实践活动方面，她热衷于参加各类课外活动，为集体和他人贡献自己的一份力量，不断地丰富自我。她曾带领团队齐心协力开展社会实践，获得了校级优秀成果、优秀团队奖，她也获得了"先进个人"荣誉称号；她曾在烈日炎炎的暑期随团队远赴新疆开展以边疆安全和民族融合为主题的社会调研，同时到边疆开展科技三下乡活动，皆取得了很好的成果。她擅长跑步、跳远、打羽毛球，曾在校级运动会获得女子跳远二等奖、4×100米接力赛第五名、4×400米接力赛第七名的优秀成绩，获得了十佳运动员、突出贡献奖等荣誉证书，为学院争得了一份荣誉。

志愿服务方面，自成为志愿北京的注册志愿者开始，她定期参加青年志愿者协会组织的各类志愿服务活动，如献血、募捐、志愿清扫、执勤等，其中印象较为深刻的是"快乐活动营"、陪护自闭症儿童、在室内篮球场陪孩子们玩耍、母亲节教孩子给妈妈送去祝福，虽然累得浑身酸痛却感到很温暖。还有在北京举办世界田径锦标赛时她担任酒店接待志愿者，长期驻扎在官方合作酒店为外国友人提供帮助，尽情展现微笑北京最美名片的风采。

科技创新活动方面，她践行"学以致用"的校训，通过科研项目将自己所学融入实践，让才能发挥作用。大学期间曾带领团队多次申报"启明星""挑战杯"科技立项赛事，其中市级立项 2 项，作品获市级三等奖 1 次、校级一等奖 1 次、校级二等奖 1 次，并在《时代经贸》杂志发表过《安溪铁观音特色网络销售平台构建可行性分析——以茶多网为例》《刍议安溪铁观音销售模式》两篇论文，成果显著。

此外，在培训活动方面，她通过层层选拔进入联大菁英学堂——一个校级层面的精品学生骨干培训班。在为期一年的培训中，借助这一良好的平台参与了一系列的活动，比如：赴西安参加"创客领袖训练营"感悟创新创业；组织毕业生晚会；赴人民大会堂观看《纪念中国人民抗日战争暨世界反法西斯战争胜利 70 周年文艺晚会——胜利与和平》，接受爱国主义教育，铭记历史、缅怀先烈、珍爱和平、开创未来；负责"问道马云·四海一家"现场工作；等等。通过一系列的实践活动，她更加清晰地认识到身为党员不仅要做好自己的本职工作，更应该深入其他领域，通过自己的努力为他人和集体带来正能量。

身为一名优秀的共产党员，她满怀着青春的热忱，为党的事业奉献着自己的热情与力量。人只有向着更高层次的目标不懈追求，才能不断地发展、进步。她会继续坚持勤奋努力、脚踏实地的优良作风，在思想上求先进，在活动中求积极，在工作上学骨干，在生活中求向上，充分发挥先锋模范的带头作用，认真且努力地完成组织交付的每件事，不辜负党组织的期望。

身为一名优秀的共产党员，不仅要将优点发扬光大，更重要的是改正自己的缺点。她始终保持一种自我批评、自我教育的态度，严格地审视自己，让自己成长为一名更加优秀的中共党员。不忘初心，砥砺前行是她一生的信条，无论是对知识的学习、对工作的尽责、对生活的认真，都体现着她的努力和坚持，走出的每一步都充满成长的印记。我们相信，通过不断地自我探索和自我完善，她一定会在成长的道路上不忘初心，勇往直前！

立志成为一名好老师

2015—2017 年度学院优秀共产党员 吕明

> 用心做事，以实为本，
> 无愧于事业；良心做人，以
> 诚为先，无愧于人生。

吕明，男，汉族，1987 年
3 月出生，2007 年 11 月加入中国共产党，工程管理系讲师。2014 年 8 月 31
日，吕明来到学院工作，成为学院的一名新教师，从此开始了他的执教生涯。
在教书育人中，他时时刻刻以共产党员标准严格要求自己，严谨求实，勤奋
刻苦。在几年的执教工作中，从一个懵懂的青年成长为工程管理系青年骨干
教师，曾获全国微课比赛北京市二等奖。

一、教书育人，坚定理想信念

作为支部支委和一名教师党员，吕明深知他的一举一动都会直接或间接、
部分或全部地影响到身边的老师、学生，注重在日常教学和科研中发挥先锋
模范作用，树立了良好的榜样。在日常生活和工作中，吕明坚持不断地学习
党的路线、方针和政策，坚持用"三个代表"重要思想指导自己的工作，用
科学发展观来丰富自己的头脑，认真学习习近平总书记系列重要讲话精神，
全面了解党和国家方针政策，积极思考在疏解特大城市人口、城市地下空间
发展等方面的党和国家方针政策如何实施落地的政策措施。

他深知教师的工作不仅是教学，更重要的是育人。他讲授的施工技术与
组织、项目管理、国际工程管理等课程与社会经济生活紧密相关。在授课中

他注重引导学生用所学理论对当今经济事件进行分析评论，要求学生关心时事政治、经济政策和经济形势，启发学生关注并参与社会问题的讨论、有意识且主动地承担起社会责任，努力培养学生正确的世界观、价值观和良好的思想品德。他还组织专题演讲会，提高学生的沟通与表达能力。

二、刻苦钻研，努力做好本职工作

"立志成为一名好老师"的誓言激励着吕明不断进步。在教学工作中，他刻苦钻研，不断更新教学内容，改进教学方法，提高执教能力，教学水平不断提升，每年承担三门专业核心课、一门专业选修课、一门实训课的教学任务，教学效果受到一致好评，三年来教学测评良好。他严格遵守教学秩序，年教学学时达到550—600多学时。就在去年，吕明一学年承担600多学时的教学任务，导致扁桃体肿大，在友谊医院进行了睡眠监测，进一步诊断为睡眠呼吸暂停综合征，夜间呼吸暂停10余次，暂停时间一度达到1分钟，医生建议手术。由于住院时间长，课程任务紧张，一直拖延，后将2013级三个班每班两个周的实训教学任务保质保量完成，没有耽误一节课。

在科研工作中，他进一步凝练研究方向，潜心研究，以城市地下空间与BIM为研究方向，取得很好的成果。他参加了北京市微课比赛，10分钟的微课课程，他修改了10多次课程讲义，走访了多家地下空间管理单位收集微课录制素材，与超星公司多次交流，探讨课程模式，自己试讲了10多次，终于在北京市比赛中获得二等奖。学校教学督导组专家来学院参加活动，谈及对吕明的微课印象深刻。近年来，吕明共发表论文4篇，参加省部级课题2项，主持校级课题2项，出版专著1本，正在编写教材1本，撰写的学术论文获得中国石油学会年度论文一等奖。

三、开拓创新，为专业特色发展贡献力量

在自身发展的同时，他积极为专业发展贡献力量。他主持参加了施工技术与组织、项目管理两个专业核心课建设，与同事一同将工程管理专业发展最前沿BIM技术引入本科生教学，共同查找教学案例，编写教学教案和大纲，在全国高校中首批开设了BIM理论与实践专业选修课，现在北京市很多211重点院校工程管理专业大部分仍没有开设BIM类相关课程，课程申请人数达到招生人数的两倍以上，为学生能够最快学到专业前沿问题不断努力；带领

学生参加中国建设教育协会主办的全国大学生 BIM 网络大赛，指导学生进行 BIM 建模，当学生遇到了难以解决的问题，马上找企业和社会专家来学校进行指导，多次与学生讨论问题到深夜。

他积极参与开拓校外实践教学基地，独立开拓了深圳证券交易所上市公司东易日盛教学实践基地，在和其 BIM 技术部总监的交流中，积极争取全面阐述生物化学工程学院工程管理专业建设和发展情况，争取毕业生实习、招聘的工作机会，校企双方依托各自优势，整合资源，在专业建设、人才培养、师资培训、学生实习和就业等方面开展了广泛的合作。他在 BIM 领域的执着换来了学生的感谢。他现在仍深刻地记得 2016 级毕业生何一舟给他发微信，感谢他在 BIM 方面的引导和帮助，在实际的工程项目中得到了切实锻炼，让其利用 BIM 技术找到了工作，在工程管理专业发展新方向道路上不断前进。

四、关爱学生，做学生的良师益友

吕明担任生物化学工程学院工程管理专业 1403B 新生班班主任和纵向班 40 名学生导师的工作。他认真履行职责，关爱学生、关心学生的成长，投入了大量精力和心血，通过谈心、班会等多种形式积极主动地做好学生工作。学生有求知的欲望，更有全面成长的需求。一些学生对将来的发展，如读研、留学、创业等有很多的思考和困惑，一些学生对自己身上的弱点过于在意而产生了不自信，有些茫然。两年来，他定期主动地和学生交谈，结合他自己的工作经历、留学经验等为学生做很具体的分析、提供参考意见。针对学生社会经验少、对所学专业的发展前景不了解等问题，他还积极联系业内成功的企业家、研究员为学生做专题报告，并参与组织"师生对话大学生"座谈会，指导学生参加课外科技活动，不惜花费大量课余时间在育人方面做出努力。

2016 年，吕明担任 8 位学生毕业设计指导教师，同时担任 8 位校外导师的校内联系导师，工作量大，压力更大，16 个学生毕业设计和论文千头万绪。他不仅严格执行学院的各项规定，细致入微地对每个环节进行指导，认真记录各个学生的完成进度和存在的问题。根据学生到单位实习、平日当面指导的时间不足等问题，利用周六日和五一节日休息时间加班加点，对学生的论文进行指导。当时，有一个毕业生经历了家庭离异、债主上门追债，精神压力很大，几近崩溃，日常表现出现了很多问题。吕明和支部书记一同给学生

做思想工作，私下帮学生收集实际项目图纸，多次到实验室和学生一起利用
Project软件进行工程施工组织设计，向用人单位推荐该学生，最终这名同学
顺利毕业，并与用人单位签订了三方协议。在这样的情况下，吕明仍参与开
展了工程管理专业新毕业设计方向BIM方向，帮助毕业学生在BIM领域形成
系统知识体系，为其在未来工作中打下基础。

　　在几年的工作中，吕明立志成为一名好老师，体现了一名党员的先锋本
色。在今后的学习、生活和工作中，吕明将进一步加强学习，严于律己，时
刻牢记党的教导，继续加倍努力，提高自己的思想政治觉悟和业务技能水平，
刻苦钻研，不断迎接专业发展的新挑战，为成为一名名副其实的优秀共产党
员而不懈努力、奋斗！

不忘初心　脚步不停

2015—2017 年度学院优秀共产党员　张艳贞

　　为育人服务、为党旗添彩，处事公、待人诚、工作勤。

　　张艳贞，女，汉族，1972年 4 月出生，1992 年 12 月加入中国共产党，食品科学系食品工程学生党支部书记，教授。

　　张艳贞具有坚定的共产主义信念和为师生服务的恒久热情；能认真学习党章党规、坚持党性修养；能深入领会习近平治国理念和讲话精神，注重理论联系实际、理论指导实践；能自觉遵守党的各项纪律，严格规范日常行为，克己自律、善良正直、光明磊落，荣获 2015—2017 年度联大优秀共产党员称号。

一、热爱教学，立德树人

　　作为一名教师，张艳贞深知"育人责任重大、身教胜于言传"。早在初中时，张艳贞就立志做一名优秀的教师，这是她的理想和追求。张艳贞十一二岁就远离家乡开始了住校生活，从当时的老师们那里收获了太多的关爱和帮助、知识和力量。从那时起，做一名优秀老师的梦就开始在张艳贞的心里生根发芽。张艳贞是发自内心热爱教学工作、热爱自己的学生。"努力"已成为她不自觉的思维方式和行为方式，"努力"也成为同事们赋予她的荣誉标签。

　　张艳贞热爱教学、潜心钻研教学。主持北京市教育教学改革与研究项目 2

项，曾获校级教学成果三等奖（2015 年）、全国和北京市属高校多媒体课件和微课程大赛（2014 年）等奖项，获批学校"双师"素质教师资格认证（2015 年）；发表教育教学研究论文 5 篇，其中北大中文核心期刊 2 篇；主编出版高校教材 1 部，被北京科技大学和东北农业大学选为教学用书；完成人才强校教育教学研究骨干教师项目 1 项，积累了丰富的一线教学经验。

虽然这些工作很辛苦，取得成果也很慢。但是张艳贞坚持认为：教育，本就是个良心事，师道尊严，必须用我们的行动和付出去维护。

二、潜心科研，科技育人

张艳贞潜心科研，主持完成北京市自然科学基金 1 项、企事业单位委托课题 3 项。作为骨干参与国家转基因专项、国家自然科学基金、北京市自然科学基金、教育部高等学校博士学科点专项基金、企事业单位委托等研究课题 10 余项。在国际著名期刊 *Genetics*，*Genome*，*Hereditas*，*Journal of Cereal Science*，*J. Sci. Food Agric*，*Cereal Research Communications*，*J. Plant Sci.*，*Food&Fuction* 等发表研究论文 10 余篇，国内核心期刊发表 20 余篇，其中，第一作者和通讯作者约 20 篇。主编高校教材 1 部，参编高校教材 2 部。第一完成人获校教学成果三等奖 1 项。

尽管专业背景偏基础，但是张艳贞一贯坚持科研工作与学科专业相融合，坚持以科研促教学。近两年来，她积极指导学生参与科技创新活动，指导学生完成北京市级"启明星"科技创新项目 2 项、北京市高等学校高水平人才交叉培养毕业设计（创业类）支持计划项目 1 项，获校级优秀本科毕业论文 2 篇。借助这些项目，让孩子们在真实的课题环境里感知专业、应用专业，进而热爱专业。将"育人"这一核心，贯穿在培养教育的方方面面。

张艳贞还积极利用自己在科研方面的优势，参与社会服务。在中国营养学会"营养周"活动中，充分发挥专业特长，进行多次讲座和咨询；积极参与学院开展的"科普校园行，教授走进延庆区中学"活动，为中学生开展科普讲座，引导中学生树立科学思想和科学精神，发扬了一名共产党员的奉献精神。

三、做好支书，党建育人

作为一名学生党支部书记，张艳贞认真探索支部建设，努力做好一名合格的党支部书记。大学生党员是党重要的生力军，她重视发展党员工作。在入党积极分子和发展对象的考察、培养、评价等工作中耐心细致、深入群众、处事公平公正，力求全面考察、培养党的后备力量，力求把真正优秀、品德高尚、动机纯良、热心服务群众的人吸收进党组织。支部发展密切联系广大教师群体、社团群体、学生群体。几年来，支部内形成了风气正、能量正、争当上游、比行动、比成绩的好氛围，吸收发展的学生党员不仅学业成绩优秀、多数考取了硕士研究生，而且其品德修行、为人处事、服务他人等方面更是得到师生高度肯定。

其中，比较典型的几个例子是：谢洋洋，考取了本校研究生，作为研究生支部的副书记，成了老师的好帮手、学生的贴心人；靳晓红，考取了内蒙古大学的研究生，临近毕业，仍然在"传、帮、带"，为2015级班委传授宝贵的工作经验；刘丹、卓婷烨、张文迪，都是发展接收的学生党员，他们踏实、认真、实事求是的态度给老师们留下了深刻印象；潘妍，得到实习单位的好评，被称赞"学生党员就是不一样"，真真正正在起模范带头作用。

在学院开展的"一支部一特色"活动中，张艳贞积极结合专业特色，学以致用，申报了以"营养宣教、健康生活"为主题的支部活动，获得重点项目支持。在活动开展过程中，张艳贞尽量带领学生党员和入党积极分子共同参与，让同学们在实践中感受为人民服务的幸福感和价值感以及共产党的宗旨体现。

"不忘初心、脚步不停、终达目标"。这是张艳贞送给毕业生党员的毕业赠言。她是这么要求学生的，她自己也是这么做的。作为一名高校的教育工作者，张艳贞一直在努力，而且将继续努力，不忘初心、脚步不停，认真做好教学、科研、社会服务，做到自己的力所能及。

笃学 开拓 进取

2015—2017 年度学院优秀共产党员 谢洋洋

笃学，开拓，进取。

谢洋洋，男，汉族，1994 年 2 月出生，2014 年 1 月加入中国共产党，食品科学系研究生、2016 级食品研究生班长、食品科学系研究生党支部组宣委员。曾获联大三好学生、联大优秀毕业生、北京市普通高校优秀毕业生等荣誉称号；获国家励志奖学金、联大一等奖学金、应用文理学院和氏璧企业奖学金等奖励。

"我是学生，同时，我也是一名学生党员。"这是谢洋洋同志对自己的角色认定，平时的生活中，他也用自己的实际行动践行着这样一种自我认知。作为一名学生，他孜孜向学，注重自身文化素养和专业知识技能的提高；作为一名学生党员，他思想坚定，甘于奉献，团结同学，积极参加各项工作，得到了老师和同学们的一致认可，在群众中起了良好的模范作用。

一、夯实基础，孜孜向学

学生的首要任务是学习，学习先进的文化知识、专业技能，学习先进的理论思想，用理论指导实践，在实践中巩固理论、升华思想。

对待学习，谢洋洋态度端正，勤奋刻苦，成绩优异。本科阶段的平均绩点达 3.9，一直保持专业排名第一。在历年奖学金评比中，获得联大一等奖学金、联大二等奖学金、国家励志奖学金等奖励，并获联大三好学生、联大优秀毕业生、北京市普通高等学校优秀毕业生等荣誉称号。认真学好专业知识之余，他还积极参加各项学科竞赛。在 2013 年联大数学竞赛、物理竞赛中均获得二等奖，2014 年率领班级其他同学一起参加联大计算机 VB 竞赛，获团体三等奖。

源于对知识的渴求，在大四毕业之际，谢洋洋没有急于去找工作，而是选择继续深造学习，顺利考取了研究生。他是富有钻研精神的，对待新的事物、新的知识、新的理论，他总是会问是什么、为什么，并且有一股坚韧的劲头，不弄明白，不会轻言放弃。他是善于学习的，并深深地认同和践行着联大"学以致用"的校训。他总是善于把课上所学的专业知识应用到生活中，并在实际应用中更好地掌握专业知识技能。正是他的富于钻研、学以致用，使得他出色地完成了毕业课题，在联大优秀毕业论文的评选中脱颖而出。

二、坚定信念，甘于奉献

入学之初，谢洋洋就主动向党组织提交了加入中国共产党的申请，积极向党组织靠拢，认真学习党的理论知识，关心国家大事、关注时事政治，认真学习中国特色社会主义理论、习近平总书记系列重要讲话精神，通过学习努力提升政治理论水平，不断提升大局意识，不断坚定共产主义信念，努力树立正确的世界观、人生观、价值观，带头执行党的路线、方针、政策，积极培育和践行社会主义核心价值观，在思想、政治及行动上与党中央保持高度一致，积极主动参与党支部的各种理论学习实践活动，接受党组织的教育与考察。

中国共产党的宗旨是为人民服务，对此，谢洋洋有着自己的理解。作为一名党员，要有集体意识，要有服务意识。个人学习、提升、完善的出发点是更好地为人民服务。对于一个党员来说，个人的提高是基础，关键是要带动周边的人一起提高，发挥良好的先锋模范作用。作为一名学生党员，谢洋洋在出色完成自己学业的同时，注重带动同学共同进步，积极参加学校各项活动，服务在校师生；作为班长，谢洋洋尽职尽责，服务同学，在老师与同学之间起到了良好的纽带作用；主动帮助学习困难的同学补习功课，督促班级同学认真学习，组建学习小团体，共同学习，共同提高。最终在他的带领下，班级获得了联大优良学风班荣誉称号。在他的理念里，要么不做，要做就尽己所能做到最好。在系学生会工作期间，他牺牲自己假期休息时间，帮助系里老师管理系网页，制作系宣传栏。在院学生事务中心任职期间，兢兢业业，待人接物和善诚恳，做事谨慎周详。能够为同学们服务，努力搭建学校、老师与同学之间相互理解、相互沟通的桥梁纽带。担任学生党支部副书记期间，积极组织开展支部活动，发挥支部的战斗堡垒作用。在党员培养方面，注重入党积极分子与党员的党性培养。针对某些同学政治意识淡薄、理论基础较差，鼓励其在今后的学习生活中积极向党组织靠拢。关注入党积极分子的学习、工作情况，及时与其沟通交流，不断总结思想认识。

除了以上工作上的付出，谢洋洋还注重参加各项社会实践，志愿服务。曾多次前往敬老院看望老人，给老人们单调的生活带去一些欢乐，并获得院级寒假社会实践先进个人荣誉称号，也经常去给宣武科技馆的活动做志愿者，为小学生各项比赛提供服务。参加过2013年的《鸟巢·吸引》志愿服务，为观众提供引导等服务。积极参加学校举行的团体操比赛，在大家的共同努力下，帮助学院赢得团体操第一名的佳绩。大三下学期赴南京进行参观实习时，谢洋洋主动承担领队的工作，为同学和老师服务。

三、砥砺德行，开拓进取

现今，谢洋洋的学生身份发生了改变，从一名本科生成长为一名研究生，不再只是一名知识的接收者，更是专业知识的实践者，还是科学研究的基层工作者，但不变的是他党员的身份。他深刻地认识到，自身还有很多的不足，未来还需要更多的磨砺与成长，还需要不断更新自己的理论认知，不断提高自身党性修养，以期在有服务意识的基础上，有更大的为人民服务的能力。

作为一名研究生党员，谢洋洋扎根于本专业，着眼于前沿科学进展，投身于科研工作中，奋发上进。研究生在读期间，他再次主动担任了研究生班的班长，以及研究生党支部组宣委员。总结以前的工作经验，在不断的批评与自我批评中，谢洋洋更加注重集体意识，将自己置身于集体之中，站在集体的角度考察个人的进步，用发展的眼光看待事物，才能保证自身和集体长远的发展。

笃学，开拓，进取。一名优秀的共产党员，首先一定要完善自我人格，提高党性修养。这就需要我们不断学习，不断地批评与自我批评，开阔视野，锐意进取。在自我提升的同时，注重服务意识的养成，带动身边的人共同进步、共同发展。

以德立学 求真学问

2015—2017 年度、2017—2019 年度学院优秀共产党员 黄汉昌

业精于勤而荒于嬉，行成于思而毁于随。

黄汉昌，男，汉族，1975 年 4 月出生，1999 年 4 月加入中国共产党，生物化学工程学院教授，北京工商大学、河北农业大学博士生导师。他忠诚党的教育事业，在思想上严格要求自己，注重增强自身的政治意识，遵守党的政治纪律和组织纪律，认真履行党员义务。他担任生物化学工程学院食品科学系与研究院教工党支部委员，在平凡的工作岗位上严谨求实、勤勤恳恳，充分发挥党员先锋模范作用，2017—2019 年度连续被评为联大优秀共产党员，在 2017、2018 两年度获得考核优秀。

作为一名教师，黄汉昌同志有良好的职业道德，关爱学生的健康成长和全面发展，兢兢业业地践行立德树人的职责。讲授本科生"食品工程原理"专业基础课程，此课程基础理论性较强，学生接受起来较吃力。他注重理论联系实际，结合当前食品科学的研究热点问题，课前认真备课，课堂上热情饱满地授课，将晦涩的理论知识融合于现实生动的实际事例当中，2018 年本科生教学评价中获得优秀。他关注学生的学术发展，注重学生创新能力的培养。学生的科研训练项目是学以致用的宝贵平台，黄汉昌同志连续五年来每年指导本科生进行课外科研计划、"启明星"科研训练，每年指导本科生完成研究课题的毕业论文，通过科学训练，提高学生分析及解决问题的能力，五

年来，黄老师指导过的本科生中有 5 名本科生考取了硕士研究生，他们都有共同的感受，在黄老师的科研训练指导下，培养他们的学习、研究兴趣，增长了专业知识，科研训练对他们考取硕士研究生受益匪浅。2014 级食品科学与工程专业宋皞昀同学跟随黄汉昌老师做本科生"启明星"项目课题和毕业论文，培养了浓厚的科研兴趣，立志进一步在食品生物学方面深造学习，2018 年考研失利后毅然决定 2019 年重新考研，并且成功考取了南开大学生物工程专业硕士研究生，考上研究生后，宋皞昀同学特地拜访黄老师，并且很感慨地说，是黄老师改变了她的求学方向和人生轨迹，她喜欢上了偏向生物学研究的食品营养及生物活性物质的生理功能机理研究，在以后的硕士研究生学习中，她将倍加努力，争取以后能获得博士研究生的入学资格。

作为一名硕士研究生导师，黄老师深知导师对研究生的影响作用，力行"德高为师，身正为范"，注重充实和提高自身业务素质，增强自己的学术水平和能力，树立自己在本领域内的学术地位，循循善诱地引导学生掌握科研思路和方法，提高研究生的动手操作能力、分析问题和解决问题的能力，注重学生的创新能力的培养。在研究生指导过程中特别注重科研思维的培养，培养研究生如何凝练研究方向、提出科学问题，如何提出回答科学问题的假说，如何通过实验方案设计和开展科学研究回答所提出的假说。在论文开展过程中注重学生文献检索、阅读、总结和归纳能力的培养，在课题或论文研究过程中，注重学生实验技能的培养，使研究生掌握专业领域内的实验操作技术。狠抓研究生的学术成果的产生，论文等研究成果不仅是辛勤工作的结晶，也是研究生对某一领域知识和技能掌握的代表，因此研究成果是硕士研究生继续读博深造、走出校门找到一份满意工作的支撑。他指导的两名在校研究生，其中一人已经通过学校毕业论文答辩，并通过盲审，获得校级优秀论文，在校期间发表学术论文 4 篇，其中 SCI 收录 1 篇。

作为一名教学科研型教师，黄汉昌同志紧抓科研不放松，重点从事食品生物活性物质的分离及相关生物活性物质的生理活性功能研究。特别致力于神经退行性变的病理分子机理（衰老发生机理及老年性痴呆发病机理研究）、生物活性物质（天然抗氧化剂）神经营养作用的应用基础研究。主要采用动物、细胞以及分子生物学为研究模型或者手段，集中以 $A\beta$ 神经毒性假说基础的，围绕 $A\beta$ 生成、聚集及其相关事件等方面开展相关研究。在动物模型方面，建立了海马注射 STZ 药物联合皮下注射 d-半乳糖氧化衰老的 AD 大鼠模型，对 AD 模型动物进行了学习记忆相关的行为学实验、AD 样衰老相关的生化指标检测，及 Aβ 分泌水平、APP 及相关分泌酶表达水平的分析等；在细胞模型方面，建立了过表达 APPswe 基因细胞的构建，利用此细胞可以研究比较近似 AD 的条件下研究药物对 APP 分泌 Aβ 的影响作用，建立了细胞模型中体外研究 Aβ 细胞毒性的研究方法；在分子水平方面，建立了 APP 及 Aβ 分泌相关酶的基因转录、翻译分析的相关生化与分子生物学方法、生物大分子直接相互作用的分析方法。近年来主要的研究方向为：① 阿尔茨海默病 β-淀粉样蛋白神经毒性作用分子机制；② 延缓阿尔茨海默病 β-淀粉样蛋白神经毒性生物性物质的发现及制备；③β-淀粉样前体蛋白的生理功能、其异常代谢的影响因素及作用机制。系统地提取分离纯化得到姜黄素单体化合物，并系统地研究了姜黄素对阿尔茨海默病模型动物的学习记忆能力的改善作用及可能的分子机制，在动物组织水平、细胞水平上初步阐明了姜黄素对与阿尔茨海默病发生发展密切相关的 β-淀粉样蛋白表达和代谢的影响作用。近五年来，黄老师主持完成国家自然科学基金面上项目 1 项、市教育委员会科研项目 1 项、北京市青年拔尖人才项目 1 项，在研联大人才强校优选计划 "百杰计划" 项目 1 项，发表学术论文 20 多篇，其中 SCI 收录 9 篇，出版学术专著 2 部，获发明专利授权 1 项。

作为一名共产党员，黄汉昌同志立足平凡的岗位，演绎党员本色。在思想上严格要求自己，认真参加政治理论学习，提高自身的思想政治修养，自觉遵守党章，严格遵守党的各项纪律，特别是政治纪律和组织纪律，注重增强自身的政治意识、大局意识、核心意识、看齐意识。在平凡的工作岗位上严谨求实，勤勤恳恳工作，维护组织的团结和统一，克己奉公，顾全大局，协作精神良好。由于表现突出，受到党员同事一致认可，被评选为联大第 4 届党员代表。作为一名党员代表，黄汉昌同志认真履行职责，积极为学校 "学术立校、人才强校、开放兴校" 的发展战略献言献策，建议学校加强学生的基础课程的教学、支持教师开展科研活动，希望通过科学实践研究，将学科问题和科学发展前沿理论带到课堂、促进教学水平的提高。用实际行动践行一名共产党员的作风和本色、为学院的教育发展事业助力添彩，书写自己的人生篇章。

推进导师制 引领学生发展

2015—2017 年度学院优秀共产党员 李新国

> 践行导师制，实现师生共赢。

李新国，男，汉族，1971 年 6 月出生，1997 年 7 月加入中国共产党，公共基础课部外语教研室讲师。

作为一名教师，在教学工作中，李新国积极推进导师制，精心备课，认真上课，总是以饱满的热情投入教学工作中，所教的班级期末考试及格率和大学英语四级通过率一直都是名列前茅。他爱每一个学生，积极和学生交流，了解他们的所思所想，同时和所教学生的大多数家长有过沟通，目的是学校家庭双向互动，推动学生的进步，受到学生和家长的好评。

一、因材施教，走进学生心里

在教学中，李新国一直担任在校本科生的大学英语课教师。有一部分同学英语基础较差，没有正确的学习方法，长期以来学习英语很盲目，有的同学甚至没有学习的欲望。针对这些特点，根据学生的不同情况，李新国在开学时就为他们制订不同的学习计划，在期末考试前再为他们制订备考计划。C 班的同学，虽然有学习进步的意愿，但行动力较差。针对这些同学，李新国采取的方法是通过课前、课间谈心和课后电话、短信和微信的沟通，不断督促他们完成学习计划。为了充分调动学生的积极性，李新国还曾多次邀请优秀学生去给师弟师妹做讲座，邀请考上重点大学研究生的同学给师弟师妹们分享从普通本科生到名校研究生的艰难成长历程，激发学生的学习热情。

一直以来，李新国就重视和学生的沟通。他认为，要想让学生认可一个老师，老师的学识和讲课技巧只是基础，最重要的是要让学生认可老师这个人。所以，他充分利用课前、课间、课后的一切时间和学生交流，通过不断的交流和沟通，真正地走进学生的内心世界，和他们成为朋友。他牺牲了大量的课余时间，投入教学中。课间、课后辅导学生作文、课后作业和一课一练的作业及让学生背诵英语课文。对于自觉性不够的学生多次和他们交流，还花时间和一些学生的家长沟通交流，并获得他们的支持。从 2007 年入校以来，他和教过的大多数同学家长进行过电话或者短信的沟通交流。

二、做好导师，引领学生成长

作为课程导师，李新国老师不仅注重学生的学习，还一直注重对学生人生观的引领。他曾经教过的 C 班，是全院英语最差的班，学生对英语学习几乎没有热情。面对这种现状，李新国积极采取多种措施引导他们。李新国告诉同学们，每个人在自己的人生中都不得不做一些自己不喜欢做的事情。尽管同学们不喜欢英语，但是要想拿到毕业证和学位证必须学好英语，而且将来走上工作岗位可能也会用到英语。经过这样的解释之后，同学们纷纷点头称是。

2012 级的一名同学想退学经商，因此学习一直不在状态。李新国了解到这样的情况后，多次和其谈心，最终打消了其退学念头。2005 级的一名学生，打算向并不宽裕的家里要钱去国外看歌星演唱会，李新国得知这一情况后，及时和该同学交流，让其意识到家庭的现状和父母挣钱养家的不易，最终打消了其去国外看演唱会的想法。2014 级的一名同学入学后不久父亲去世，李新国经过谈心得知这一不幸后，经常鼓励该同学走出人生低谷。后来该同学不但情绪稳定而且学习英语热情高涨，基础较差的他单词听写多次得满分。2016 级的一名同学性格比较孤僻，李老师多次沟通，该同学逐渐融入同学们中间。

李新国的付出得到了学生们的认可。平时有点调皮捣蛋的 2010 级的两名学生甚至在最后一堂英语课上和李新国老师热情拥抱以表达对老师的谢意。2012 级一名学生经过李老师辅导在校英语演讲比赛中获奖，激动喜悦之余不忘恩师，后来出国后还一直与李老师联系表达对他的感激之情。李新国不但成为学生们的良师，有些家长也把他当作了好朋友。有的家长在教育孩子方面遇到了难题也会向李新国求助。

三、总结升华，取得丰硕成果

基于扎实的导师制工作实践，李新国成功申报了校级教研课题——个体化情感交流在全方位英语教学改革培养模式中的实践研究。项目研究期间，撰写了两篇高质量论文《情感教育在构建"立交桥"式英语教学体系中的作用》《英语教学模式多元化目标的实现——大学新生情感教育实例研究》，并于 2016 年顺利结项。同时在 2015—2017 年间，李新国还参加了教育部课题——抗战时期文学作品翻译（排名第二）。

四、勇挑重担，发挥模范作用

作为一名党员，李新国一直严格要求自己，在工作中身先士卒，勇挑重担。2010 年全校的大学英语实行统考，当时，许多老师都觉得教 2010 级压力很大，李新国迎难而上，主动接下任务，并且取得了很好的教学效果。作为外语教研室党小组组长，李新国还带动本小组党员积极参与"两学一做"学习教育，积极发挥党员的先锋带头作用。外语教研室党小组教师党员指导的 21 名学生在各类英语竞赛中获奖。

2017 年是李新国同志入党 20 年。在过往的岁月里，李新国充分发挥了共产党员的先锋模范作用，成为同事心中的好榜样、学生心中的好老师。在未来的日子里，李新国会一如既往地发挥党员的先锋模范作用，继续为学生的成长进步贡献自己的力量，也为学院的发展添砖加瓦。

做学院资产的守护人

2015—2017 年度学院优秀共产党员 钱芳

强行有志，大爱在心。

钱芳，女，回族，1973 年 6 月出生，1996 年 7 月加入中国共产党。曾从事教学管理、师资管理、国有资产管理等工作。

20 多年来，在学院党组织的教育和培养下，钱芳在各级领导和同事们的关怀、帮助下，能够以忠诚党的教育事业为己任，在平凡的教育管理岗位上，用党员标准严格要求自己，注重严肃党风，严格执行党纪，在工作上做到干一行、爱一行、专一行。

一、坚定信念，树立形象

作为一名党员，钱芳能够按照党组织的要求，认真学习党章党规，学习党的十八大、十八届三中、四中、五中、六中全会精神和习近平总书记系列重要讲话精神。认真参加"两学一做"学习教育。在学习中，注重理论联系实际，特别是联系学院改革发展实际，联系自己工作岗位的实际。从现实出发，不断激发自己的担当精神、责任意识，在工作上注重发挥先锋模范作用，用自己的行动为党旗增光添彩。

二、认真学习，钻研业务

为了能够圆满地完成工作，钱芳不仅利用业余时间学习资产管理和政府采购等方面的政策、法规、专业知识，还积极搜集、学习其他院校的管理经验，不断补充和完善自己的知识结构，努力提高自己的专业素质和业务水平，做到干一行、爱一行、精一行，尽快使自己成为本职工作的内行专家。

三、恪尽职守，敢于担当

在工作中，钱芳能够真心实意地协助领导把好国有资产的物权关，把个人价值的实现与学院的发展有机结合在一起。虽然任务重、工作压力大，但她把压力当成动力，勇于承担重任，不怕苦、不怕累，加班加点工作，使自己在工作中得到了锻炼和提高。

四、善于沟通，讲求协作

在日常工作中，钱芳关心他人、乐于助人；能够虚心、认真地向各级领导和同事们学习，用他们做事的方法、做人的准则、亲力亲为的作风来丰富自己的工作经验，指导自己的实践工作。积极发挥带头示范作用，提升了沟通交流能力和团队协作精神。

五、脚踏实地，立足本职

在日常工作中，钱芳能够严格要求自己，主动听取他人意见，与同事们密切配合，力求做到岗位上尽职责、办事上求实效，圆满地完成了各项任务。并协助领导完成资产管理科的全面工作，认真履行对本科所属的各个岗位的管理工作职责，从点滴做起，从小事做起，努力提高工作效率，提升服务质量。

几年来，钱芳能够按时完成各年度采购立项和采购信息申报工作；组织完成各项设备采购工作，包括做好财政项目的招标采购政策、程序咨询以及协议采购等工作；组织完成资产管理员培训等工作；协助完成房产清查、资产清查、实验室搬迁等工作。

六、理论探讨，开拓创新

为了提高自己的理论水平，更好地指导实际工作，钱芳认真学习相关政策法规，及时了解固定资产管理的发展趋势与动态，加强资产、采购等环节的监督管理工作。在工作中，钱芳能够用党员标准严格要求自己，用党纪严厉约束自己。根据学院的具体情况，结合管理工作的实际需要，规范了采购项目档案管理工作，并能从自己做起，从身边做起，做到采购各环节工作有据可查，为学院进行项目绩效考核等工作提供了完整的参考资料。

几年来，钱芳兢兢业业，在学院资产管理的岗位上，做好学院资产的守护人。在今后的工作中，她将更加严格要求自己，努力学习，深入钻研业务技术，增强事业心、增加责任感，积极、主动、热情地投入工作中，在本职岗位上做出自己应有的贡献。

构建六位一体新格局 增添青春飞扬新动力

2015—2017 年度学院优秀共产党员 王子君

脚踏实地，坦荡做人。

王子君，男，汉族，1982 年 3 月出生，2002 年 6 月加入中国共产党，硕士，院团委书记兼学生（部）处副（部）处长，学生宿舍党总支书记，学生工作党支部书记，助理研究员。

他爱岗敬业，热爱党务工作，从事党务工作 5 年，在思想和行动上始终与党中央保持高度一致，在工作中始终努力发挥共产党员的先锋模范作用，工作勤奋，拼搏奉献，用自己的一言一行为组织添彩，为党旗增辉。

一、践行"两学一做"，不断提高思想境界

多年来，他努力学习党的各项路线、方针、政策，深入学习贯彻落实党的十八大和十八届三中、四中、五中、六中全会精神，利用在全党扎实开展"两学一做"学习教育之际，不断提高自己的政治理论水平和党性修养，并力求把握其精神实质，不断提高自己的理论水平和综合素质，增强了从政治上和全局上观察、分析、处理问题的能力。

在加强学习的同时，不断提高思想境界，在工作中，坚决拥护中国共产党的领导，执行党的决定和决议，以一个优秀共产党员的标准严格要求自己，在政治上、思想上、行动上始终同党中央保持一致。在工作上勤勤恳恳，在作

风上扎扎实实，努力发挥共产党员的先锋模范作用，较好地完成自己的工作职责。

二、深化业务学习，努力提高领导能力

多年来，王子君不断学习有关文件和工作制度，提高自己的理论水平，取得工作的主动权、发言权。在学习过程中力争做到"三个坚持"：一是坚持经常性的政治理论学习；二是坚持搞好业务学习；三是坚持定期学习制度，努力使主持召开的每一次工作例会和学生干部例会成为学习工作化、工作学习化的会议，把工作部署和理论学习结合起来，不仅使自己受益，学生干部也得到了教育和提高。2016 年他主持的校级教改课题"应用型大学学生创新能力培养的研究"顺利结题。

三、加强工作研究，全面提高工作效能

多年来，他充分挖掘"学专融合"的积极因素，充分发挥其育人功能，强调在思想政治教育过程中继承、重塑、创新，构建了六位一体的育人新格局，即面向思想政治引领、校园文化建设、社会实践育人和科技创新这四方面的内容育人平台和融合育人、个性化育人的方式育人平台，将"学专融合"融入和充实其中，在潜移默化中实现有效的精神塑造，从而引导学生自觉学习贯彻习近平总书记系列重要讲话精神，深入推进"理论学习"和"我的中国梦"主题教育实践活动。

（一）组织育人——将"学专融合"与思想引领相结合，凝聚起完全学分制改革的思想基础

思想理论学习是开展思想引导工作的基础工作和主要渠道，但内容枯燥、形式单一，大锅饭式的思想理论教育活动却很难为学生乐意接受，往往沦为形式主义般的活动。为了解决这一问题，王子君在充分利用学院学科优势和理论研究优势的同时，把理论讲授与学院教学改革相结合，充分吸引、凝聚和夯实全院学生"青春志 梦飞扬"的思想基础。

（二）文化育人——将"学专融合"与文体活动相结合，营造"全天候、全方位、全覆盖"的第二课堂活动体系

青年的特质决定了他们喜爱丰富多彩、活泼生动的课外活动，各种课外活动尤其是文体活动在学生中间拥有良好的群众基础。一直以来，王子君老

师都注重将"学专融合"与文体活动相结合，努力"把有意义的事做得有意思，把有意思的事做得有意义"。

（三）实践育人——把"学专融合"渗透到社会实践和志愿服务活动的点滴过程中，增强实践育人效果

1. 在社会实践过程中凸显价值引领，引导生化学子把社会主义核心价值观转化为脚踏实地的实践学习

立足"学专融合"的工作模式，王子君老师凸显价值引领和学术导向两大实践育人理念，引导青年学生在深入社会深度观察的过程中深化对习近平总书记系列重要讲话精神的理解，自觉树立社会主义核心价值观，争当青年马克思主义者，为实现中国梦贡献力量。

2016年，结合学院专业特点，围绕"青春助力十三五，实践谱写中国梦"的主题，积极组织开展实践活动，活动体现出"组织有创新、实践有深度、成果有价值"的特点，遵循"按需组队、小型多样、点面结合、突出重点、注重实效"的活动原则。经过努力，学院共获校级社会实践优秀指导教师5名、优秀团队15个、优秀成果25项、先进个人11人。特别值得一提的是，在活动中强调将社会实践与专业结合，强化社会实践成果向科技创新转化为近来开展社会实践工作的亮点，大一新生的社会实践成果全部参加2016年本课程科研训练计划的立项申报。

2. 在志愿服务活动中着力引导青年跳出"小个性"，培养"大担当"

王子君老师倡导青年学子积极参与志愿服务活动，在志愿服务活动中践行人文精神，树立热爱祖国、服务社会、造福人民、胸怀天下的崇高情怀，在激扬青春、奉献社会的进程中书写无愧于时代的壮丽篇章。在堡头社区文化中心举办的2016年度堡头街道精神文明"百名十佳"先进评选表彰大会中，学院荣获堡头街道精神文明建设十佳文明单位称号。这是学院连续第七年荣获共建先进集体称号。几年来，王子君老师积极组织参与区域化团建，与街道团委共同开展了"文明创建我参与"、全国文明城区创建、交通协管、思想政治理论综合实践课等主题活动，培养了一支"志愿服务永不间断"的大学生志愿者队伍，得到了街道和居民的一致好评，除此之外还打造了禁毒教育基地志愿服务项目、首都机场"为国门站岗"志愿服务项目、"国家图书馆"志愿服务项目，都已成为学院"星火"志愿者协会的品牌项目。

（四）创新育人——把"学专融合"与科技创新相结合，继续打造网格式的科技创新平台，深化 53362 科技创新活动格局，使科技创新活动科学化、规范化

在开展科技创新工作中，"学专融合"的育人理念贯穿始终，探索形成了 53362 科技创新活动格局，即完善"五个保障"、明确"三个层次"、加强"三支队伍"、抓好"六个环节"、形成院、系两级竞赛体系。

（五）协同育人——构建全员育人长效机制

在完全学分制改革的大背景下，王子君与学生处、教务处、保卫处、财务处等部门提前沟通、加强设计、统筹协调，共同搭建了学生事务中心，完善了学生事务一站式服务，夯实了协同育人的长效基础。

2016 年，以"绿色、科技、创新"为理念的学生事务中心的改造完成，并进入使用阶段，大厅设计包含开放式服务窗口、学生自主创业水吧、多功能学生活动大厅、学生自主学习室、学生心理辅导室、办公区、学生深度辅导室、学生档案室、开放式学生会谈区等，进一步夯实了完全学分制下，以学生为本，为学生服务的理念。

（六）个性化育人——提升专业水平，探索德育模式精致发展

按照学院党员大会上提出的"致力于教师特色发展的教授团队和学生个性化成长的学生团队建设"的核心竞争力的要求，王子君率先响应，建立了以导师为核心的纵向建立班团组织，并在充分调研的基础上，制定《完全学分制下——导师为核心班集体学生干部管理办法》，规范了完全学分制下纵向班级的班级建制、班级命名方法、班团干部的选拔方式，经过调整后全院以导师为核心纵向建立班集体 87 个，涉及学生 1677 人，每个班级均有一个常规班名、一个个性化班名，通过班级团队建设和班级自身开展活动凝聚班级，为下一步进一步开展纵向班级建设奠定了基础，创造性地开展导师为核心班集体团组织推优工作，各级团组织、团干部深入基层，了解推优情况，取得了阶段性的成果。

四、牢记宗旨，切实做到廉洁自律

多年来，王子君按照中央关于党风廉政建设责任制的相关要求，认真贯彻廉洁从政的基本宗旨，始终牢记职责和使命，严肃认真地对待工作，积极主动，以身作则，不断增强组织纪律观念，并牢记宗旨意识，不断提高党性

修养。廉洁自律方面，严格按照党章及廉洁从政准则的有关规定，规范自己的言行，积极参加校院组织的廉政教育活动，自觉接受群众监督，自觉执行关于廉洁自律的各项规定，无违纪行为发生。

完全学分制改革的推动者

2015—2017 年度学院优秀共产党员 王浩

真诚做人，踏实做事；爱岗敬业，谦虚谨慎。

王浩，男，1974 年 9 月出生，1998 年 12 月加入中国共产党，软件工程硕士，至 2017 年 6 月任院教务处副处长，现任校教务处副处长，助理研究员。长期从事教学管理工作，曾荣获学院先进教育工作者、"三育人"先进个人等荣誉称号。

王浩同志在工作中积极加强政治思想学习，努力提高理论水平，深入学习贯彻党的十八届三中、四中、五中、六中全会精神，深入学习贯彻习近平总书记系列重要讲话精神，积极参加"三严三实"专题教育和"两学一做"学习教育，积极参加北京市干部在线学习和党员在线学习，认真学习党组织发放的各类学习材料。在强化理论学习过程中，注重改进工作作风，脚踏实地，不断提高自身履职能力和管理能力，积极推动学院的完全学分制改革，发挥了党员干部的先锋模范带头作用。

一、积极推进完全学分制教学管理改革

王浩同志积极开展教学管理改革，建立健全相关管理制度，为保障学院完全学分制改革的顺利开展打下了制度基础。

认真开展完全学分制调研活动，先后对西安理工大学、对外经济贸易大学、北京工业大学等高校的学生选课、学分制管理、教务管理系统运行等方

面内容进行了调研，认真整理调研资料，总结借鉴好的经验和做法，同时认真查找学院在完全学分制改革过程中存在的教学管理方面的问题，对完全学分制改革工作的做法、经验、教训进行梳理和分析，为学院开展完全学分制试点工作打好基础。

王浩同志及时收集和整理完全学分制的相关建议和意见，修订和调整有关教学管理制度，制定"关于本科生课程免听的规定"，修订"学分制选课管理办法"，整理"完全学分制排课原则"，进一步规范了教学管理；协调组织学院教务各岗位人员参加正方教务管理系统的学习培训与应用实施工作。系统独立运行后，逐步克服了对软件运行功能和操作不熟悉、基础数据重建、学期初新、老系统并行等困难。

二、努力提升完全学分制教学管理信息化水平

王浩同志注重教学管理的信息化建设，提升了学院教学管理的信息化水平，为完全学分制改革打下了技术基础。

主持建设教务管理系统数据库和 WEB/应用服务器软件系统，认真做好系统安装、运行与调试，保证了学院完全学分制教务管理系统正常运行，满足了教学任务下达、排课、学生选课、排考等各个教学管理环节的需要；主持建设完全学分制教务管理系统，结合学院完全学分制改革建设要点和 2014 级本科专业培养方案原则意见的要求，起草制定完全学分制教务管理系统软件功能需求，并做好新开发软件的功能测试、运行调试、验收、部署工作；认真实施正方教务管理系统日常维护与管理工作；加强自身业务知识的学习与补充，掌握了 Linux 操作系统、Oracle 数据库、PL/SQL 软件以及正方教务管理系统 WEB/应用服务器的运行与维护技术，能够熟练解决软件运行过程中出现的一般问题。

完成教师导学辅助系统硬件配置、软件设计及功能测试工作，对照学院导师制各项管理制度，设计教师导学辅助系统各项功能，编写学生选课操作说明，为新生入校后顺利进行选课提供指导，2016 年年底系统成功投入试运行；完成学院短信平台，加强学生自助服务系统建设，新购 4 台自助查询终端机和 2 台自助打印终端机，学生可通过自助服务终端进行教学信息查询、成绩单打印、在校证明打印、登录正方教务管理系统选课，满足学生个性化需求的服务。

三、积极开展完全学分制选课管理实践研究

王浩同志积极开展选课制的管理与实践研究，通过信息化平台，增强了选课的科学有效管理，为完全学分制改革打下了课程资源的基础。

第一，处理好专业间共同课程、相似课程的关系，为学生搭建科学的选课平台。一些专业属于同一学科门类，在专业培养方案中会出现个别共同课程或相似课程，在同一专业的本科与专升本专业培养方案中也会出现这种情况，因此在选课前应对这些课程统一设置选课参数。一种情况是课程代码、名称完全相同的课程，可以放开多个专业间学生互选，学生可选择教师及上课时间；另一种情况是课程名称相同或相似但课程代码不同，就需要设置好课程的选课限制对象，对于不同专业或培养层次的学生来说只能选本专业的课程，避免出现错选情况。

第二，面向选课学生对象设置课程，为学生搭建科学的课程体系。为了保证学生所获知识结构的合理性，实现文理渗透，理、工、管、艺相结合，构建学生自己的知识体系，组成最优的知识结构。通识教育选修课分为七类课程归属类别：经济管理类、文学艺术类、人文社科类、工程技术类、生命科学类、信息技术类和体育类；专业选修课分为两类课程归属类别：专业拓展类和升学就业类。各专业可根据自身特点制定本专业在这些课程归属类别中的选课学分要求。在选课前需要对这些课程进行面向选课学生对象的设置，如管理类专业学生限制选修经济管理类的选修课。

第三，合理设置课程选课容量，为学生提供丰富的课程资源。课程容量设置一方面取决于教室、机房、实验室等教学场地的限制，另一方面会影响到课程教学班能否正常开设和学生能否选上课。在同一门课程有多个教学班的情况下，如果每个教学班的容量设得过多，选课时就会导致个别教学班选课人数过少开不出班的情况出现；如果每个教学班的容量仅设为应修学生数，不留一点余量，那么重修学生、跨年级、跨专业选课学生就无法选课。在实际中，课程选课容量通常设置成在不超过教学场地限制人数下，比应修学生数多3—8人。对于选修课的课程容量通常设置为教学场地的最大容量即可。

四、及时总结完全学分制教学管理工作经验

王浩善于及时总结，几年来推动完全学分制教学管理改革与实践取得的

经验为今后进一步深化完全学分制改革提供了良好的借鉴。

第一，以导师制为基础发挥导师指导学生选课的作用。导师制是实行完全学分制的重要保证，是实行完全学分制不可缺少的部分。导师的职责在于帮助学生了解学校的专业设置、培养目标、教学计划，根据学生的知识结构、自身特点和兴趣爱好，对学生的发展方向提出建议，指导学生制订适合自身发展的个人学习计划，合理安排学习进程，确定修读课程，选择专业，及时了解学生的思想、学习和生活状况，既对学生进行学业上的指导，又对学生的成才全面负责，有利于学生自我管理能力的提高，有利于培养学生的创新能力和促进学生的全面发展。在导师的指导下，能够最大限度地挖掘学生的个人潜力，尽可能地使学生的能力得到提高和发展，避免学生选课的盲目性，真正达到因材施教的目的。

第二，以选课管理办法为依据制订周密的选课实施方案。选课管理办法是选课制实施的依据。要求学生每学期选课不低于 12 学分，不超过 30 学分，建议修读 20—25 学分。课程按学生主修专业、积分竞买模式等确定优先权。选课分为预选、正选两个部分，其中正选包括三轮，第一轮选课无时间先后和人数限制，学生可投入选课积分。第一轮选课结束后，教务处根据教学班容量和选课优先权确定选课名单。第二轮选课实行抢选制，即选即中，不需要投入选课积分。第三轮选课在开课前两周的试听期结束后的周末进行，学生可进行课程的退、改、补选。选课实施方案以选课管理办法为依据，制定选课各阶段的具体时间安排，同时对选课信息系统进行相应设置，确保选课工作正常进行。

第三，以学生服务中心为平台提升选课服务质量。以学生服务中心为平台，加大宣传力度，通过教务信息门户主页、大屏幕信息发布系统、短信通知平台等各类信息发布渠道，及时发布选课通知、提示选课各阶段选课时间等各类选课相关信息。利用短信通知平台发送个性化短信，提醒未参加选课的学生及时选课，通知由于选课人数不足 15 人不开课课程的相关任课教师及学生、通知正常开课的选修课任课教师下学期上课时间等。

在今后的工作中，王浩同志将以习近平总书记系列重要讲话精神为引领，继续加强自身履职能力的培养，加强自身思想建设和作风建设，进一步强化服务意识，努力把本职岗位工作做好。

勇于担当责任 主动创新作为

2015—2017 年度、2017—2019 年度学院优秀共产党员 段辉琴

求真务实，开拓创新。

段辉琴，女，1970 年 8 月出生，1991 年 12 月加入中国共产党，1992 年 8 月参加工作，副研究员，现任联大生物化学工程学院创新创业与成果转化中心副主任（主持工作）。曾荣获北京市职业院校优秀青年骨干教师、朝阳区教育系统优秀共产党员、联大优秀教育工作者、联大优秀共产党员、联大十佳共产党员等称号。

段辉琴同志能始终坚持用优秀党员标准严格要求自己，理想信念坚定，对党忠诚，自觉用习近平新时代中国特色社会主义思想武装头脑、指导实践、推动工作，树牢"四个意识"，坚定"四个自信"，坚决做到"两个维护"。她识大局、勇担当，有热情、肯奉献，以踏实的工作作风、优秀的业务水平、较高的管理能力、突出的工作实绩赢得领导、师生们的普遍赞誉，充分体现了一名共产党员的先锋模范作用。

一、不讲条件，迎难而上，关键时刻有担当

2017 年 7 月，根据工作需要，学院成立创新创业与成果转化中心，并委任段辉琴同志主持工作。作为一项全新的工作，大部分业务都是从零开始，

没有成熟的经验借鉴，也没有现成的模式效仿，工作头绪多、难度大，一切都得慢慢摸索，具有很大的挑战性。作为部门负责人，她不讲条件、迎难而上，带领部门同志大胆实践并潜心探索，面对困难和压力不推诿、有定力、敢担当，体现出高度的责任感和强烈的事业心。

她工作勤恳、积极主动，目标明确、思路清晰，始终保持清醒的头脑和良好的精神状态，科学规划并认真落实部门工作。为提高效率且充分发挥每位老师的专长，她将项目负责人制和横向业务交叉相结合，为老师个人成长创设机会和平台，调动老师参与各项工作的积极性。面对压力和挑战，她带领大家一起在学中做，做中学，有问题集体讨论，共同协商解决，"雷厉风行、想好就干"几乎成了大家一致的风格。在她的带领下，部门工作人员密切配合、团结协作，在创新创业人才培养、教师科研成果转化和社会服务等方面狠抓落实，推动学院的创新创业与成果转化工作取得了显著成果。

二、大胆创新，勇于实践，探索有特色的双创教育之路

段辉琴同志带领团队成员围绕创新创业人才培养和创新创业实践基地建设，在课程开发、活动组织、项目指导、资源整合和成果转化等方面积极探索，以服务健康北京、宜居之都的建设以及京津冀经济发展为目标，以培养高素质应用型人才为导向，不断完善创新创业通识教育课程、创新创业导向专业课、创新创业集中实践、创业类毕业设计（论文）"四层次递进式"创新创业课程体系，通过科教融合、专创融合、师生融合和校地融合的"四轮驱动"路径，突破人才培养中的学科壁垒、专业藩篱、产教脱离、科教分离、师生隔阂五大障碍，将创新创业教育深度融入人才培养全过程，不断打造学院创新创业教育特色，收到很好的效果。

此外，她还注重强化专创融合的师资队伍建设，培育特色学生团队。2017—2019年间，她组织创业导师跟踪辅导学生创业团队27个，有4个团队入选北京地区高校大学生优秀创业团队，有17个团队在中国"互联网+"大学生创新创业大赛、"创青春"首都青年创新创业大赛中获得市级以上奖励，11个团队注册成立公司，公司业务涉及文化创意、建筑设计、生物制药、电子商务、食品科学等多个领域。

三、不惧挑战，主动作为，为科技成果转化"铺路搭桥"

段辉琴同志狠抓教师科研成果转化，积极搭建成果转化平台，着力做好重点项目推荐和跟踪服务工作，做了大量、细致的工作。近两年，她带领团队成员在对学院现有的科研机构、教授团队、特色成果和 286 项专利进行系统梳理的基础上，依托学院教授团队和特色专业资源服务地方社会经济发展，深入北京、河北、山东、内蒙古、贵州、江西等地调研，洽谈并推进产学研合作和科技成果转化事宜。曾有教授动情地致谢段辉琴同志，并表示，不会忘记在准备成果转化相关材料时，她无数个深夜的加班指导与陪伴，由衷地感谢她为学院教师科研成果转化付出的辛苦和努力。

为进一步推动学院的科研成果落地转化，提升学院服务城市、服务市民的水平，她还带领团队于 2018 年申请并获批成立北京市知识产权局联大生物化学工程学院专利运营办公室，建立专利导航工作机制，提升了学院以运营为导向的专利信息资源运用能力，实现了从专利培育到转化阶段的全过程管理。

四、立德树人，引领成长，打造有情怀有温度的双创教育

近两年，为贯彻落实全国高校思想政治工作会议精神，段辉琴同志以学院"三全育人"试点工作为契机，带领团队成员开展将"立德树人"有机融入学院创新创业教育全过程的实践探索，在创新创业实践基地建设、课程建设和教法创新等方面潜心研究，大胆实践，通过课程渗透、案例引导、实践培育和大赛激发等方式让思想政治教育和创新创业教育融为一体，并积极开展基于创新创业教育的地方高校科教融合路径和方法探索，将人才培养、科学研究、成果转化和服务社会有机结合，先后参与北京市社科基金项目"首都大学生创业精神培育"，主持朝阳区协同创新课题"朝阳区大学生创业实践基地建设""社区创新创业实践平台建设及运行模式研究"等项目研究，公开发表创新创业类研究论文 9 篇，出版教材 2 部，应邀在京津冀大学生创新创业教育论坛、中关村协同行动创新创业教育专题论坛、中国高校创新创业教育联盟年会做交流分享，得到同行专家好评。

她带领团队成员精心设计创新创业基础教学方案，与企业联合开发在线综合实训平台，加强与学生的互动交流和过程辅导，引导学生发挥专业特长

开展服务社会的创新创业实践，充分调动学生的学习积极性。

作为一名党员，段辉琴同志在自己的工作岗位上，恪尽职守，任劳任怨，务实创新，开拓进取。她不畏困难，不惧挑战，敢啃硬骨头，甘为铺路石，她以"悉心培育，全力激发，让师生的成果在创新创业中绽放光彩"为工作目标和追求，诠释了一名教师党员的担当与使命，用自己的默默耕耘与奉献折射出了一位优秀共产党员的熠熠光芒。

以微信传播正能量 用党性唱响夕阳红

2015—2017 年度学院优秀共产党员 鲍园园

退休不褪色。

鲍园园，女，1950 年 7 月出生，1974 年 5 月加入中国共产党。年过七旬，党龄 47 年，2005 年退休后，担任联大老教育工作者协会生物化学工程学院分会会长和离退休党总支委员、离退休第三党支部书记、学院兼职组织员。

在生物化学工程学院的校园里，有这么一位头发花白却目光如炬的老人。她活跃在基层党建的第一线，积极参与组织离退休党总支的日常活动，亲自和学生入党积极分子进行入党谈话。她就是离岗不离责的离退休党支部书记和兼职组织员鲍园园。

鲍园园同志心系学院发展事业，积极参与学院教育教学改革，围绕学院中心工作建言献策，为了配合学院完全学分制改革，2014 年春季参加了由学院关心下一代工作委员会组织的"完全学分制条件下高校德育工作方法与途径的思考"课题组，通过文献研究、实地考察、调查访谈等方法，执笔写成了约 1.5 万字的研究成果《完全学分制条件下高校德育工作方法与途径的思考》，在 2014 年暑期学院召开的完全学分制模式下德育工作培训会上进行了交流。2014 年 12 月，又作为课题组成员赴江苏省连云港市，对淮海工学院（现江苏海洋大学）进行了实地调研，执笔写成了约 1.6 万字的《关于淮海工学院全面学分制改革的考察报告》，并在 2015 年学院教学与学工部门召开的完全学分制改革研讨会上做了宣讲报告。为学院率先在联大实行完全学分制改革和学院第一所书院——树人书院的建立提供了重要参考。

　　鲍园园同志关心党的事业和国家建设事业，生活中坚持通过电视、报刊自觉学习党的会议重要文件，领会文件精神，武装自己，坚持做到"人虽然退休，但思想上不能掉队"。作为离退休第三党支部书记，面对老同志居住分散、年老体弱、不易集中的特点，她努力探索新形势下党务工作的新方法、新途径，尝试通过微信平台开展支部思想建设工作。她发挥自己多年来从事高校政治理论课教学的优势，为老同志精心筛选主流媒体的优质信息资源，在微信群中发布党和国家的大政方针、国内外时事新闻，释疑解惑，传播正能量，引导老同志正确认识国内外形势，理解掌握党的各项方针政策，很受老同志欢迎。她还通过微信开展慰问生病的老同志、点赞老同志的活动，还用诗歌形式回顾了十几位老同志们当年在岗时对学院发展所做的贡献，使大家倍感温暖。鲍园园同志利用微信平台开展党支部工作的形式效果显著，受到了离退休党员的一致好评。在2015年春季北京市老干部局组织的支部书记培训班结业式上，鲍园园受邀做了"关于通过微信平台开展党支部思想建设工作的探索"的交流发言，并受到《北京老干部》杂志社的关注和约稿，在2015年9月号上，刊登了鲍园园同志的文章《开微信，支部工作有了新平台》。

　　鲍园园同志自2015年起受聘担任学院兼职组织员，协助学院党委组宣部和学生工作部完成学生党员发展工作，常年活跃在青年学生之中，参与了党课培训、材料审核、与发展对象谈话等各个环节。为发展新党员把好了"入口"关。鲍园园同志认真负责，坚持原则，为学院党的组织建设奉献了力量。她还担任经济管理系学生党支部理论导师，为学生党员做的专题报告"关于大学生诚信教育的思考"（社会主义核心价值体系教育专题之一），受到学生党员的欢迎。

　　鲍园园同志热心助力离退休老同志工作，积极协助学院离退休办公室和离退休党总支组织全院约300名离退休老同志建立各种兴趣活动小组，开展有益身心健康的活动，如春游秋游、健走、绘画书法、太极拳、合唱、舞蹈等，丰富了老同志的晚年生活；代表学院参加联大组织的文艺汇演、运动会、歌咏比赛等，均取得了优异成绩；积极协助离退办同志筹备一年一度的团拜会，从购买到布置会场、发放物品等工作都能积极主动并认真完成。针对高校离退休老同志文化素质较高，对晚年文化活动层次的追求也较高的特点，鲍园园通过微信平台，推荐老同志们下载使用各种应用软件，学习制作拼图、音乐相册、视频、诗配画等多种形式的电子作品，在微信平台上相互交流共享。老同志们的学习积极性很高，乐此不疲，既丰富了晚年文化生活，也提升了自身的境界和品味。鲍园园同志还是一名旅游达人，每到一个地方旅游，她都把旅游感受、旅游看点、旅游照片认真编辑后发到微信群中，供大家参考。

鲍园园同志退而不休，始终保持高度的政治觉悟和积极的工作态度，当发现社会上的不良现象时，也能积极向有关上级机关反映问题，发挥了一名共产党员的先锋模范作用，在基层党建这一平凡的工作岗位上做着不平凡的事。

坚守党员本色 踏实教书育人

2017—2019 年度学院优秀共产党员 杨志成

认认真真做事，踏踏实实育人。

杨志成，男，汉族，1969 年 7 月出生，1997 年 12 月加入中国共产党，生物化学工程学院工程与艺术系教师，高级实验师。杨志成同志理想信念坚定，对党忠诚，自觉用习近平新时代中国特色社会主义思想武装头脑、指导实践、推动工作，始终坚定国家和民族利益高于一切。自觉遵守党章，严格遵守党的各项纪律，特别是政治纪律和组织纪律，认真履行党员义务，正确行使党员权利。面对世界风云变幻，不受低俗思想影响，树牢"四个意识"，坚定"四个自信"，坚决做到"两个维护"，在思想上、政治上、行动上同以习近平同志为核心的党中央保持高度一致，荣获 2017—2019 年度联大优秀共产党员称号。

一、严格要求自己，发挥先锋模范作用

作为支部副书记，杨志成始终以纪律为准绳，严格要求自己，带头执行党的路线方针政策。作为一名普通的共产党员，密切联系师生，把党的思想及其指导的行动作为党连接群众的思想桥梁。在"教师党支部五牵手"活动中，他同小组内主要成员协商，在如何联系少数民族学生、困难学生方面找方法，解难题。他负责的党的小组坚决服从支部决定，大家勇挑重担，成为联系少数民族学生、困难学生的主力军，为"教师党支部五牵手"活动开启了良好的开端。

作为一名教研室主任，杨志成同志深知责任重大。为了不辜负大家的期

望。他努力学习专业知识，提高业务能力，主动在教研组内讲授 Protel 软件、专利撰写技巧等讲座，提高老师们的研发能力。为了让全教研组人员共同提高，还开展了相互讲课评课工作，使得大家集体意识普遍提高，同事友谊更加深厚。

二、工作踏实敬业，坚守共产党员本色

杨志成同志负责系里的实验室管理工作，近两年系里实验室调整，涉及整个楼层的实验室。由于关联事情较多，设备不能一次到位，工作量陡增。他没有退缩，在系领导的指导和支持下，主动和行政等多方关联人员密切配合，统筹时间，多点施工，在保证教学的情况下，按质按量地完成了系领导交付的任务。实验室筹建工作，动态事件较多，如筹建"十三五"课题实验室，施工方要求夜里零点送货。他没有犹豫，主动接下工作，请示领导、同行政保卫部门协商，终于顺利地完成工作，保证了实验室的建设进度。

为进一步提升育人的质量，他克服自己科研基础比较薄弱的困难，积极开展教科研探索，用自己的努力和行动弥补自己的弱点。他积极参加科学研究，新参加研究项目 3 项，其中国家级 1 项，完成纵向课题 2 项；近两年发表论文 6 篇，其中高级别期刊 3 篇，指导学生 2 篇；申请发明专利 4 项，授权 4 项。

三、践行"三全育人"，守护学生全面成长

杨志成同志带头践行"三全育人"的理念，积极参加社会科技服务，指导学生参加社区共建活动，到堡头社区入户进行空气品质检测，赢得了社区住户的好评。对于大学生科技他更是爱心辅导，努力拼搏，每年指导学生参加"启明星"课外科技活动 2—4 项，立项级别较高。每次指导大学生空调设计大赛，从科技创新、申报书撰写、实操演练、上台解说，他步步把关，赢得了较好的成绩。在指导大学生"挑战杯"课外科技活动中，他大胆让学生跨专业组合，学生发挥出色，获得校级一等奖。

立德树人，他没有夸夸其谈，他用永不服输的行动给学生做出榜样。他坚信只要自己努力，成绩必将斐然。

作为一名普通党员，杨志成坚守党员本色，自觉培育和践行社会主义核心价值观，踏实敬业，教书育人，充分发挥先锋模范作用，受到党员和师生赞誉，民主评议党员中连续两年被评为优秀。

扎根基层岗位 践行党旗下的誓言

2017—2019 年度学院优秀共产党员 王丰周

正直老实做人，踏实勤奋做事。

王丰周，男，汉族，1979 年 4 月出生，2002 年 6 月加入中国共产党，毕业于联大生物化学工程学院。现工作于生物化学工程学院工程与艺术系，担任教学行政秘书。作为一名普通党员，王丰周同志自始至终紧跟党的脚步，牢记组织的教导，塌下心来扎根基层岗位，兢兢业业，任劳任怨，在平凡的工作岗位上践行自己在党旗下的誓言。

一、坚定信念跟党走，做新时代的合格党员

党的十九大报告做出了"中国特色社会主义进入了新时代"的重大判断，具有划时代的里程碑意义。与此同时，新时代的到来也意味着我们将面临更加艰辛的任务以及前所未有的困难与挑战。身处变革时代，作为一名普通党员应该怎样做才能不走弯路、不走错路，王丰周认为最重要的是坚定的信仰和强有力的思想武器带给我们的自信和方向。

他重视理论学习，积极主动学习党的理论知识，牢固树立"四个意识"，做到"两个维护"，坚持"四个自信"，用思想理论武器击败在工作中、生活中遇到的困惑，做到双耳能辨杂音，双脚不走岔路；从理论武装中获得信心，以及思维方式和做事方法，做到充满信心、方向明确。他切身体会到，作为一名新时代的党员，要紧跟党的脚步，时时勿忘学习，心中长存理想信念，

做事处处不忘初心，这样我们才跟得上时代，才不会走弯路。

二、牢记党员使命，全心服务师生

从 2002 年参加工作至今十余年，王丰周始终在教学系部的教学管理岗位上工作。虽然这十几年间岗位名称一换再换，从当初的系教务员到系办公室主任，最后再到现在的系教学行政秘书，但是十几年间的工作内容和服务对象没有变化。不了解这份工作的人觉得它没什么，觉得一个基层教学单位能有什么大事，有教师和辅导员足矣；了解这个岗位的人，觉得它太细太杂，事情小，责任大，上有众多职能部门，下有众多老师学生，需要投入大量的时间精力和足够的耐心才能干好，并且不容易出彩。在王丰周看来，这个岗位是最接地气的，也是最能给在一线的师生带来帮助和温暖的。

在日常的工作中，他始终秉承涉及一线教学的事情优先，涉及学生的事情更优先的原则，不断把服务的理念深化其中，踏实做好各项教学管理工作。教学任务的下发落实、教学文件档案的收集整理统一保管、监考任务的落实、处理日常教学运行中的各类事务、负责教学经费的使用管理、处理学生的各类报表及数据、负责学生毕业资格审查、各类科研教研项目的申报结题汇总、完成教务处下发的各类任务等，都是他的日常教学管理工作。面对如此繁杂的工作，如何把自上而下的各类信息指令准确及时地传递给每一名老师和学生，同时实时地把日常教学工作中的各类问题收集分类处理并及时向上反馈，发挥枢纽功能，王丰周老师有自己的诀窍。他认为有两个关键点比较重要，一个关键点是态度，另一个关键点是方法。

首先，态度是根本，这需要长时间的保持且不可有一刻松懈，这就需要发自内心地喜欢这项工作，发自内心地愿意服务师生，只有这样才能对服务对象充分尊重与了解，才能真正把工作做好。王丰周时刻提醒自己，作为一名党员，在工作中更应该体现出先进性，那就是比别人要更能吃苦、更有耐心、更能任劳任怨、更能把工作做得有成效。长时间的工作相处，他与各位同事和学生间形成了较为高度的信任和默契，甚至有的时候面临比较重要、紧急的事情时，同事们看到他就会心里很踏实。

其次，注重工作方法，恰当的方法不但可以提高效率，而且还能满足不同群体的需求。多年的工作积累，王丰周总结了自己的方法，比如：把各种工作群体分类，提高针对性和效率；每学期开学固定走访了解各教研室、各办公室的需求，做好整学期的服务计划；深入地与老师交流，根据各专业老师的特点和实际情况有针对性地开展工作；等等。不怕烦琐，不怕累，坚持有事情及时处理的原则，对待老师和学生的事情绝不拖沓。此外，他还承担部门的分工会主席和支部委员会委员的工作。这两项工作的本质更是服务，他做到掌握每一位工会会员的实际情况，从工会的角度帮助需要帮助的会员，积极组织工会活动；及时了解身边党员的状况，把各位党员反映的问题在支部会上进行反馈，积极协助支部书记组织党员学习和党员活动等。

基层的管理服务工作虽然没有华丽的外表，却是一线教学工作必不可少的支撑，也是学生完成学业必不可少的依靠，更是贯穿学校各个教学环节必不可少的链条。把它做好，就是王丰周选择这个岗位的初衷。

三、立足当下，奋斗向前，甘于平凡，拒绝平庸

长期的工作得到了系部师生的认可，有王丰周在大家就会感到踏实。但对于王丰周自己，他认为，正是因为有大家他的工作才有意义。我们党的宗旨是"坚持全心全意为人民服务"，作为一名党员，王丰周没有忘记自己在党旗下的誓言，他时刻秉承这一宗旨，用自己的全身心服务在广大师生心目中树立起"一面旗帜"，2017、2018 年在年度考核中获得优秀，2017、2018 年在党员民主评议中获得优秀，2019 年被评为校审核评估工作先进个人。

王丰周认为，能得到师生们的认可，证明他的坚持和努力得到了肯定，但在获得这些荣誉的那一刻就已经成为过去，未来唯有继续努力，继续用一名优秀共产党员的使命感鞭策自己，不断学习，踏实工作，甘于在平凡的岗位上奉献与奋斗，用自己的脚踏实地、扎根平凡，诠释一名共产党员的坚守和担当。

潜心科研 授业解惑

2017—2019 年度学院优秀共产党员 周考文

潜心科研，授业解惑。

周考文，男，汉族，1965 年 1 月出生，1997 年 6 月加入中国共产党，现为生物化学工程学院生物医药系主任，教授，硕士生导师。周考文同志多年从事教学和科研工作，一直积极履行党员义务，自觉以法律法规规范行为，他讲党性、重原则、树理想、端品行，始终以共产党员的标准严格要求自己。

他忠诚教育事业，遵守教师行为规范，身先士卒、勇于担当。作为一名教育工作者，他教书育人、为人师表，思考的是如何提高教育质量、如何培养高素质人才；作为一名科技工作者，他潜心科研、锐意进取，注重的是如何解决科研难题、如何提高科研水平；作为一名基层管理工作者，他率先垂范、真抓实干，谋划的是如何凝聚集体力量、如何推进部门工作，坚持教书育人、管理育人、服务育人，做到坦荡做人、认真做事、严谨治学、悉心从教。

一、思想素质良好，工作成效显著

周考文同志理想信念坚定，能够正确贯彻执行党的教育方针和各项政策，在大是大非面前立场坚定，自入校以来一直从事教学一线工作，对教学工作充满热情。自担任生物医药系主任以来，配合党支部书记积极团结班子成员完成好全系的教学、科研和专业建设等工作，在工作中表现出较强的组织观念、大局意识和协调能力，圆满地完成了院领导交付的各项任务。

二、忠诚教育事业，教学效果突出

周考文同志热爱教学、热爱学生，常年在教学一线为本科生和研究生讲授课程，主讲有机化学、现代食品分析技术、有机化合物波谱解析等课程。他深知做好教学工作不仅要具备必要的知识和技能，更离不开感情和爱心的投入。因此，他在教学过程中，不计成本，投入了无限的热情和精力，他备课翔实认真，精心设计每一个教学环节，他以知识的传授为根本，注重与学生的沟通交流，授课过程中不断补充新的教学内容，充分发挥和调动学生的积极性和主动性，认真对待并努力讲好每一堂课，积极培养学生的严谨治学作风，获得了良好的教学效果。

三、传道授业解惑，关心学生成长

师者，所以传道受业解惑也。作为一名高校教师，周考文同志热爱教学、热爱学生。他认为，教师不只是简单的教书匠，还要教授学生为人处事的道理和培养学生探索真理的精神。"传道"不是简单地说教，要有恰当有效的知识传授方法，还要用自己的品德与修养影响学生；"受业"不是简单地传授知识，还要在情感、态度、价值观上对学生进行引导和激励；"解惑"不仅仅是解答课堂讲授的问题，还要求教师能正确地解决学生在学习和生活中遇到的各种困惑。他理解学生的意见和心声，积极征求学生对自己教学方面的建议和要求，针对学生在思想、学习和生活上的困难，耐心教育、正确引导，帮助学生树立正确的人生观和科学的世界观。

四、潜心科学研究，学术成果显著

科研是教学的基础和保证。周考文同志在认真完成日常教学和管理工作的同时，积极学习专业知识，关注学科发展动态，努力保持和提高自己的科研能力和业务水平，从教至今，承担了大量的科研工作，主要从事食品分析与品质评价、生物质催化裂解、催化发光敏感材料、分析新方法等方面的科研工作，每年都有科研成果。

近年主持完成了北京市自然科学基金面上项目"高灵敏监测室内空气中甲醛的传感技术基础研究"、北京市教育委员会科技计划重点项目"复杂气体催化发光光谱表征及传感技术基础研究"、北京市教育委员会科技发展面上项目"药材中残留农药催化发光光谱表征及其分析应用"、北京市教育委员会科技转化项目"纳米复合光催化剂薄膜制备和表征"、企业委托项目"微弱发光测量技术与设备"和"气体传感器原理性实验样机研究"等科研项目，在国内外科技期刊上发表第一作者或通讯作者学术论文30多篇，被SCI或EI收录20多篇，作为第一发明人获授权国家发明专利50多项。

　　同时，他的各项科研活动还吸引了大批学生参与其中，在言传身教中培养了学生的独立人格和爱国情操。近年，参加周考文教授的科研活动并共同署名发表论文的学生有20多人次，作为专利发明人共同申报国家发明专利的学生有30多人次。

坚持立德树人 争做"四有"好老师

2017—2019 年度学院优秀共产党员 赵有玺

教学相长，在为党的教育事业而奋斗的过程中实现人生的价值！

赵有玺，男，汉族，1979年8月出生，2013年3月加入中国共产党，生物医药系教工党支部书记，博士，副教授。工作十几年以来，他始终不忘初心，为成为一名优秀的教师、一名学生喜欢的教师、一名能帮助学生成长的教师而不懈努力！

一、爱党爱国、传承师道，努力做一名合格的高校教师

赵有玺同志出生在改革开放之初，亲身经历了改革开放带给中国的巨大变化，从小就有着朴素的爱国情怀。他的祖母是一名在抗日战争时加入中国共产党的老党员，老一辈共产党人的爱国热情、道德情操、奉献意识、自律意识，以及对党深切的爱深深地影响了他。

本科阶段，赵有玺就读于山东师范大学，"学高为师，身正为范"成为激励他不断奋斗前行的座右铭。硕士研究生阶段，他就读于素有"轻工高等教育明珠"之称的江南大学，师从我国著名的工业微生物专家诸葛健教授。临近毕业时，诸葛健教授得知赵有玺将成为高校教师以后，把自己积累多年的有关微生物的教学资料送给了他，并告诫他无论是教书还是做学问，一定要勤奋、虚心、踏实、肯干。2005 年 7 月，赵有玺走上了联大生物化学工程学院的讲台，成为一名高校教师。导师的话，他始终牢记在心。

二、坚持学习、认真工作，努力做一名合格的引路人

赵有玺同志秉承联大教学理念，以为社会输送"高素质应用型人才"为目标，在教学一线已工作 16 年。16 年来，他爱岗敬业、潜心育人，在教学与人才培养中倾注大量心血，凭借扎实的专业知识和过硬的教书育人本领，取得突出成绩，得到广大学生的肯定。

对照习近平总书记提出的"有理想信念、有道德情操、有扎实学识、有仁爱之心"的好老师标准，赵有玺是当之无愧的好老师。他主要承担生物工程专业核心课程"微生物学"和公共选修课程"美酒的奥秘"教学任务。为了上好"美酒的奥秘"选修课程，他积极参加了中国酒业协会组织的品酒培训，并取得了人力资源和社会保障部颁发的国家一级品酒师资格证书。该课程成为学院最受学生欢迎的选修课程之一。

他刻苦钻研，努力开展科研工作，表现出一定的学术造诣，近年来主持完成了北京市教育委员会科研计划面上项目 1 项、北京市青年骨干人才项目 1 项；2017 年获得学校"百杰人才"项目资助；近年来，发表 SCI 论文 3 篇。他注重本科生综合素质的培养。每年都接收本科生进入实验室进行非毕业论文的科学研究，多次指导学生参加"启明星"活动，这些学生大多数因为额外的科研经历，科研能力得到提升。

同时，他平等对待每一个学生，以仁爱之心对待问题学生，想方设法不让任何一个学生落队。他总是引导学生关注国家发展，将自身发展与国家发展战略结合起来，鼓励学生战胜各种困难，勇往直前。他出色地完成了传道和授业、教书和育人双重任务的统一，担负起学生健康成长指导者和引路人的责任，成为学生的良师益友。

三、提高能力、提升素质，努力做一名合格的党支部书记

自 2017 年 9 月担任生物医药系教工党支部书记以来，赵有玺同志积极努力提升自身的业务能力。2018 年参加了学校组织的教工党支部书记培训和第一期青年干部主题培训班，重点学习了新形势下应该如何加强党支部建设。通过培训，他深刻体会到中央对基层党支部建设的重视，提高了做好教师党支部工作的基本认识，明确了做好教师党支部书记的职责要求。党支部是党组织的基础，是党在社会基层组织中的战斗堡垒，是党的全部工作和战斗力的

基础。作为党支部书记要不断探索加强支部建设的有效路径，创新工作方式方法，提升工作能力水平，确保基层党支部战斗堡垒作用的充分发挥。

根据校院党委的部署和要求，2018年以来生物医药系教工党支部把"课程思政"作为支部的重点工作。作为支部书记，赵有玺认真钻研学习习近平总书记关于教育的系列重要讲话精神，认真钻研生物医药类课程开展课程思政建设的实施办法。他多次组织教师开展学习研讨，使教师们对于课程的思政目标和思政作用有了明晰的认识，有效推动了生物医药系课程思政建设的开展。

为了更好地开展课程思政建设，赵有玺同志还认真学习其他高校开展课程思政建设的经验和国外大学思政教育的模式，并在此基础上提出了生物医药类课程开展课程思政建设要点。他认为生物医药类课程专业性很强，同时是与生产密切联系的学科，可以解决生物医药产业的具体问题，这些问题的解决可以服务国家的整体发展战略，这就为每一门课程的思政目标找到了落脚点。生物医药类课程的讲授不能仅仅"就知识谈知识""就技术谈技术"，而是要放在国家整体发展战略中来思考，充分发掘自然科学背后的人性考量、价值关怀、战略定位。

作为教师，赵有玺同志以"四有好老师"为目标，努力做好引路人，把自己的爱国情怀化为前进动力，用中国梦激扬青春梦，激励学生自觉把个人的理想追求融入国家和民族的事业中。作为党支部书记，赵有玺同志积极推动课程思政建设，增强立德树人意识，提升立德树人成效，无愧为一名优秀的共产党员。

真心投入 立德树人

2017—2019 年度学院优秀共产党员 陈海燕

> 坚持以学生为本，做好
> 教书育人工作。

陈海燕，女，汉族，1973
年 4 月出生，1993 年 5 月加入
中国共产党，管理学博士，生
物化学工程学院资源管理系教工党支部副书记，副教授。作为一名教师，她
坚持以习近平新时代中国特色社会主义思想为指导，以习近平总书记在全国
高校思想政治工作会议上的讲话精神为行动纲领，严格要求自己坚持以学生
为本，注重教学方法改革和科学研究工作，尽职尽责地完成各项教学科研、
学生管理等任务，充分发挥教师党员的先锋模范作用，连续两年在所属支部
党员民主评议中被评为优秀，得到广大师生的尊重和信任，荣获 2017—2019
年度联大优秀共产党员称号。

一、政治立场坚定，具备较高的思想觉悟

作为一名教师，她认真贯彻执行党的各项路线、方针、政策，政治上严
格要求自己，不断提高自己的政治理论水平；积极参加学校和院系组织的政
治学习活动，并能够运用先进的思想政治理论指导自己的工作实践；自参加
工作以来，一直从事教学一线工作，爱岗敬业、乐于奉献；教学科研工作热
情饱满，自觉履行教书育人的神圣职责；在思想上讲政治，树正气，不计较
个人得失，有高度的政治责任感和大局意识。

二、教学工作兢兢业业

陈海燕同志在教学工作中勤于学习，刻苦钻研高等教育教学方法，结合学生实际情况认真组织教学。通过灵活多样的教学手段，充分调动学生的学习兴趣、学习积极性，不断探索和尝试新的教学方法。先后讲授管理学、企业战略管理、管理沟通、企业财务管理等课程，她在教学过程中注意与学生的沟通与交流，深入研究教学方法，不断提高专业素养和教育教学水平。当下随着移动互联网的发展和高新技术的发展，手机中获得的知识信息往往超越了课堂上老师讲的内容。大学生上课玩手机、随便混课堂的现象较为常见。为了改善这一现象，陈老师没有采取一禁了之的做法，而是从学生角度出发，不断学会应用新技术、新方法，提升教学吸引力。对所开设课程的每个班次，她都建立了微信群，及时分享教学视频、课堂教学内容并为学生答疑。随着新的教学方法和手段的不断出现，她较早地使用雨课堂开展教学活动，采用线上线下混合式教学方法，授课过程中通过采用随机抽测、游戏和情景表演等多种形式组织教学，提升教学效果。

三、科研工作积极进取

陈海燕同志在科学研究方面保有高度的热情和责任心，敢于探索，勇于克服困难，积极学习专业基础知识，关注学科发展的前沿动态，不断拓展专业领域、加强知识积累，努力保持、提高自己的科研能力和业务水平；近三年来，与中国农业大学、农业部农村经济研究中心等合作进行课题研究，参与2项国家社科基金项目研究，参与企业横向课题研究多项。

四、学生教育管理真心投入

教书育人是教师的天职，也是教师的基本使命。作为本科生导师，陈老师共指导4个年级30名学生，在积极参与学院纵向班建设工作的同时，她注重加强与班级内学生的交流，及时掌握每一位同学的思想动态。对于出现学业困难和心理困惑问题的同学给予及时的辅导。其中有一名中途转入陈老师班级的学业困难学生因挂科较多，产生了较为严重的厌学和厌世情绪，陈老师与其多次谈心，鼓励该学生珍惜求学时光，培养良好的心理素质，在学业上给予其耐心辅导，及时与辅导员进行沟通，共同帮助该学生，最终其顺利毕业并就业。陈老师同时还担任了人力资源管理 1801S 的班主任，该班级存在很多家庭困难学生，陈老师积极联系学院需要勤工助学的部门和承担横向课题的教师，为该班级学生争取勤工助学的机会。并根据学生大学英语四六级考试、研究生考试、公务员考试、国外留学等需求，及时联系高年级学长组织专场咨询会，满足学生需求。在论文指导工作中，面对准毕业生白天实习不方便对其指导的问题，陈老师利用学生下班和周末休息时间指导论文，经常指导学生到深夜。

五、支部工作尽职尽力

2017 年 10 月，陈老师成为资源管理系教工党支部副书记。担任副书记以来，能很好地配合支部书记的工作，与其他党员干部协调合作，表现出较强的组织观念和大局意识。在集体讨论决策中，她积极提建议、想办法；尽心尽力协助支部书记做好日常工作，自觉维护班子团结；认真组织开展丰富多彩的党员主题实践教育活动，积极申报支部特色活动并获得校级重点基层支部重点培训项目；注重加强与其他支部的联系与沟通，互相尊重支持，如多次参加学生支部学生党员发展与入党积极分子的培训活动等。在与同事相处时，总是以"与人为善"的心态对待每一个人，参加集体活动时，积极主动，不计较个人得失，用自身的言行影响周围的同事，无愧于共产党员这一光荣的称号。

做好一名党员 树立一面旗帜

2017—2019 年度学院优秀共产党员 王仕卿

王仕卿，女，汉族，1977 年 9 月出生，2004 年 6 月加入中国共产党，博士，资源管理系副教授。作为一名普通的教师，王仕卿同志多年来坚守在自己平凡的工作岗位上，勤奋刻苦、严谨求实，努力做好自己的本职工作；作为一名共产党员，在思想上树立高度的责任感与奋斗目标，时时处处用党员的标准严格要求自己，在政治理论学习、业务教学科研潜力、关心学生学习生活、团结同事和遵纪守法等方面都较好地发挥了共产党员的先锋模范作用，以饱满的工作热情、扎实的工作作风用心地投入教学科研和学生工作中。

一个党员就是一面旗帜，她深深地明白树立党员良好形象的重要性。党员的一举一动都会直接或间接、部分或全部地影响到身边同志的工作热情，所以，在日常生活和工作中，她坚持不断地学习党的理论知识和路线、方针、政策，认真学习习近平新时代中国特色社会主义思想，努力提升自己的政治水平和挖掘教学科研业务潜力。在工作中，她把每一位老党员、优秀党员当作自己的折射镜，树立自己的人格魅力，力求做到率先垂范，树立集体意识和大局意识，发挥一名共产党员应有的先锋模范作用。在与同事相处时，她坚持用"与人为善"的心态对待每一个人，争取做到把党组织的温暖，透过自己传输给每位同事，在参加组织活动时，用心、主动，不计得失，用一名合格党员应有的心胸和气度去感染他人，用自己的言行去感召周围的同志，时刻牢记自己是一名光荣的中国共产党党员。

这些年她先后担任运筹学、工程经济学、技术经济学、建筑企业管理、项目可行性研究与评价、建筑设备概论等课程的教学工作。在工作的过程中，她坚持创新，不断学习和利用新的教学方法和手段。在授课过程中，引入"蓝墨云班课"辅助教学，采用线上线下混合式教学方式，授课过程中尝试采用游戏、抢答、举手讨论和微视频等多种方式组织教学过程，提升教学效果。通过将最新的思政案例引入课堂，引起学生对社会责任感的思考，实现了专业课程思想育人的德育目标。在平时的教学中，她还鼓励并指导学生们参加各种竞赛活动，连续多年指导学生"启明星"、节能减排和创新创业大赛，获得优异成绩。

在教书育人的同时，她潜心科研和教研工作，利用整个暑假外出培训，改进教学方法，提升科研能力，主持完成北京市社科青年基金项目、北京市高校青年教师社会调研项目、教研项目、校杰出人才项目以及工业和信息化部委托项目等横纵向课题多项，并鼓励学生参与自己的课题，培养学生的项目管理能力、团队协作能力和严谨的科学精神。

在论文的指导工作中，她力求做到急学生之所急，在每一个步骤中都耐心地、认真地解答学生提出的问题，为他们配备如何撰写论文的指导书籍，并将参考书籍推荐给教研室全体老师，为本专业学生提供最前沿的学习文献资料。她多次组织毕业设计论文研讨组会，认真聆听学生的讲解，解答质疑，即使赶上了刮风下雨，她也照旧坚持和学生的约定，如期而至组织大家相互学习、互相提问、取长补短，提升论文质量，更是怀着开放、包容和共享的胸襟，欢迎其他指导老师指导的学生来参加研讨，并耐心回答他们的疑问，帮助他们提升自己的论文质量。这个过程虽然很辛苦，但是她乐在其中。

在学生工作方面，从2012年第一次担任导师工作，她就做到以身作则，以情感人，注重班级凝聚力的养成，尤其是学院实行完全学分制改革和以导师为中心的纵向班级建设以后，她更深知一名本科导师的职责重大，她尽量克服教学和科研工作的压力，深入班级活动中，定期组织班会，带领班级参加企业调研，鼓励他们参与自己的课题，和他们谈心，指导学生建立自己大学四年的规划，鼓励并指导学生参加各类大学生竞赛活动，期望他们在学业上都有进步。导师除了导学习，还要导生活，她平时抽出时间和学生谈心，解决他们学习和生活中的困难，尤其是对学业上有困难和与人交往有障碍的学生，是她学生工作的重心。记得有一个非京籍学生，入学成绩很好，可是性格怪异，与宿舍和班级同学关系紧张，她多次深入宿舍和班级同学中做思想工作，并和学生家长多次沟通，了解学生的家庭成长环境，得知其家庭经济状况不好，鼓励其参与自己的课题，利用学生英文特长鼓励其协助导师进行英文翻译工作，并给予其一定物质上的奖励。她就是采用这种维护学生尊严的形式帮助班上有困难的学生，使得学生重拾生活的信心，师生的这份情谊历久弥珍，每年母亲节学生都不忘给老师发来问候的消息。她还始终热心地关照着 2014 级的一名学业有困难的学生。五年时间，学生由最初入学冷冷地说："老师，我没有选你做我导师"，到马上要毕业的时候说："老师，我觉得您是真心关心我们的……我为我当初的行为跟您道歉"。她为这名学生积极推荐工作，联系并带领学生去面试，家长也多次发来信息对她表示感谢。她就是这样默默地坚守着一名导师的职责，力求做到最好。

这些年来，在以一名合格的共产党员严格要求自己的同时，王仕卿同志获得的不仅仅是一名共产党员勇于担当的品质和处理工作的潜力，还有院系领导和同事们的信任、培养和鼓励。相信她在今后，必定会更加严格要求自己，努力学习新的理论知识，争取将来能够为生物化学工程学院的建设贡献自己更大的力量！

站好自己的岗

2017—2019 年度学院优秀共产党员 郑建全

脚踏实地，立足本职。

郑建全，男，汉族，1980 年 10 月出生，2002 年 1 月加入中国共产党，现担任功能食品科学技术研究院办公室主任，党支部副书记。

一、时刻不忘进行政治理论学习

作为一名党员必须对党忠诚，必须时时刻刻不断提升自己的政治理论水平。郑建全能够主动地通过网络、电视和书籍等各种媒介了解党的相关理论，能够自觉用习近平新时代中国特色社会主义思想武装头脑、指导实践、推动工作。他理想信念坚定，树牢"四个意识"，坚定"四个自信"，坚决做到"两个维护"，在思想上、政治上、行动上同以习近平同志为核心的党中央保持高度一致。能够主动地联系学生党员和入党积极分子，主动关注他们的思想动态；能够理论联系实践，以身作则，带动周边党员、群众共同进步。

二、吃苦耐劳做好研究院日常管理工作

作为功能食品科学技术研究院办公室主任，郑建全负责研究院的日常管理工作，由于 2016 年开始学科调整到生物化学工程学院，但到目前为止功能食品科学技术研究院没有搬迁，还在学院路校区应用文理学院办公。郑建全及时做好与应用文理学院相关部门的沟通工作，并及时与生物化学工程学院

的相关部门进行对接，努力为教师提供一个良好的教学科研环境。在日常工作中，他经常在学院路、堡头、小营三个校区奔波，有时经常是三个校区一天跑一遍。

研究院的日常管理工作，事情不大，但是很琐碎，杂事很多。郑建全同志能够认真对待每一件事情，2017—2019年顺利完成了两个项目的招标采购工作，共计金额4000万元。在时间紧、任务重的情况下，能够与使用老师一起核对招标参数，在招标出现问题时，能够主动联系主管部门，保证为教师提供满意的仪器设备，性能和参数满足教师的科研需求，在年底和年初按时完成了招标和付款工作。并且在过程中能够主动回避投标商，保证廉洁自律。

三、立德树人做好研究生管理工作

郑建全承担食品科学与工程一级学科的一些日常事务工作，担任2017级和2018级研究生的班主任，与研究生紧密联系，做好他们的思想监督、思想引导工作，帮助他们解决遇到的一些问题，并参与研究生的招生管理和复试录取等工作；担任学科秘书，协助学科带头人做好学科的日常管理事务，做好食品科学与工程学科学位分会各项会议组织和记录工作，圆满完成了硕士点的评估工作。

郑建全秉承着学生事情无小事的原则，对研究生日常各种事情做好通知工作，时刻关注他们的思想动态变化，做好他们的管理工作，担任研究生辅导员，指导研究生支部开展工作。2017年和2018年食品科学与工程专业研究生就业率100%，并有三人获得国家奖学金。他制定了学科的研究生奖学金评选细则，并提前征求研究生的意见，保质保量完成了奖学金评选工作。近几年来，每年都有两名同学获得国家奖学金。

四、安全为先做好实验室管理工作

实验室工作是重中之重，关系到教师和研究生的科研是否能够顺利进行。郑建全做好他们的后勤保障工作，及时与厂家联系设备的维护工作，使设备一直处于工作状态；为保障实验室维修经费，主动联系相关主管领导，多渠道地解决资金问题，保证实验室的设备正常运转；研究院资产数量多，贵重设备多，大型设备多，认真做好固定资产的日常管理和盘底工作，完成学校财务处对大型设备的检查工作，获得学校对实验室大型设备的使用和管理的好评；同时，组织教师对研究生进行大型设备的使用培训和日常的使用预约工作，规范了大型设备的使用，提高了使用效率。

为了给教师和研究生创造一个安全的实验环境，郑建全不定时地对实验室进行安全检查，督促各个房间的负责人进行安全检查，为研究生开展安全教育。特别是从前几年开始实验室事故多发，郑建全能够主动地进行实验室安全自查，发现问题及时与责任人和主管领导沟通，多渠道消除安全隐患。目前达到了实验室药品管理规范，试剂仓库管理合格，实验室常用通用试剂全部上锁，保证了实验室的安全。

虽然工作很平凡，都是由一件件小事组成，但作为一名党员，郑建全能够在工作和生活中严格要求自己，站好自己的岗，将琐碎的事情做好，在一个平凡的岗位上，做出了自己的努力和贡献。

培育体育精神 争做魅力教师

2017—2019 年度学院优秀共产党员 张美娟

爱岗敬业，拼搏奉献。

张美娟，女，汉族，1972 年 1 月出生，2001 年 11 月加入中国共产党，生物化学工程学院体委副主任、基础课教学部体育教研室主任、基础课教学部党支部组织委员，教授。曾获联大优秀共产党员、北京市青年骨干教师等荣誉称号，2017、2018 年被北京市教育委员会、市大学生体育协会授予"优秀裁判员"荣誉称号，多次获得学院"三育人"先进、"师德先进"等荣誉称号，多次在学院年度考核中获得优秀。

一、爱岗敬业，兼顾教学科研

从教 20 多年来，张美娟同志一直从事一线体育教学工作，以一颗无私奉献的热忱之心，在平凡的岗位上，践行着一名共产党员对体育教育事业的坚守。

张美娟同志积极承担瑜伽、运动与健康、体育保健等多门体育类专业课程的教学，并认真钻研教材，充分结合大学生身心特点实施有针对性的教学，她开设的瑜伽课程成为学院学生最喜爱的体育课程之一。同时，她带领体育教研室立足强化大学生身体素质、深化大学生体育运动观念两项基本要求，积极转变大学体育教学理念，通过改革课上体育课程设置、创新课外体育活动机制、打造自我校园体育文化，在切实帮助大学生提升体能的同时，重视充分发挥大学体育教学的多方面育人功能，让"体育"的概念深入每个学生的生活中，辅助大学生真正成长成才。

在科研上，张美娟同志努力探索，共发表了 20 余篇高水平体育学术论文，出版学术专著 3 部，主持并完成了市教育委员会课题 1 项、市体育局课题 1 项、横向课题 7 项；参与国家"十一五"课题"运动促健康研究"和"十二五"课题"运动促健康关键技术的研究"，获得了 3 次北京市体育科学论文报告会二等奖，用自己的成绩响应了高校教师应当教学、科研两手抓的新时代教学改革精神。

二、以赛促教，培育体育精神

体育的魅力在于它的娱乐性，体育的娱乐性则蕴藏在体育的竞技性之中，体育的人文性、教育性也多来自体育的竞技性，从某种意义上来说，如果失去竞技性，体育就失去了自身存在的价值。

张美娟同志十分注重学生参与体育竞赛。她积极组织学生参加市级、联大大学生体育比赛，支持和鼓励各系开展各项体育赛事，不断扩大大学生体育赛事的参与度。组织学生参加全国、北京市大学生体育赛事，报名、辅导、带队训练，从赛前强化到赛前动员，事无巨细。付出总会有收获，2016、2017 年跆拳道队参加全国大学生比赛获得 2 个全国冠军、2 个季军、2 个第五名，近年来网球队、体育舞蹈队获得北京市冠军亦不计其数。联大第 16 届运动会上，在她的带领下，体育教研室的老师们同心同德、团结协作摘取了 5 个团体奖项的 4 个冠军、1 个亚军，创造了历史佳绩。

通过参加体育比赛，提升了学生对体育的兴趣，增强了他们的体质，培育了学生顽强拼搏的体育精神，同时也对培育学生健康的心理、良好的习惯、积极向上的生活态度和较强的社会适应能力等方面发挥了重要的作用。

三、关爱学生，争做魅力教师

常言道："亲其师，信其道。"张美娟同志从教以来，努力提升自己的人格魅力，以身立教，为人师表。既做学生学业上的良师，又做他们人生道路上的益友，她用自己的努力赢得了学生的喜爱。

为了提升学生对体育的兴趣，张美娟带领体育教研室实施课外体育俱乐部会员制，设有田径、篮球、足球、网球、乒乓球、健美操、艺术体操、轮滑、跆拳道、体育舞蹈等 10 余个单项俱乐部（社团）。俱乐部面向大学生全面开放，强调在体育导师的指导下大学生进行自主管理，包括自由竞聘俱乐部负责人、自主制订各俱乐部的活动计划、自主组织健身锻炼、自主开展各俱乐部辅导培训与竞赛活动等。这个平台不仅有助于大学生在课外充分开展体育锻炼，满足运动兴趣并提升身体素质，也有助于大学生在俱乐部的自主管理中提升组织能力、协调能力、沟通交流能力，促进大学生全面成长。

作为学院体委副主任和体育教研室主任，张美娟认真贯彻落实《中共中央国务院关于加强青少年体育增强青少年体质的意见》精神，以贯彻体育育人教育理念，提升学生体质健康水平为活动宗旨，大力开展校园体育运动。有冬季长跑、足球、篮球、排球、羽毛球、乒乓球、田径、网球、跳绳、拔河、趣味运动等系列活动，丰富了同学们的课余生活，提高了学生运动技术水平和身体素质，培养了学生热爱体育、崇尚运动的精神，增进了各系间的交流和学习，进一步营造了团结协作、顽强拼搏的校园文化氛围，全面提高了学生的综合素质。

四、综合发展，发挥最大价值

张美娟同志坚持综合发展，除了完成好本职教学任务，还担任学院体委副主任和体育教研室主任，全面负责体育教学、运动训练、学生体质健康测试、社团活动，兼任工会的文体委员、女教授协会秘书长，为学校职工的文体活动做了大量的努力。

除此之外，她还积极参加校外指导工作，担任首都高等院校大学生运动会裁判，执裁世界田径锦标赛、全国青少年锦标赛、全国马拉松等多项赛事；成为中国体育科学学会会员，受聘到社区，开展讲座、健身指导工作；与CCTV-5《健身舞起来》栏目组合作拍摄系列节目，积极推广全民体育健身运动，服务于社会，不断用自己的热情来诠释着对体育的热爱。

平凡的事业，平凡的岗位，平凡的人，不平凡的是一颗无私奉献于教育事业的心。成绩和荣誉只能代表过去，更重要的是怎样把握明天。在今后的工作中，张美娟将本着塑魅力教师，为体育教育发展奠基；建趣味课堂，为质量提高搭台；育品质学生，为体质健康铺路的目标，不断努力，把人民教师的理想信念、人生追求和价值观，体现在日常体育教育教学工作中，在联大这块沃土上，用爱耕耘，用爱播种，耕耘不止，战斗不已！

潜心问道 立德树人

2017—2019 年度学院优秀共产党员 高炯

学高为师，身正为范；
潜心问道，立德树人；
勇于担当，不负时代。

高炯，女，汉族，1979 年 3 月出生，2009 年 1 月加入中国共产党，生物化学工程学院基础部英语教研室教师，讲师。毕业于北京第二外国语学院英语系，获得北京师范大学外国语言学与应用语言学硕士学位，曾作为访问学者赴英美等国进修学习。2001 年进入联大工作，担任大学英语以及英语语言文化选修课的教学工作，教学经验丰富，专业技能扎实，是全国英语等级考试（PETS）口语考官，北京英语口语证书考试（BOEC）高级考官，参编教材多部，负责或参与多项科研和教研项目。

高炯老师政治觉悟高，责任心强，工作认真刻苦，获得了第 10 届"外教社杯"全国高校外语教学大赛北京赛区二等奖、联大大学英语教学多媒体课件大赛三等奖、2019 年联大生物化学工程学院中青年教师教学基本功比赛三等奖；专业能力强，辅导学生参加全国大学生英语竞赛，多名学生获奖，获得 2018 "外研社杯"全国英语写作大赛省级复赛（北京赛区）指导三等奖和 2018 "外研社杯"全国英语阅读大赛省级复赛（北京赛区）指导三等奖。

高炯老师用真诚和关爱实践立德树人的信念。在担任班主任期间，通过一系列主题班会等活动，营造团结勤奋、充满活力、友好竞争的班风和学风，得到了系里专业老师和其他课老师的一致好评。四年期间有 4 名同学获得国家奖学金，4 名同学分获奥运志愿服务金奖、奥运志愿服务银奖、校级十佳奥运志愿者和院奥运志愿者标兵，4 名同学分获校级、院级三好学生、优秀团员和优秀团干部，3 名同学分获第 3 届"挑战杯"科技作品市级二等奖，校二等奖和三等奖，1 名同学获得第 3 届"挑战杯"创业大赛校级银奖，2 名同学获数学建模比赛市级二等奖，多名同学获得三好学生、学习之星、进步之星、社区共建先锋等称号，班级获得院级优秀团支部和五四红旗团支部。班上同学在担任奥运会志愿者期间受伤，高老师带领班干部冒着酷暑，辗转前往房山区良乡学生家中探望，受伤学生及其家长深受感动。由于工作出色，高炯老师获得联大优秀班主任荣誉称号。

学院启动公共基础课课程导师制以来，高炯老师继续发挥党员先锋模范作用。任劳任怨，不仅关心学生的学习，还注重学生的思想动态，帮助学生解决学习、生活上的实际困难，受到学生好评，高炯老师也作为学院优秀课程导师代表在联大导师制总结大会上做报告。在开展课程导师工作时，以学生为本，保护学生的自尊，选择被辅导学生时，不是按成绩排序强制倒数学生进行辅导，而是通过沟通了解成绩欠佳学生的需求，采取鼓励报名的方式，每学期初根据成绩和学生意愿调整一次，学生的辅导积极性大大提高，经过辅导成绩都有不同程度的提升，效果比较明显。同时，她善于抓住当代大学生的心理特征，利用微信、电话等联络方式，随时了解学生学习动态，将答疑解惑延伸到平时，延伸到教室之外，做学生学习和思想的领路人。

高炯老师对待所有学生都一视同仁，不让任何一个学生掉队，尤其是班上学习英语困难的学生。她积极主动和他们沟通，鼓励他们参加辅导，为他们创造良好的学习环境。鼓励学生在例行的英语汇报（morning report）时介绍自己的家乡，鼓励不爱发言但是能歌善舞的同学，在做英语汇报时为大家跳家乡舞等。班上有位学生，刚开学时总是趴在课桌上，一副无精打采的样子，通过了解，高老师得知这位同学不习惯学校的饮食，于是特意查了附近符合该学生饮食习惯的餐馆并告知这位学生，让其安心学习。之后还用上课和辅导的机会引导其了解困难是人生的一部分，克服困难才能更好地适应大学生活，提高其思想认识。为了提高学生上课积极性，高老师给学生提前安排任务，每次上课在黑板前教大家一句家乡话。这样一来，学生的积极性大大提高，而且也对有些少数民族同学学英语所面临的困难多了些理解。学生课上笑容也多了起来，越发积极主动地回应老师了。

　　高炯老师积极参与支部建设，在支部开展的"五牵手"工作中，积极帮助支部联系外单位党支部，成功牵手堡头一个幼儿园党支部，双方进行了互访，为学校所在社区支部建设注入了新活力。此外，她还积极参与党员活动，在联大"我的梦·中国梦"主题征文活动中获得二等奖，还担任部门计生志愿者，为大家尽心尽力服务，协助部门完成各项相关活动的展开。高老师关注学校、社区和首都发展，利用暑假和周末时间，主持完成调研项目"以高校为基点的'一条龙'阅读资源共享型社区模式研究——以朝阳区堡头社区为例"，获得 2017 年北京高校青年教师社会调研优秀项目二等奖。

　　多年来，高炯老师用行动默默践行着共产党员的初心，以"学高为师，身正为范"的标准要求自己，在教育的第一线扎根奉献，将立德树人的信念和专业教学相融合，引导学生静下心来刻苦学习，练好人生和事业的基本功，做有理想、有追求、有担当的合格的社会主义事业的接班人，不负韶华，不负时代。

在平凡岗位上展现党员风采

2017—2019 年度学院优秀共产党员 张玲

努力勤恳工作，踏实低调做人。

张玲，女，汉族，1972 年 2 月出生，2011 年 6 月加入中国共产党，生物化学工程学院教务处运行科副科长。她热爱工作，多次服从组织安排调换工作岗位，平时在工作中认真细致，不断学习提高自己的工作能力，在每个岗位的工作都得到大家认可，2018 年度考核等次为优秀。

一、以党员标准严格要求自己

作为一名党员，张玲同志认真学习贯彻习近平新时代中国特色社会主义思想和党的十九大精神，在平时注意自己的言行时刻和党中央保持一致，始终用共产党员的标准严格要求自己，起到了模范带头作用。在平时的工作中，注意团结周围的同志，和大家团结协作，在完成好自己岗位工作的同时，共同完成好部门和学院的其他工作。

二、做好教学运行岗位工作

张玲在教务处教学运行岗位工作，主要管理排课、教师资格审核、外聘教师管理、学生评教等事务。

在排课工作中，她认真审核教师的教学资格，从未出现过不合格教师上课的情况。平均每学期排课，专业必修课 120 门次、专业选修课 80 门次、通识必修课 75 门次、通识选修课 110 门次。排课时充分考虑教师、学生的实际需求，合理安排时间、教室等。虽然到教学运行岗位时间不长，开始时困难很多，但她能积极学习，勤和教师沟通，使排课在短时间内由受到质疑到被大家认可。

外聘教师管理是一项烦琐、细致的工作。从收集外聘教师的各种审核材料、确定所教课程、按要求排课、计算学时，到发放酬金，哪一个环节都不能出错。从 2017 年至今，4 个学期各系共聘请 28 名外聘教师，发出酬金 19 万余元，未出现任何错误。

学生评教的成绩影响到每个教师的切身利益，需要很强的责任心去完成。每学期的评教数据出来后，先要由张玲根据课表及时与教师沟通去核对，保证每个教师的每个数据都准确。每次张玲都能认真核对，查出的问题及时和学校联系沟通，保证了数据的准确性。近一学年共查出问题 13 个，经和学校沟通后及时改正，没有影响教师的成绩。

三、做好支部书记工作

作为教务处党支部书记，张玲努力学习，积极工作，把党支部工作进行得丰富多彩，有声有色。

首先，认真推进学习教育，提升党员党性修养。张玲克服工作忙、时间紧等困难，认真制订党支部工作计划；坚持组织支部党员利用自学、集体学习等方式深入学习领会习近平新时代中国特色社会主义思想和党的十九大精神。一年来，党支部分别就习近平系列重要讲话、党的十九大精神、廉政教育等内容组织全体党员进行了集中学习，提高了党员的政治素质和责任意识。另外，张玲还组织教务处党支部多次外出参观、学习，如参观平西抗日战争纪念馆、八路军冀热察挺进军司令部旧址；参观"真理的力量——纪念马克思诞辰 200 周年"主题展览；观看主题教育影片《信仰者》《中国蓝盔》等。外出的参观学习，一方面使党员不忘历史，继承老一辈革命者的光荣传统，另一方面使党员看到了当下中国的强大和自己肩负的重任。大家认识到，要脚踏实地做好本职工作，为国家做出自己应有的贡献！

其次，严格党内组织生活，狠抓作风建设。根据校院党委要求，张玲组织教务处党支部召开了组织生活会。组织生活会按照"四讲四有"合格党员标准，坚持问题导向，深入查找和解决问题，党员之间认真开展批评和自我批评。进一步强化了党的观念、提高了党性修养、增强了"四个意识"，特别是核心意识、看齐意识，为更好发挥基层党组织战斗堡垒作用和党员先锋模范作用奠定了基础。为落实全面从严治党、推进党风廉政建设和反腐工作，开展了"不忘初心讲廉洁 牢记使命共筑梦""新时代新担当新作为"等多次有教育意义、具有明显成效的主题党日活动。形式多样的主题党日活动，使党支部的向心力、凝聚力显著增强，党员的集体感、责任感不断提升，爱岗敬业、甘于奉献精神不断升华。

再其次，践行党的宗旨，加强服务意识。张玲引导教务处党支部党员时刻牢记为人民服务这一宗旨，认真贯彻落实全国和北京高校思想政治工作会议、教育大会精神，把教育、服务落实到工作中，针对学生在选课中所出现的问题，在2018—2019-1学期学生选课之前，组织了2017、2018级两个年级学生代表参加选课培训活动，把工作做在前面，做到学生确实需要的地方。通过此次活动，学生了解了选课原则，明白了提前规划的重要性以及在选下学期课程时应注意的问题，对提高学生选课的准确率提供很大帮助，受到学生的热烈欢迎，参加人数比预计多了很多。

最后，围绕业务抓党建，抓好党建促提升。鉴于食品科学系调整到生物化学工程学院，对完全学分制的教学管理不是很了解，张玲主动与食品科学系教工党支部及食品科学系主任协商，制订相关工作方案加强与食品科学系教师的沟通，组织支部党员参加食品科学系的教研活动，召开教师代表座谈会，教务处老师现场为食品科学系老师解答了他们提出的各种问题，消除了他们的疑惑，增加了他们做好工作的信心。通过这次活动，食品科学系老师与教务处老师之间有了较为深入的了解，了解了教务处工作分工，也了解了学院的基本政策、规章制度，推动了学院完全学分制的实施和开展。

作为一名普通党员，张玲同志爱岗敬业、无私奉献，在平凡的岗位上展现了一名优秀共产党员的风采。

一片真情暖夕阳

2017—2019 年度学院优秀共产党员 李海鹰

持久的爱心需要理性的支撑，责任的担当代表身份的基点。

李海鹰，女，汉族，1965 年 12 月出生，1995 年 6 月加入中国共产党，生物化学工程学院人事处离退办管理人员。2008 年 11 月她从所在的中专校并入生物化学工程学院后，从教师岗位转型为管理岗位。2010 年 1 月开始从事离退休人员的服务管理工作，10 余年来，她始终以一位老党员的标准要求自己，珍惜、敬重这个岗位。以热情的工作态度和勇于担当的行事风格，投入离退休工作的每一个环节中，努力做好离退休老同志的暖心人。

一、爱岗敬业，忠诚党的教育事业

李海鹰同志在工作中坚持党的路线、方针、政策，始终用党员标准严格要求自己，廉洁自律。热爱本职工作，责任心强，忠于职守，以满腔的热情投入离退休工作中。面对自己要服务的离退休人员群体，她开动脑筋进行特别的"备课"。首先抓住这个岗位点多、面广特点，养成每天认真书写工作日志的习惯，目前为止已经积累了 13 本，这种方式有助于把记录的离退休人员中林林总总的问题，不遗漏地、及时合理地给予反馈，解决他们所需。利用这种方式把要开展的各项离退休活动有条不紊地记录下来，有助于提前进行规划，特别针对大型活动（春秋游、团拜会等）每次都撰写活动预案，能做到不盲目，保证安全第一。另外对于快乐队、书画组及健走队活动中涉及的所有问题李海鹰同志均与负责人做好计划性安排，并认真记录下来，以便活动合理进行。

二、注重学习，不断提高理论水平和业务水平

在办公室繁忙、纷杂的工作中，李海鹰同志非常注重理论学习，不断提高政治修养和理论修养，提高对党的教育方针的认识，努力做到理论与实践相结合，具备较强的政治敏锐性和政治鉴别力。同时加强业务学习，提高业务素质。能够认真总结工作中的经验，积极开展离退休工作研究，探索研究新时期离退休工作的新模式，为工作上层次、上水平奠定了基础。2018 年年底，她与离退办的同志们按照学院党委的要求，共同完成了离退休 5 个支部的换届选举工作。同时，为离退休工作的进一步有效开展，同步启动了将 340 位离退休人员从原 12 个工作组扩展为 15 个工作组的大幅度编制调整工作，时间紧，任务重，最终规范完成。5 个支部的书记与委员分别担任 15 个工作组的组长，组建了高素质的骨干队伍，使离退休管理工作上升新的高度。她还与离退办的同志们承担着校关工委、老教协各项活动的组织工作，如发动退休人员给部分贫困地区的孩子们捐献衣物、邀请退休书画组的骨干老师给学院大学生书法爱好者的作品进行评议等；每年动员退休人员中善于总结、勤于笔头的老师，让他们提供反映退休生活的稿件，把这些稿件整理后投给《青松》杂志，实际地反映老有所乐、老有所为的健康生活状态；组织部分退休人员进行相应主题的文艺演出活动，深层次地反映老同志们心系祖国、忠诚于党的情怀。

三、甘于奉献，全心全意为离退休同志服务

离退休工作政策性强，责任重大，涉及人数众多。李海鹰在工作中善于把握规律，勇于创新，不断提高离退办工作的科学化、规范化水平，着力维护学院的和谐稳定，积极化解矛盾，不断提高破解难题的能力，提高工作执行力。她提炼出这个岗位具有动、静态共存的特点，动态是日常与重大节假日定期地重点走访与慰问孤寡、病痛、高龄、困难人员，准确掌握他们的实际情况，在此基础上，再采用静态方式悉心完成一年一度的爱心基金及困难人员上报工作，送去学校与学院的关怀。虽然离退休工作繁杂、琐碎，但经过李海鹰同志精心地"备课"，使点、线、面清晰地融合起来，提高了工作的

实效性。此外她还在离退休党总支工作中担负着重要的桥梁作用，无论是各支部的党费收缴，还是对离退休党员开展的院内外的系列理论学习以及外出参观红色基地的活动，她都全力以赴地配合离退休党总支与各支部书记，保证各项工作顺利圆满地完成。

作为一名离退休人员工作者，李海鹰清晰地认识到，持久的爱心需要理性的支撑，十几年来她对离退休工作一如既往地践行着这样的宗旨：做实、做细、做规范，离退休工作不是中心牵动中心，不是大局影响大局。作为一名党员，她把不忘初心、忠于职责内化为自己工作中的动力，用自己的一片真情为离退休老同志送去了温暖和关怀。

勇做走在时代前列的奋进者、开拓者、奉献者

2017—2019 年度学院优秀共产党员 周杰

既然选择了远方，便只顾风雨兼程。

　　周杰，男，汉族，1983 年 8 月出生，2005 年 5 月加入中国共产党，担任资源管理系学生第一党支部书记，资源管理系学生工作组组长。从事学生工作十几年以来，一直工作在学生思想政治教育和管理的第一线，以高度的责任感和强烈的事业心，以勤奋踏实的工作精神、优秀的业务水平、较高的管理能力、先进的教育理念，积极开展学生思想政治工作，发挥了一名共产党员的先锋模范作用。2013、2016、2017 年获评联大暑期社会实践优秀指导教师；2014 年获评北京市无偿献血工作先进个人；2015、2017 年获评生物化学工程学院优秀党务工作者；2017 年获评联大优秀党务工作者；2015、2016、2017 年获评联大优秀辅导员；2016、2017、2018 年获评联大资助育人工作先进个人；2017 年获评联大优秀班主任先进个人，并连续在 2015、2016 和 2017 年度考核中获评优秀。

一、身先士卒，工作突出

　　身为学生支部书记又是学生工作组组长，无论是在政治理论与业务知识的学习中，还是在参加各种政治活动中，周杰都能站在党员、群众的前列，以身作则。深入学习贯彻习近平新时代中国特色社会主义思想和党的十九大

精神，认真学习习近平在北京大学师生座谈会上的讲话、全国和北京市教育大会精神，认真践行社会主义核心价值观，以爱岗敬业讲奉献，开拓创新促发展的崇高情怀，一边工作一边学习，一边研究一边实践，出色地完成了本职工作和党赋予的党务工作者的光荣任务。

二、学生为本，立德树人

周杰同志坚持立德树人，时刻以高度的历史责任感和使命感扎实有效地开展学生的思想政治教育工作，利用多种形式向学生宣传马克思列宁主义、毛泽东思想、邓小平理论、"三个代表"重要思想、科学发展观和习近平总书记系列重要讲话精神，把培育和践行社会主义核心价值观植入支部工作和学生工作中去，努力增强思想政治教育的时代性、针对性和实效性。举办"不忘初心，牢记使命"学习贯彻党的十九大精神的支部系列教育活动；开展学习习近平新时代中国特色社会主义思想专题党员读书活动；开展"不忘初心讲廉洁，牢记使命共筑梦"主题党日活动。

三、勇于担当，践行使命

在完全学分制和导师纵向建班机制运行之下，周杰同志密切配合导师通过各种方式开展纵向班班风、学风建设工作。开展"我的班级我的家"创建活动和"学习党的十九大，我学我讲我践行"主题班会活动，将弘扬中国精神、培育和践行社会主义核心价值观与纵向班级建设相结合。资源管理系多个导师班在"我的班级我的家"、优秀班集体、优秀团支部评选中表现优异，屡获佳绩。

四、党建带团建，团建促发展

周杰同志注重基层党支部的建设，高度重视在大学生中发展党员工作，积极引导、培养入党积极分子，规范党员发展程序。注重党建带团建，能够把培育和践行社会主义核心价值观融入党建、团建活动中去；强化思想引领，把握学生意识形态方向，全面推进党支部、团支部建设等各项工作，有效发挥基层党团组织的战斗堡垒作用和共产党员、共青团员的先锋模范作用。其所带领的学生党支部曾获联大2015年红色"1+1"示范活动二等奖、2013—2015年度联大生物化学工程学院先进基层党组织称号、2018年联大红色"1+

1"示范活动优秀党支部二等奖、2018年北京高校红色"1+1"示范活动优秀奖等。

五、关注特殊群体，促进稳定和谐

周杰同志通过深入班级、走访宿舍了解情况，为学生解决实际问题。对包括来自新疆少数民族地区和西部边远地区的多名学生进行全方位关照，解决他们的实际困难。组织开展了融合感恩教育、诚信教育、心理健康教育的"暖心工程"系列活动，并连续三年被评为学校资助工作优秀工作者。

六、坚持学专融合，创新工作模式

周杰同志结合人力资源管理专业特色打造的人力资源管理协会，为全院学生开展应聘技巧讲座，一对一模拟面试，提供兼职就业信息，为提升全院同学的就业竞争力提供支撑。同时，协会已举办4届人力资源知识竞赛，为参加市级、全国人力知识相关竞赛提供了人才储备。指导学生撰写的《浅析贫困地区儿童眼中的大学生短期支教：态度、影响及真实期盼》获得国家级立项并结项。将学生所学专业融入校园活动中来，融入社会实践中去，让学生活动服务于学生的学习，提升学生的综合素质，已成为资源管理系学生活动、学生实践的风向标。

既然选择了远方，便只顾风雨兼程，周杰同志将继续以饱满的热情践行"追求真理、崇尚实践、弘扬友善、勇于担当"的学院使命，并时刻以一名优秀党员的标准严格要求自己，时时刻刻在各个方面起到先锋模范作用，出色地完成党组织交给的各项任务，努力做好青年学生的知心人、热心人、引路人。

不负青春 勇当先锋

2017—2019 年度学院优秀共产党员 郭晓媚

> 聪明在于勤奋，天才在于积累。

郭晓媚，女，1997 年 6 月出生，2017 年 11 月加入中国共产党，生物化学工程学院生物医药系学生。该同志思想上积极要求进步，热爱祖国，拥护中国共产党的领导。自觉用习近平新时代中国特色社会主义思想武装头脑、指导实践、推动工作，坚持四项基本原则，认真学习党的知识、党的工作路线，贯彻党的方针政策，时刻关注着党和国家的发展形势，以及国内外的时事政治，在思想上、政治上、行动上与党中央保持高度一致，并自觉遵守党章，严格遵守党的各项纪律，认真履行党员义务，正确行使党员权利，荣获 2017—2019 年度联大优秀共产党员称号，在 2018—2019 年民主评议党员中被评为优秀。

一、刻苦努力，与同学共成长

从入学至今，郭晓媚在学习上从未放松过自己，本着积极、认真的态度对待每一节课，课下充分利用时间做好自己的功课；锐意进取，对所学课程充满了浓厚的兴趣，并且善于总结学习经验，不断改进学习方法，热爱所学专业，通过努力，以优异的成绩通过所学课程；有坚定的学习目标，脚踏实地，务实基础，严于律己，具有优良作风；学年平均学分绩点在 3.5 以上，曾获得北京市三好学生、校级优秀团干、校级三好学生、校级二等奖学金、校级优秀班级助理、校级优秀学生干部等荣誉。

她在自己学习的同时也帮助同学们学习，与同学共同成长，共同进步。在每次考试前她都会带领同学一起学习，为同学们串讲书上的重点内容，讲解同学们不会的题目，分析每个同学不会的题型，使同学们的复习效率得到大幅度的提升，在平常也经常分析同学的学习状态，帮他们制订适合的学习计划，形成班级同学为目标一起努力奋斗的良好氛围。

二、以身作则，发挥模范作用

郭晓媚同志模范遵守国家法规和学校的各项规章制度，抵制不良现象，团结同学，尊敬师长，在班级和学校建设中发挥了良好的作用。同时积极参加各种活动，在活动中起带头作用，如积极参加学校举办的各种讲座，拓展视野，增长经验，了解当前社会发展现状，为自己的未来发展思考，制定合理的目标；积极带领同学们参加各种学科比赛，曾获得第9届"挑战杯"首都大学生课外学术科技作品竞赛市级二等奖、校级一等奖，北京市大学生生物学知识竞赛三等奖，联大第3届大学生生物学竞赛三等奖，北京市大学生生物学实验设计竞赛三等奖，联大"启明星"第6届节能减排社会实践与科技竞赛三等奖。

郭晓媚同志充分发挥先锋模范作用，曾担任所在系团总支副书记，2016、2017级班级助理，制药1501B班长，与同学相处融洽，并主动帮助有困难的同学解决问题，对本职工作尽心尽力，能广泛听取同学们的意见和建议；关心新生的生活，组织新生室外拓展活动，加强新生们之间的联系，增强他们的归属感；组织开展班干部交流大会，使全体班委明白了自己身上的重任，使系里所有班级有了更强的凝聚力和战斗力，从而使班级的学生工作更上一个台阶；将校训"学以致用"作为办活动的方向，带领同学们举办了"慧眼识药"活动，让大家将课本所学的知识应用到日常生活中，在用中学，在学中用，学用相长，知行合一。

三、乐于奉献，做好支部工作

郭晓媚现担任生物医药系学生党支部副书记，积极协助支部书记，开展丰富多彩的支部活动。每学期与支部书记、支部党员慰问困难生，为他们送上生活用品，倾听他们内心的想法，帮助他们解决学习、生活上的困难；在空余时间组织本支部成员和入党积极分子参观学习，如在党的十九大期间，带领本支部成员参观"砥砺奋进的五年"大型成就展，在五四青年节前夕参观北京大学红楼，在假期组织同学们参观抗日战争纪念馆，使同学们了解中国历史，深刻体会中华文明和中华民族自强不息、奋斗前行的精神；在雷锋日的时候组织同学们做志愿活动，使同学们更加深刻地了解雷锋精神，呼吁同学们积极参与到志愿活动中，用自己的行动传承雷锋精神、传承志愿精神，强化党员社会责任感，弘扬新风气和新风尚；依托生物医药系学生党支部和求是学社，每年带领支部党员给入党积极分子和大一新生讲"习近平总书记系列重要讲话读本""习近平的青年观"等主题党课，提升入党积极分子与新生的思想境界，拓宽他们的视野，帮助他们端正自己的入党动机；与支部书记一起组织"重走红色故地、重温入党誓词""党史知识竞赛"等不同形式的活动来凝聚人心，增强学生党员的自豪感和责任感，激发支部成员的集体荣誉感和归属感。

在红色"1+1"活动中，郭晓媚同志与支部书记一起带领支部党员与北京市平谷区刘家店镇松棚村党支部共建，党员们把专业所学知识运用到实际生活中，把科研成果转化到大地上，帮助更多的桃农提高大桃的产量，增加桃农的经济效益，支部党员给当地桃农讲解网络经营模式并给予技术上的支持，帮助桃农宣传无公害草药大桃，为当地桃农拓宽大桃的销售渠道。同时给村民普及预防流行高发性传染病的相关知识，普及健康用药常识，正确使用中药材对自身进行疾病的预防、诊断与治疗，提升了支部党员深入基层、服务他人、奉献社会的意识，真正践行"学以致用"的校训。通过深入基层，使支部党员近距离接触群众及其他党员同志，了解社会情况和民生情况，用自身所学专业知识服务群众，为人民日常生活做出自己的贡献。郭晓媚同志在年度支部评议中为优秀，得到了党员和师生广泛好评。

做新时代优秀大学生党员

2017—2019 年度学院优秀共产党员 李叶丹

> 学习工作两不误，充分发挥党员模范带头作用。

李叶丹，女，汉族，1996 年 12 月出生，2017 年 10 月加入中国共产党，生物化学工程学院资源管理系人力资源管理专业学生，现担任资源管理系学生第一党支部副书记。自加入中国共产党以来，她时刻保持共产党员的先进性，发挥模范作用，一直以一名优秀党员的标准要求自己。

一、加强理论学习，坚定理想信念

加强理论学习，首先在思想上要加以重视，而最为重要的是理论联系实践。李叶丹主动加强对政治理论知识的学习，深入学习领会马克思列宁主义、毛泽东思想、"三个代表"重要思想和科学发展观，尤其是习近平新时代中国特色社会主义思想和党的十九大精神，积极参加支部开展的学习实践活动，切实提高自己的思想认识，同时注重加强对外界时政的了解。通过学习，提高了自己的政治敏锐性和鉴别能力，坚定了立场，坚定了信念，在大是大非面前，能够始终保持清醒的头脑。她认为加强理论学习仍将是今后工作和生活中的一项主要的内容。不断加强学习，以适应社会发展的需要，不断提高自己的政治理论素质，以适应社会经济发展的客观要求。

二、勤奋努力学习，提升综合素质

自从进入大学以来，李叶丹依旧如同高三时一样努力对待每一项学习任务。虽然进入了英语 B 班，但通过自己的努力和 A 班同学一起参加大学英语四级考试，并一次通过。在大学的四年学习生涯中，通过自己的努力，在老师和同学们的帮助下，不断提高自己的专业知识水平，连续两年获得校三等奖学金，一年获校先进个人称号。在专业知识提高的同时，她也不断加强综合素质的提升，顺利考取了国家计算机二级证书。并且不断加强各方面的知识学习，在课余时间喜欢钻研电脑知识，成为大家心中的电脑小能手。

在学习之余，她还积极参加校内外组织的各种实践活动。大一时，她进入了院团委组织部，承担组织部及有关入党积极分子的相关工作。大二时，她担任了系团总支办公室部部长，发挥自身特长，带领部员负责公众号的运营，努力提升公众号推送的质量，将公众号打造成为开展学生思想政治教育和记录学生成长的平台，其中发布的一篇有关"地球一小时"的推送文章被院学生会转发，阅读量突破千人次。大三的她继续负责学生工作，承担起导师班班长的重任，在做好本职工作、规划班级发展的同时，带领班里同学一起完成了优秀班级评比活动，并荣获了校先进班集体称号。

三、承担支部工作，任劳任怨

自入党以来，李叶丹注重从各方面不断提升自己。在加强自身党性修养的同时，协助党支部书记周老师开展党支部的日常工作。她是同届第一批入党的，也是当时系里唯一一个学生党员，深知自身的责任重大。在人力资源管理专业和工程管理专业合并的时候，同工程管理专业两名党员挑起了党支部的重任，从发展党员到支部建设，在学姐学长的带领下一步步学习、成长，在工作中积累经验。支部工作要求规范严谨，需要细心、耐心，保证每项经手的工作都不能出错。尤其是发展党员工作，程序多、环节多、要求严，她把每个细节都烂熟于心，在时间紧迫、任务量大的情况下，也能做到少出错，甚至不出错。

她积极协助开展主题党日、组织生活会，还有支部共建活动等。在 2018 年度的红色"1+1"共建活动中，她成功带领支部完成活动，表现优异并得到一致好评。她联系了薛营村的党支部书记，和党员们一同商量共建内容，并带领支部党员进行共建落实。利用专业知识切实帮助薛营村进行提升，和老党员们进行深入沟通，学习他们身上的精神。这次共建活动为党员、两个支部都带来了一定的提升。党员提升了党性修养，支部也荣获了校级二等奖、市级优秀奖的奖项。

四、发挥自身优势，示范带动群众

作为学生党员，李叶丹热爱集体，平日里密切联系群众，充分发挥桥梁纽带作用和先锋模范作用，带动同学共同建设好班集体。她与同学关系融洽，积极帮助同学解决他们在学习、思想和生活上的问题，与同学共勉，共同进步。在大学生活中，与同学们朝夕相处，在生活中发挥先锋模范作用。此外，李叶丹还经常注意观察，及时发现同学在生活中存在的问题，并想办法帮助解决。如有的同学性格内向，不善于表达，生活圈子很小，她就会主动和他们聊天，多给他们介绍朋友，丰富他们的生活。

大学生党员是从青年学生中选拔出的优秀人才和中坚力量，是讲党性、有品行、敢担当、能奉献的模范先锋。作为一名光荣的大学生党员，李叶丹时刻用"守纪律是基础、讲政治是方向、敢担当为重点"的标准严格要求自己，在政治思想上保持积极进取，在行动上始终坚持踏实认真、先锋模范。她一颗红心向着党、一片赤诚为同学，不仅从自己的政治思想上提高觉悟，深刻领会党中央的精神，还积极带动身边的同学，做好党组织与同学间思想交流的桥梁，将党组织的思想传达到身边的每一个人，从而切实发挥模范带头作用。

党的十九大报告强调，青年兴则国家兴，青年强则国家强。青年一代有理想、有本领、有担当，国家就有前途，民族就有希望。作为学生党员中的先锋模范，李叶丹不忘初心，砥砺前行，以青春书写时代责任，在同学中发挥了模范带头作用；将青春梦融入中国梦，为中华民族的复兴凝聚青春力量！

以德为先 以能为重 以勤为本

2017—2019 年度学院优秀共产党员 梁爽

> 做人，以德为先；办事，以能为重；学习，以勤为本；生活，以廉为纲。

梁爽，女，汉族，1996 年 5 月 19 日出生，2016 年 6 月加入中国共产党，食品科学系研究生、食品科学系研究生党支部书记。梁爽同志具有坚定的理想信念，自始至终，不忘初心，始终坚持加入中国共产党时对自己许下的承诺，保持着那份崇高理想，践行社会主义核心价值观，坚持"两学一做"，不断提高自己的思想道德素质，力求德智体美劳全面发展，用实际行动完善自我。曾荣获辽宁中医药大学一等奖学金、国家励志奖学金、辽宁中医药大学校三好学生称号、联大学业奖学金一等奖及生物化学工程学院奖学金二等奖。

一、坚定信念，光荣入党

梁爽的入党过程并不顺利，在大学入学的第一次推优大会上，由于发言时较紧张，总体表现差强人意，最终未能被推荐为入党积极分子人选。但她并未气馁，将挫折化为动力，认真学习专业课，业余时间在实验室帮研究生师姐完成实验。经过一年的努力，在期末考评中，她总成绩位列专业第一，再加上在生活中乐于助人，具有良好的群众基础，在第二学年的推优大会上顺利被推荐为入党积极分子人选。被确定为入党积极分子后，梁爽没有懈怠，仍然发奋努力，并积极帮助辅导员完成学生工作。在本科四年期间，梁爽的专业成绩始终排在专业第一名，于 2016 年 6 月，正式被党组织接收为预备党员，2017 年 6 月按期转正。

二、孜孜向学，不断进取

结束了本科四年的学习，经过大四一年的艰苦奋斗，梁爽顺利考取了食品科学系的研究生，成为 2017 级研究生中的一员。2017 年 9 月一入学，梁爽便主动找到所在党支部的书记，询问近期支部的工作计划，并承担完成部分工作，包括党日活动的筹备及党建活动的计划。在协助完成支部工作的同时，通过努力学习，在研一期间，其发表 SCI 文章 1 篇 *A Review on the Preparation，Analysis and Biological Functions of Chitooligosaccharide*，CSCD 文章 1 篇《β-分泌酶抑制剂研究进展》，会议文章 1 篇《丹参酮 IIA 的生物活性研究进展》，在学术和组织工作上都取得了一定成果。

三、坚定党性修养，勇担支部重任

2018 年 11 月，梁爽当选食品科学系研究生党支部书记。她积极为支部建设筹划，广泛地征求各党员对支部建设方面存在问题的意见，并积极与组织委员赵范范、宣传委员甄如月商量改进方法，对党日活动举办的具体流程进行规范、制作党员基本情况排查表、制作活动签到表、监督党员 E 先锋材料的按时上传。她担任支部书记半年期间，有 4 名预备党员转正，接收 4 名预备党员，确定入党积极分子 7 名，所在支部党员人数已超过所在专业研究生总人数的一半。梁爽为支部的和谐建设、健康发展做出了努力。

她积极参加学校组织的相关学习教育活动，努力提升自己的党性修养和工作能力。她参加了联大学生党支部书记红色主题教育活动。这次活动的主题是到怀柔铁军纪念馆进行爱国主义教育和革命传统教育。纪念馆的展览生动再现了新四军不畏艰辛、可歌可泣的辉煌抗日历程。大家认真听取解说员的讲解，仔细观看了新四军抗日的照片和实物，在接受爱国主义教育的同时，感受到革命先烈抗击日本侵略者的意志、勇气和革命精神。通过这次的参观学习，增强了爱国主义情感、集体主义精神，为进一步加强支部工作打下了良好基础。

她带领支部成员参加由中国营养学会在奥林匹克森林公园举办的以"吃动平衡，健康体重"为主题的 2018 全民营养周启动仪式，全体党支部成员积极热身锻炼，并顺利完成 5 公里慢跑任务。在慢跑过程中，她带领支部成员帮助其他参跑人员，促进了支部内部与其他外部人员的和谐相处。通过这次活动，各位党员不仅了解到营养健康知识，而且学会用科学的方法保持身体健康，领会到了积极运动对于健康生活的重要性，这次活动为党员树立正确的食品营养观起到重要作用。

她组织支部党员到红色大庄科开放式体验基地进行主题教育培训，参观平北红色第一村展馆、昌延联合县政府旧址展馆及遗迹，支部党员共同面向党旗，重温入党宣言，缅怀先烈，感受在战争时期他们受过的苦与难。除此之外，走行军路、吃行军餐，这些活动都有效锻炼了支部成员吃苦耐劳、任劳任怨的革命精神。这次活动使支部成员思想上有了新的认识和提高，增强了党性修养，提高了政治觉悟，也培养了各党员坚定信念、艰苦奋斗、实事求是、勇于创新的精神，是一次收获颇丰的培训活动。

回顾自己的入党历程，坚定的入党信念使梁爽在遇到困难时能迎头而上，全心全意为人民服务的入党动机使梁爽为支部建设、为支部党员、为同班同学的更好发展做出努力。在这个过程中，她收获的不仅仅是专业知识，更宝贵的是为党支部建设无私奉献的觉悟。梁爽担任食品科学系研究生党支部书记以来，兢兢业业地完成支部各项工作，今后的她会更加努力，保持初心，在完成党支部工作的同时，认真开展科研，与其他支部党员及研究生同学相互帮助，共同进步，力将食品科学系研究生党支部建设得越来越好。

敢把夕阳比朝阳

2017—2019 年度学院优秀共产党员 王惠连

> 我热爱社会主义祖国，热爱伟大的中国共产党，这种热爱已经融化在我的血液中。这是我接受少先队、党团组织教育的结果。我为祖国的强盛、党的事业努力学习工作，奋斗终身。

王惠连，女，汉族，1942 年 7 月出生，1965 年 3 月加入中国共产党，1966 年毕业于清华大学。大学毕业后在青海高原上为祖国的核工业奋战 13 年，接受过艰苦生活的锻炼。之后调入北京化工大学分院（生物化学工程学院前身），成为一名物理、化学课教师，后来担任学院领导工作。2002 年年底，王惠连办理了退休手续。多年来党的教育让她自觉把共产党员的先进性要求落实到日常工作中，努力发挥一名老党员的先锋模范作用。

提起生物化学工程学院原副院长王惠连，在联大这个范围里，算是个知名人物了。这不仅是因为她担任院长时间长，是个老人，还因为这位头发花白的老人有着与她年龄不相符的地方。虽然已退休好多年，可从她风风火火、精力充沛、不知疲倦的工作作风中，大家真的无法把她和夕阳联系在一起，大家看到的是蒸蒸日上的朝阳！

退休并未阻止她对党的教育事业的热爱，退休后，她从"院长"变成了"北京市创新学会副理事长"，被昔日的同事们戏称为"退了休的大忙人"。她选择了一门多年热衷并潜心研究的专业——创造创新课程！不仅担任联大多个学院的创造创新课的教学教师，还时常离京到外地讲课，南至深圳、广州，西至西安，北至吉林，东至唐山。事业的转换来得这么快，退休后是这么忙碌，就连她自己也始料未及。

2002 年，劳动和社会保障部推出了"创新能力测评项目"，为的是解决国内大中专毕业生的就业问题，对一些在校学生开设相应课程，以提高他们的创新思维能力，以应对日益严峻的就业形势。为此，要对教师先期培训。作为北京创新学会分管教育培训工作的副理事长，王惠连自然被委以重任。在2003 年开始试点的北京及陕西、安徽、江苏、河北等地，经常可以看到王惠连往返穿梭的身影。有时下了飞机就直奔课堂，每次培训她都是连续 3 天，每天坚持 6—8 个小时站着授课。这对于一位退休教师来说，是一场体能的考验，但是她乐观地认为这样既锻炼了身体，也为学员做出了示范。

到 2008 年为止，她在上述 5 个省市共培训创新教师 1000 多人。从 2002 年年底退休到 2013 年 7 月，听过她讲课的学生、教师、企事业政府工作人员达 15 000 多人。为了使更多的教师从事这门课的教学，她除了给教师开讲座，还与他们一起编写教材。她和两位青年教师合编的《创新思维方法》教材（2004 年 7 月由高等教育出版社出版）已有几万人使用，还成为高等教育自学考试用书；2005 年参与编写了燕山石化公司《创新创造 500 问》（燕山石化公司内部出版）；2009 年与几位教师共同编写出版了《创新思维学考试指南》（首都经济贸易大学出版社出版）。在她的推动下，现在联大已经有近 20 位教师取得了创新能力培训教师师资合格证书，有 7 位中青年教师走上了创新原理和方法、创新能力培养与训练、创新思维方法等课程的讲台，她还带领几位中青年教师在广告学院（现艺术学院）建设了一门高等职业教育的"创新思维方法"的精品课。

2011—2012 年，尽管她已年近 70 岁，每年还承担联大应用科技学院、广告学院（现艺术学院）60—300 名本专科学生的创新课教学任务。由于工作忙、艺术类学生课程安排相对集中，一般都是 4 学时或 8 学时连上。虽然年纪大，但她还是一丝不苟地坚持按照要求站着讲课，留作业并认真批改，为学生和青年教师做出榜样。了解她情况的人看到她还像年轻人那样"拼命"，提醒她注意身体健康、适当减轻工作量时，她总是乐呵呵地说："没关系，我身体挺好。几年前我也没想到这门学科会有今天的发展，这项工作会有这么大的意义，我现在只能全身心地投入进去了。"

　　我们的老院长不只投身到创造创新课程里。2004 年联大准备迎接教育部本科教学水平合格评估，她被学校聘为校内评估专家，在繁忙的创造创新教学中，她丝毫没有耽误学校分配的评估自查任务。按照学校的安排，在各学院听课、查试卷、查毕业论文（设计），如果时间与外面的讲座冲突，她都以学校工作为重，尽管当时学校每天付给的劳务费只是外面讲座的几十分之一，她也从不计较，踏踏实实地为学校的评估准备工作奔波。

　　从 1999 年开始到 2015 年，她还兼任着联大督导组组长、组员的工作，在联大的每个校区听课、调研。2010 年 10 月，她又被市教育委员会推荐到北京青年政治学院、北京社会管理职业学院做教学督导工作（2016 年 9 月北京青年政治学院的督导工作已结束）。

　　目前，她仍然担任学校商务学院、生物化学工程学院的督导工作，在试卷检查、听课、毕业论文（设计）等环节一丝不苟，根据自己的教学经验提出意见、建议；在青年教师的研究立项、教学基本功比赛中耐心审阅、认真辅导，通过微信对他们进行鼓励交流；和其他督导同志们一起认真研究，共同努力，知无不言，言无不尽；努力学习教育部、北京市教育委员会的各项文件，指导自己的督导工作。她兢兢业业的工作态度受到两所学院教师、管理人员的一致好评。

　　她经常这样说："这是党多年教育的结果，如果没有党的教育，我们挺不过去那些艰苦的岁月。"就是这样为祖国教育事业蓬勃发展奋斗终身的坚定信仰，让王惠连孜孜不倦地摄取新知识，接收新任务，坚守初衷，不忘初心，为党的事业发挥余热，为青年党员做出了榜样！

叁

履职尽责促发展

不忘初心 砥砺前行

2015—2017 年度学院优秀党务工作者 霍罡

> 实事求是，止于至善。

霍罡，男，汉族，1971 年 2 月出生，1994 年 7 月加入中国共产党，工程与艺术系党总支书记，副主任，副教授。曾获 2015—2016 年度联大"三育人"先进个人称号。

作为党总支书记，霍罡同志深知自己能力的高低、素质的优劣对党总支的战斗力、凝聚力、号召力起到关键性的作用，打铁还需自身硬。因此，他严格要求自己，不断加强学习，提高政治修养，以正服人；提高个人素养，以德服人；提高综合素养，以能服人。他常说："喊破嗓子不如做出样子，我们的一举一动，往往胜过千言万语。"他以自己的实际行动与人格魅力，让总支党员们深切感受到榜样的力量，带领着党员同志们坚定信念，不忘初心，砥砺前行。

一、严把发展入口关，确保学生党员质量

霍罡书记深知发展党员，标准问题至关重要，倘若党员"入口"随意大开，动机不纯的投机者大量涌入，不但不会为党员队伍注入"活水"，反倒有损整体形象。因此，他特别重视系学生党支部的工作，尤为关注入党积极分子的培养教育和学生党员发展工作。几年来，他坚持参加历次学生党员发展会和转正会，认真地与每位预备党员谈话、考察，严把质量关；利用微信密切关注学生的思想动态，特别是学生党员的言行，并征求专业教师对学生党

员的意见；支持开设微党课，将入党积极分子的培养教育常态化；制定完善入党积极分子的考查机制，引入专业教师和导师的评价，对问题党员的入党介绍人实施责任倒追，建立学生党员质量监督和抽查制度，确保全程质量监控。他坚持每个学期给团员们上党课，讲党史，增强组织纪律性，坚定共产主义信念，为党组织培养新生力量。

二、依托学科专业优势，指导学生党支部活动创新

霍罡书记坚持要求学生党支部结合专业特色，创新性地开展党支部活动，要在活动中实现与所学专业的完美融合，促进学生专业水平的提升。他指导学生党支部红色"1+1"共建活动，学生党支部和丰台区王佐镇怪村党支部结对开展"让非遗'活'起来"共建活动，学生党员利用工业设计专业优势，设计了近百张手绘鼓面，还将太平鼓这一元素融入了村务公开栏、手提袋和Logo 标设计，并协助怪村党支部在周边产品开发、宣传册印制等方面进行创新，通过村校牵手"1+1"，共同保护濒临失传的国家级非物质文化遗产项目——怪村太平鼓。此活动荣获 2014 年北京高校红色"1+1"示范活动一等奖。

2016 年，学生党支部与丰台区王佐镇怪村党支部的"1+1"共建活动深入推进，为怪村建立微信公众平台，促进农业体验园推广；融入太平鼓非遗元素，为体验园设计绿色蔬菜包装箱和体验园宣传册；携带专业设备检测体验园的空气质量；对认领托管的"农民"进行体验园问卷调查，梳理改进建议；为推动怪村农业体验园产业化可持续发展，策划宣传活动方案等，得到村党支部书记刘建军的肯定。

三、规范制度创新载体，提升理论学习成效

霍罡书记带领总支党员认真落实"三会一课"制度，坚持理论学习，深入领会贯彻党的十八大精神，在工作中注重落实科学发展观，坚持以学生为本的办学理念，强调党性和思想建设，自觉地把思想和行动统一到党的十八大精神上来，坚决贯彻执行校院党委和行政的各项决议，坚持秉公办事，顾全大局；积极督促各支部党员学习党章和党的十八大、十八届三中、四中、五中、六中全会精神、习近平总书记系列重要讲话和对高校党建工作重要指示精神、加强新形势下高校宣传思想工作精神、"四个全面"战略布局和社会主义核心价值观等；组织全体党员观看录像，学习《中国共产党发展党员工

作细则》；组织全体党员观看电影《天河》《百团大战》。在常规学习的同时，他还积极创新学习载体，丰富学习活动形式，提升学习成效。

他主持党总支活动——"知党史，缅怀长征精神，共创中国梦"，重温我党艰苦卓绝的创建历程，缅怀长征精神和老一辈无产阶级革命家的丰功伟绩，提高了思想理论水平，坚定实现中国梦的信心；带领全系党员深入开展"两学一做"学习教育，明确要求每名党员必须按月参加学习教育活动，组织参加校组织部举办的"两学一做"知识竞赛；创建"舍得小屋"，号召全院师生将自己闲置的书籍或其他物品无偿捐献给小屋，供有需要的师生来免费领用，倡导绿色低碳的生活方式，弘扬勤俭节约美德。

四、发挥学生党员模范作用，促进学风建设提升

霍罡书记坚持与辅导员老师密切配合抓学风，及时掌握全系学生总体情况，以创建优良学风为目标，每学期组织多次学风、教风建设座谈会，听取学生们的意见和建议；要求专业教师严格遵守学籍管理规定，狠抓课堂纪律，打造积极向上的学风、积极发挥学生党员模范带头作用，鼓励并支持学生党员倪凯松开设"小倪老师高数大讲堂"，利用课余时间主动为后进学生补习高数。2016年9月导师纵向建班正式实施，霍罡书记主持制定了纵向班管理制度，要求教师党员带头，积极探索纵向建班管理模式，明确导师以立德树人为核心的导学导研职责和评价办法，利用例会和教研活动通报、研讨导师建班中的问题，力求问题早发现、早解决。

五、关爱新疆籍学生，积极促进学生民族融合

霍罡书记特别关心新疆籍学生的学习生活。他们一入学即面临饮食不习惯、数学基础差等问题。霍罡书记在日常工作中密切关注他们的生活和思想动态，积极向学院领导反馈学生的诉求，帮助他们解决实际困难；考虑新疆籍学生的饮食习惯，请院领导召开清真食堂现场会，倾听学生们的意见，努力改进菜品质量；2015年暑期深入新疆进行家访，代表学院领导慰问贫困学生，掌握困难生的家庭情况，带回了家长对学院的感激。霍罡书记定期召开座谈会，了解新疆籍学生的具体困难，挑选汉族学生与他们结成帮扶对子；组织古尔邦节联欢会，组织新疆籍学生进国家大剧院听交响乐。

六、关心学生发展，引导学生合理就业

近年来，就业形势逐年严峻，霍罡书记积极发动导师党员勇挑重担，将任务分解落实到每位导师，要求逐一了解学生就业动向，认真宣传学院就业政策，为学生提供就业信息，对就业困难学生重点帮扶。他亲自抓进度、促落实，直接联系较"顽固"的学生，苦口婆心做工作，最终实现了学生的充分就业。2015 年，在他的鼓励下，工业设计专业毕业生周俊宇、董天恩创业"牛油旅行"，获创投资金 500 万元，在学院内掀起了学生创业热潮。

七、体恤冷暖，做教职工的贴心人

作为系党总支书记，霍罡始终将教职工的冷暖放在心上，全心全意为大家谋福利。每当教职工遇到家庭负担较重，或身体状态不佳等困难，霍罡书记都会注意多倾听大家的诉求，及时为大家解决生活上的不便和解开思想上的困惑，让工程与艺术系成为全系教职工共同的温暖大家庭。

引领思想 立德树人 做好学生引路人

2015—2017 年度、2017—2019 年度学院优秀党务工作者 蒋丽平

以学生为中心，立德树人，做学生
健康成长的指导者和引路人。

蒋丽平，女，汉族，1975 年 6 月出生，
2005 年 12 月加入中国共产党。现任生物化
学工程学院组织员，并承担工程管理专业
208 名学生辅导员工作。从事党务工作 10 多
年来，蒋丽平曾担任学生党支部书记、系党
总支副书记等，在工作中讲政治，做到坚定
忠诚担当；讲学习，力求全面深刻领会；讲实干，认真履职尽责攻坚。结合
工作实际一直积极探索新形势下党务工作的方法途径，具有较高的党务工作
水平。多次荣获优秀辅导员、"三育人"先进个人、社会实践优秀指导教师、
优秀党务工作者等荣誉称号。所带党支部曾获北京市红色"1+1"示范活动
一等奖、优秀奖、学校优秀策划案一等奖，获评校级红旗党支部、学生十佳
党支部、先进基层党组织等称号。

一、做好本职工作，树立党员形象

在政治素质方面，蒋丽平同志具有坚定的共产主义信念、较强的政治责
任感。她结合自身的工作内容和实际，坚持学习习近平新时代中国特色社会
主义思想和党的十九大精神，认真学习思想政治工作理论以及心理学、大学
生就业创业理论与实践方法，注重把学到的理论经验方法用到自身的工作实

践当中。不断增强党的观念，加强党性修养，提高思想政治素质和业务能力，积极完成党组织的各项任务。

在工作中她关心学生的学习、日常生活、家庭状况，关注贫困学生、学困生以及心理困扰学生，尤其关注新疆籍学生的各方面情况，努力为学生解决各种实际困难，用自己的爱心让学生感受党的温暖，用自身的言行感召周围的同志，让"党员"这一光荣称号在自己身上闪耀发光。

二、以学生为中心，服务育人赢得信赖

蒋丽平同志长期从事党务工作，主要负责学生教育服务和管理。她经常深入宿舍了解学生情况，发现问题及时与学生谈心，化解矛盾，转化思想，解决问题。经常召开学生座谈会，对一些学习状态不佳、学业困难的学生及时与导师和家长联系，形成教育合力，帮助学生进步。她坚信，解决大学生思想问题必须与解决实际困难相结合。如有的学生提出要换宿舍，她不单纯只当作解决宿舍床位问题，而是了解学生的人际交往、宿舍矛盾、价值判断，通过与舍友、学长、导师、家长，以及系领导、学生处领导和宿管老师多方沟通，尽可能全面深入地了解情况、解决问题。

三、规范落实制度，做好党员教育管理

蒋丽平同志认真落实发展党员工作"控制总量、优化结构、提高质量、发挥作用"的总要求，每年制订支部党员发展计划，认真开展党员考察培养和发展等工作，在新生入学教育时为全院新生进行大学生入党相关常识的教育，对党员思想状况进行调查，积极组织学生参加各级各类党课、培训学习和专题讲座。她认真参与教工委的培训和学习，仔细领会研究，积极配合支部书记工作，及时高效地完成了各个阶段线上同步录入工作；认真落实开展学院党员培养发展工作，及时上报发展对象备案，组织发展对象培训班，邀请党委书记和副书记为学生进行专题党课讲座，组织党员通过学习强国 APP、微信平台等多种形式开展学习，进行提升沟通表达能力的分享交流活动，全面落实"三全育人"理念，坚持立德树人，结合学院完全学分制开展特色党建活动。

四、加强思想教育，创新活动方式，引导党员发挥带头作用

蒋丽平同志坚持育人为本、德育为先，把坚定理想信念放在首位，利用"一课一会一平台"，组织好党课团课，开展好班会团会，利用好新媒体平台，积极推进学生党支部、团支部、班委会协同工作机制，通过组织学生宣讲团进行诚信考试、感恩教育、倡导绿色校园宣讲，学生党员主讲微党课，利用微信平台转发、交流时事新闻等，为学生创建积极的氛围，树立社会主义核心价值观。

蒋丽平同志坚持理论指导实践，学专融合，培养学生骨干；充分发挥学生党员和学生支部的先锋模范作用；积极推进党支部、团支部、班委会协同工作机制，由党员担任班级助理、团总支干部，带动班风学风建设，2个班级获得"北京市先进班集体"称号，2个班级获得校级"十佳示范班集体"称号；带领暑期社会实践团队获得"北京市暑期社会实践优秀团队"；德专融合的实践中，形成了学生工作的品牌项目，如科技年会、"I 设计"工作室、风筝节等，围绕学院中心工作开展党团建设活动，处处都有党员先锋的身影。科技年会通过团委书记和众多专业教师介绍"挑战杯""节能减排"等专业赛事，获奖学生分享参赛经历并对其进行表彰，激发学生参与科技创新活动的热情和内在动力。科技立项数目与参与人数一直占学院重要比例；"I 设计"工作室由工业设计专业入党积极分子组织负责，承担学生活动海报、展板、宣传册等设计制作，感恩明信片、毕业生留言墙都凝结了学生的智慧和爱校之情；风筝节的活动依托工业设计专业特长，每年举办一次，经过7届活动的积淀，目前已经成为全院师生关注参与的品牌项目。

五、遵循工作规律，创新党建工作思路

蒋丽平同志通过多年的党务工作实践，认识到学习思考的重要性，努力提升理论认识水平，在学生前面学、和学生一起学，更好地指导开展党务工作，并结合实际开展研究，主持完成学校党建课题，参与多项党建及学生工作相关课题研究。她针对工作中发现的问题，结合校院的完全学分制模式，将进一步探索按照学科或专业为依托，纵向设置党支部模式为主，以院、系、年级、班级横向设置党支部，或以宿舍党支部、社团党支部、网络党支部等

交叉设置党支部两种模式为辅的体制，构建学生党员全程化培养体系，进一步加强学生党建工作。

经过深入调研，与丰台区王佐镇怪村党支部牵手合作，开展了针对怪村的国家级非物质文化遗产"太平鼓"的弘扬和保护。经过几年的积累，手绘设计鼓面100多幅，设计制作宣传册、手提纸袋等周边产品，使太平鼓焕发了新的活力，学生也以活动为依托，参加了"我与联大共奋进"的宣讲，申报了"挑战杯"市级科技立项，并入围创青春北京市比赛，取得了村校支部共建双赢的效果。项目受到《现代教育报》《中国教育报》《北京青年报》《新华每日电讯》等多家媒体关注和报道，2014年12月获得北京市高校红色"1+1"示范活动一等奖，蒋丽平老师代表联大参加了北京化工大学红色"1+1"的经验交流，并在学校2015年红色"1+1"启动仪式上做了经验交流汇报分享。

目前学生党员在弘扬太平鼓的基础上又参与到怪村都市农业体验园的建设和策划中，根据京郊农村基层党支部的实际需求，践行了"知北京，爱北京，荣北京"的理念。共建项目还曾两次获得市优秀奖，两次获得学校优秀策划案一等奖，学生支部两次获得校"学生十佳党支部"称号，一次校党委"十佳党支部"创建支部称号，学院2013—2015年度优秀基层党支部称号。

六、围绕中心工作，研究红色规律，打造三型支部

多年的党务工作实践，让蒋丽平认识到学习思考的重要性。工作中，她发挥自己在学生入党积极分子中的先锋模范作用，更好地指导开展党务工作，在事务性工作中进行理论总结和提升；结合工作实际开展研究，主持申报学校党建课题，并发表论文《完全学分制下高校学生党支部工作实践机制研究》等，参与多项党建及学生工作相关课题，发表相关论文，为今后工作拓展了思路。

在学校党员先锋工程以及"两学一做"学习教育的框架下开展理论学习和实践交流，邀请理论导师、院系书记为支部学生讲党课，增强大学生对党的正确认识，鼓励入党积极分子根据自身切实关注的话题开展讨论。打造优秀主题党日活动，目的是充分调动广大党员参加党日活动的积极性。主题党日活动的要求是活动形式新颖，活动计划周密，实效明显。主题有读书分享、

校园安全、感恩教育等。进一步推进朋辈教育，开创高年级同学的传帮带的渠道，建设党员交流园地。在新生座谈交流中，请党员根据自身特点，紧紧围绕学生的困惑，针对1—2个新生关注的问题进行答疑。

勇做走在时代前面的奋进者、开拓者、奉献者

2015—2017 年度学院优秀党务工作者 周杰

既然选择了远方，便只顾风雨兼程。

周杰，男，汉族，1983 年 8 月出生，2005 年 5 月加入中国共产党，经济管理系党总支副书记，经济管理系学生第一党支部书记。

周杰同志从事专兼职党务工作以来，以高度的责任感和强烈的事业心，兢兢业业，积极开展面向师生的思想政治工作，利用多种形式向师生教工宣传马克思列宁主义、毛泽东思想、邓小平理论、"三个代表"重要思想、科学发展观和习近平总书记系列重要讲话精神，坚持社会主义核心价值观教育，努力增强思想政治教育的时代性、针对性和实效性。高度重视在青年教师和大学生中发展党员工作，积极引导、培养入党积极分子，规范党员发展程序。荣获 2015—2017 年度联大优秀党务工作者称号，其所带领的学生党支部曾获联大 2015 年红色"1+1"示范活动二等奖和 2013—2015 年度联大生物化学工程学院先进基层党组织等称号。该同志一直工作在学生思想政治教育和管理的第一线，很好地完成党赋予党务工作者的光荣任务，为党务工作和党的事业做出了积极贡献，取得了一定的成绩。

一、站在前列，以身作则做表率

身为系党总支副书记又是学生支部书记的周杰，无论是政治理论与业务

知识学习，还是参加各种政治活动，都能站在党员、群众的前列，以身作则做表率。始终坚持马克思列宁主义、毛泽东思想、邓小平理论、"三个代表"重要思想、科学发展观和习近平总书记系列重要讲话精神的学习，认真贯彻党的基本路线、方针、政策，深入学习社会主义核心价值观，以"爱岗敬业讲奉献，开拓创新促发展"的崇高情怀，一边工作一边学习，一边研究一边实践，出色地完成了本职工作和党赋予的党务工作者的光荣任务。

因成绩突出，周杰同志获得了一系列的荣誉：2013 年 12 月获 2013 年度联大暑期社会实践优秀指导教师、2013 年度朝阳区招募无偿献血志愿者先进工作者称号；2014 年 12 月获 2014 年度北京市无偿献血工作先进个人称号；2015 年 6 月获 2013—2015 学年生物化学工程学院优秀党务工作者称号；2015 年 9 月获 2014—2015 学年联大优秀辅导员称号；2016 年 9 月获 2015—2016 学年联大优秀辅导员称号；2016 年 12 月获 2016 年度联大暑期社会实践优秀指导教师、2016 年度联大资助育人工作先进个人称号，连续在 2015 年度和 2016 年度的业绩考核中考核优秀。

二、迎难而上，组织建设显成效

经济管理系由人力资源管理和会计学两个专业组成，教工人数 19 人，学生总数 800 多人，占学院学生总数接近一半。系党总支也是学院党员人数最多的基层组织，党员人数保持在 100 人左右。因专业调整，会计学专业教师调入管理学院，但学生仍留在生物化学工程学院，这给学生管理工作、学生就业工作带来了困难，但周杰同志迎难而上，带领现有的辅导员及教师党员担任会计班班主任、导师，承接会计专升本学生党支部工作的重任，维持了学生工作一贯的稳定，并连续两年在就业工作中蝉联学院第一。

周杰注重发展党员工作，自 2014 年党员发展细则出台后，先后组织各支部书记、支委认真学习，加强青年教工党员、学生党员发展工作的规范性、提升入党积极分子培养考察及党员发展文书材料填写规范性等，并将相应材料印发给每个党支部，指导各支部的党员发展工作，严格做到"成熟一个发展一个"。党总支每年发展的党员数都保持在 30 人以上，学生第一党支部每年发展的党员数在 15 人以上。

合理设置党支部，增强了党组织的活力和工作效率，困难面前干部先行党员先上的工作作风体现了党支部的堡垒作用和党员的先锋模范作用。近年，经济管理系多名教师党员被评为校、院十大"育人标兵"、优秀教师、优秀党员，四个学生党支部也曾多次获校级红色"1+1"示范优秀奖、院级优秀基层党组织等称号，学生党员所获荣誉更是不胜枚举。

三、强化培训，打造优秀团队

为了能够使全系的学生党建工作上一个台阶，周杰同志首先考虑的就是如何培养一支优秀的学生党建工作团队，力求把学生党建工作做到春风化雨，润物无声。他采取多项措施凝练学生党建工作的优良团队，形成了"三强化"的培训机制。

一是强化对新上任支部书记和支委的培训。周杰同志非常注重对新上任的党支部班子进行言传身教，为他们配备理论学习导师，与工作经验丰富的老书记结成对子，进行一对一的指导与帮助。二是强化在岗党支部书记的交流学习。与时俱进，跟随时代的脚步，不定期地结合时政热点组织党支部书记学习交流探讨，加强对党支部书记的党性教育。三是强化对毕业生党员的党性教育。毕业生党员在就业工作中，一定要走在同学们的前面，先落实工作、先签三方，给同学做好表率，同时还要帮助就业困难的同学落实工作。周杰同志牢抓最后一环，增强毕业生的党员意识、责任意识、纪律意识和组织观念，充分发挥党员在毕业生中的模范带头作用。

四、与时俱进，走在时代前沿

新媒体、大数据时代来临，作为管理类学科的基层党务工作者，周杰同志与时俱进，开拓创新，充分利用全方位的党建平台和抓手来推动基层党建工作。

一是依托新媒体平台，搭建经济管理系"党建学习园地"。结合微信、QQ群、微博等新媒体平台，实现党务工作的线下线上双互动。创立学生党员、学生入党积极分子等微信交流群，结合热点事件、党性教育、学术前沿等内容，进行知识宣传，力图打造一个线下交流、线上互动的党建新平台。二是依托大数据背景，开展定期线上舆情调研活动。如针对热点新闻，进行每月一期的学生思想动态调研，定期掌握最新舆情资讯，做好学生引导和思想教育工作。三是依托时事热点，开展研究生党支部主题理论学习活动。如两会期间，周杰老师就组织学生党支部，围绕两会主题展开理论学习，取得了不错的反响。

五、创新载体，提升工作实效

周杰同志注重将思想政治工作与学生的学习生活实际相结合，推出了"一支部一特色""以书换书，以书交友""党员先锋岗""党员助力学业就业"等精品活动，每一项活动都融入了大量的思想政治教育工作，既丰富了学生的课外活动，提高了学生团结协作的意识，也提高了思想政治教育工作的针对性和实效性。其中"党员助力学业就业"活动中，学生党员帮扶学业警示生补课，教工党员为家庭困难学生提供就业岗位，有效提升了整体学风建设，促进了就业工作的推进。

在日常工作中，周杰坚持弘扬友善的学院使命，全面关心教师和学生的思想、工作和生活。比如：及时看望生病的老师与学生；关心家庭经济有困难的师生，到其家中慰问送去温暖；号召全系师生为突遇重病的学生党员捐款，并多次探望为其解决实际困难；关心照顾少数民族学生的学习生活。在周杰同志的带动下，经济管理系党总支已将"弘扬友善"这一学院使命作为总支党员践行全心全意为人民服务的行动指南。

作为一名基层党务工作者，多年来，周杰同志积极践行"追求真理、崇尚实践、弘扬友善、勇于担当"的学院使命，无怨无悔，持续以饱满的热情做好学生党建工作。勇做走在时代前面的奋进者、开拓者、奉献者，这是周杰老师的追求和梦想，既然选择了远方，便只顾风雨兼程。

建强支部 服务学生成长

2015—2017 年度学院优秀党务工作者 张继敏

用心对待工作，用爱对待教育。

张继敏，女，汉族，1963 年 5 月出生，1986 年 12 月加入中国共产党，工程管理系直属党支部书记。她坚持育人为本、科学管理的指导思想，以服务学生成长成才为目标，较好地完成了各项工作。工作期间，在系领导和老师的支持下，工程管理系的政治思想工作、党建工作、学生工作得到扎实有序的开展。

一、大力开展学生党建工作，切实加强学生思想政治教育工作

张继敏同志重视学生党建工作，积极引导学生党员、入党积极分子开展政治理论学习，提高思想政治素质，努力将学生党建工作贯穿学生培养和素质教育的全过程。

作为一名老师，张继敏同志认为没有爱就没有教育。她捧出一颗心，献出全部情，严在当严处，爱在细微中，用行动感染学生、带动学生、教育学生。在张继敏同志的领导下，工程管理系党支部认真开展"两学一做"学习教育，以及"牢记党章，求真务实，全面履职"主题党日活动，定期组织支部党员认真学习，积极思考，深刻反思，努力提升自己的学习效能和实践能力，修身慎行，充分发挥学生党员的模范带头作用。

在 2014 年的红色"1+1"支部共建活动中，张继敏同志组织工程管理系党支部以"弘扬红色精神，发展绿色经济"为主题，与平谷区南独乐河镇开

展红色"1+1"共建活动,通过活动的举办,让学生们策划、参与活动的同时,用自己的专业知识解决村民的实际问题,发挥青年党员的模范引领作用,活动取得了良好的效果。

在2015年的红色"1+1"支部共建活动中,支部以"红色力量传递温情"为主题,与通州区人工耳蜗培训学校党支部开展红色"1+1"共建活动,发挥青年党员的模范引领作用,传递爱心,此次活动被评为联大"十佳"项目,同时使学生增强了责任心与使命感。支部精心设计"十佳党支部"丰富的创建活动方案,根据方案,认真开展各项活动,经校内外专家对党支部的申报方案以及活动开展情况进行评审,最终被评为联大2015—2016年度"十佳党支部"。

为响应全面落实校党委开展的基层党支部"1+1"共建活动通知,张继敏带领支部与经济管理系学生第一党支部结成共建对子,共建活动正在执行中。通过结对共建,在执行过程中实现结对互促、双向受益、共同提高。全面推进支部工作到达一个新的台阶,进而为推动基层党组织建设水平的整体提升献力。

二、强化学风建设,丰盈学生工作内涵发展

在日常的工作中,张继敏同志积极提高自身履行职责的能力,把奉献在岗位看作是天经地义的事情,勤勤恳恳地做好本职工作。在工作中做到正确地认识自己,真诚地对待他人,认真地对待工作,公平地对待管理。也正因为如此,张继敏同志到工程管理系工作以后,首先就是关注学生们的学习状况,在她的领导下,工程管理系坚持教育与管理相结合,严抓学风建设,充分发挥榜样的力量,促进良好班风、学风的形成。鼓励学生自觉坚持早、晚自习,成立学习小组,在学习上互帮互助,定期开展学习经验交流活动,促进良好学习氛围的形成。辅导员、导师加强与任课教师的沟通交流,通过集体动员、个别谈心等方式,解决学风建设中的突出问题。

通过一些整改措施,在2016年学期末,工程管理系获得国家奖学金、校级优秀学生奖学金、院级优秀学生奖学金和三好学生称号的同学都增加了很多。被评为校级优秀学风班的班级也有了很大的进步。

张继敏同志还鼓励学生参与科技活动,增强学生创新能力。2014学年,工程管理系学生参与申报"启明星"科技立项,其中市级立项7项,校级立

项 6 项。2015 学年工程管理系学生参与申报"启明星"科技立项，其中市级立项 4 项，校级立项 2 项。2016 年，共申报"启明星"科技立项国家级 2 项，市级 2 项，校级 1 项。每学年都取得了优异的成绩，并且促使更多的同学报名参加科技立项。

三、巩固学习制度，建设学习型组织

为了创建学习型党支部，张继敏严格学习制度，将每双周五下午 1：00—2：30 定为党员政治学习时间，充分利用学院《学习文选》和《支部生活》及大量的网络资源，领会贯彻党的路线方针和政策，学习先进党员的模范事迹，吸取反面典型的教训，使党员更加明确在新形势下共产党员肩负的责任；加强学生党员和入党积极分子理论素质培养，邀请理论导师、支部书记讲党课，以讨论、座谈、交流、读书会等多种形式开展理论学习；通过有规律、有质量的学习和有针对性、有指导性的实践，不断增强党支部活动的吸引力，不断塑造党支部充满活力的良好形象。同时，张继敏同志还结合行政例会，开展常态学习活动，力求形式多样化，提高活动的实效性。做到活动有主体、有中心发言人、有活动记录。保证党内活动质量，增强党性观念，提高党员的政治素养。

四、加强思想教育，建设服务型组织

张继敏同志要求党员树立师德先进标杆，要求学生党员时刻发挥先锋模范作用，集体学习习近平总书记系列重要讲话精神，开展赴焦庄户地道战遗址参观的主题党日活动并重温入党誓词，举办党史知识竞赛。通过学习心得交流，座谈学习成果，做到了读、听、写、行四位一体相结合，注重学有成效。

为提高服务水平，在张继敏同志提议下，设立"系党务、政务公开栏"，及时公布系里的重要工作；实行支部书记每周两次走访上门服务机制，每周一走访系办公室、实验室，每周五走访系教研室，了解教职工工作情况，关心教职工生活，对反映出来的问题，及时分析，及时解决；与全系每位教职工建立全方位联系，传达通报相关的教科研信息，努力提高工作能力和服务水平；坚持每周三下午联系学生办公室，了解学生工作情况，每学期召开不同群体学生座谈会，针对学生学习、思想和心理等方面易出现的问题，要求辅导员老师有重点地对学生进行深度辅导。

学生党员组织新生上晚自习，促使他们形成良好的学习习惯；党员与入党积极分子组成帮扶小组，学期末为学业困难学生答疑解惑，有效提升学业困难学生成绩；献血活动中，学生党员自发地为献血同学服务，传递爱心；就业工作中，学生党员为就业困难同学提供就业信息，从朋辈角度提供帮助。

五、完善支部工作制度，建设创新型支部

张继敏注重不断完善工作制度，认真记录工作手册，定期进行通报。将支部活动与科研提升、教学交流、知识竞赛进行有机结合，激发了党员的主动性，使支部工作不断取得新进展。

支部在保证"三会一课"制度建设的同时，注重创新支部活动方案，积极利用互联网等载体，组织教工党员参加北京高校教师党员在线学习，组织学生党员集体观看纪录片《长征》，组织所有党员观看电影《勇士》。全体党员一起到老君堂公园做环保宣传、捡拾垃圾和徒步健身活动。学生党员延续开展特色创新活动——"学习堂"（学习马克思主义理论及习近平重要讲话青年课堂），通过理论学习，坚定党员正确的政治方向，树立共产主义远大理想及中国特色社会主义共同理想。

六、发挥战斗堡垒作用，为校院建设发展做表率

为加强党员自身的素质建设，使党员自觉发挥先锋模范作用，充分提高党支部的感召力、向心力和凝聚力，张继敏同志做了一系列工作与调整，终于获得了一定成果。如工程管理系被评为学院就业工作先进单位，教师党员张璋被评为校级就业工作先进个人。在张继敏同志的号召下，支部党员师生积极参加学校的各种活动，学校组织的纪念抗战胜利及学院组织的践行学院使命的征文活动中，党员积极参与并取得较好成绩。

恪尽职守 做好基层党务工作

2015—2017 年度学院优秀党务工作者 高丽萍

奉献不言苦，追求无止境。

高丽萍，女，汉族，1962 年 4 月出生，1998 年 6 月加入中国共产党，食品科学系教师、食品科学系党总书记，博士，教授，硕士生导师。多年来，她以高度的责任感和强烈的事业心，在党务工作上兢兢业业、恪尽职守，圆满地完成了学院党委交给的各项任务。

一、勤于学习、自觉锤炼，不断提升从事党务工作的能力

高丽萍平时特别注重理论知识的学习和更新，不断加强马克思列宁主义、毛泽东思想、邓小平理论的学习，深入领会习近平总书记系列重要讲话精神，刻苦钻研业务知识，善于洞察新的形势，具备较好的政治、业务素质和政策水平。坚持以科学理论指导工作实践，在近几年的工作中，结合自己的学习认识和体会，多次为食品科学系学生党员、学生干部上党课，做了"如何充分发挥大学生党员的先锋模范作用"辅导报告，受到大家好评。按学院部署安排组织开展"七个一""夸夸身边的好党员"等活动，取得了很好的效果，涌现出了许多先进事迹。

二、求真务实、开拓进取，将党建工作转化为推进事业的强大动力

第一，坚持原则，恪尽职守，当好发展党员的"第一把关人"。几年来，食品科学系发展党员工作卓有成效，2015 年发展 20 名学生党员，2016 年发展

22 名学生党员。高丽萍坚持找入党积极分子谈话，认真细致做好思想工作，对符合发展条件的同志，提出更高的要求，传授党的宗旨和思想，充当宣传党的知识的传播人；对不太成熟的同志，以情动人，春风化雨，既坚持原则，又讲究方法和策略，耐心细致地说服引导，并鼓励其继续努力。

第二，抓制度、打基础，严格规范和落实党务工作。高丽萍在工作中认真贯彻落实抓制度促党建、抓党建促发展的一贯做法，带领党员到其他高校进行调研，学习先进经验，在完善党建工作规章制度上做了许多工作，如确定了系总支领导"四个一"工作：联系一个学生班级或新生班级、挖掘培育一个党员先进典型、开展一次服务社区活动、开展一项党建工作调研。做到分工明确、责任到人，工作有计划、有制度、有总结、有汇报，及时召开总支委会、支部书记会，通过沟通交流，交换思想，发挥党支部在班级中的先锋战斗堡垒作用，增强服务意识，发挥凝心聚力作用。她组织并亲自为丛东街道居民、花园路街道居民举办了保健食品基本知识讲座，讲座内容结合日常生活，有很强的实用性，提高了群众对保健食品的鉴别能力。她负责联系2013 级食品科学与工程班，针对班级有些学生学习动力不足、成绩差等现象，指导班委在班级组建了"一帮一"互助小组，以宿舍为单位，由学习优异的同学帮助学习成绩不是很理想的同学，并且在生活中互相督促，时刻提醒积极性比较差的同学，这样不仅可以达到共同进步的目的，也可以增强班级凝聚力，增加同学之间的情谊。这一活动产生了明显的效果，班里有挂科的学生明显减少了。2013 级食品专业获得2014 年联大"我的班级我的家"实践活动优秀策划案二等奖。2014 级食品科学与工程班获得联大先进班集体称号。

第三，重视教风学风建设，狠抓人才培养质量。通过召开学生座谈会、深入了解情况、深入课堂听课、深入学生宿舍检查等途径，全面了解系里的教风学风现状，分析存在的问题，高丽萍和班子成员一道，采取切实可行的措施，加强教风学风建设，如倡导召开了系主任、教师党支部书记、专业负责人等参加的教风建设、学风建设研讨会，倡导组织开展了系里青年教师试讲活动，重视后进学生的教育转化工作，重视学生大学英语四级的学习，重视新生入学教育工作，努力组织做好新生入学教育工作，特别介绍学科优势、历届学生考研成绩、如何准备考研，激发学生考研积极性，使学生从大一就萌生考研想法，鼓励他们刻苦学习，为考研做准备，邀请系里考上研究生的学生组织为当年准备报考研究生的本科生开展考研讲座，鼓励大家认真备战，坚持不懈，明确系党总支将是学生的后盾，将在各个方面为同学提供帮助和支持，尽力为同学们营造良好的考研氛围，对学风建设起到积极的促进作用，使学风建设进入良性循环，学生培养质量有了明显的提高，近年来系里每年考取研究生数量在学校名列前茅，仅 2016 年本专业考取的研究生中 50% 考入西北农林科技大学、中国农业大学、西南大学、江南大学等 985、211 院校，其中一个宿舍考取 5 名研究生而得名"学霸宿舍"。学生课外科技创新方面也取得了丰硕的成果，仅近三年，学生获得"启明星"国家、市级等项目共计 60 多项，在学校名列前茅。

第四，发挥专业特色优势，创新党建形式。高丽萍在工作中不仅注重提高党员的党性修养，而且还通过发挥学生专业优势，展开紧扣学生专业的科研、实践活动，创新党建载体。近三年，学生支部与大兴区前苑上村支部结对，根据实际需求，有针对性地开展科技检测服务、科普知识讲座、小学生夏令营，通过检测农产品农药残留量、指导灾害农业实用、宣传食品安全知识、科学饮食和人口健康的科普知识等，增强了农村灾后自救、保障了农民灾害收入以及提升了农村食品安全、科学饮食、农村人口疾病预防与健康水平。活动通过发挥大学生所学所长，突出专业知识与党团活动相结合，丰富了入党积极分子培养活动方式，提升了学生运用专业知识的能力，也帮助解决了结对子农村党支部的一些问题。在活动中，高丽萍把红色"1+1"活动作为新时期加强大学生思想政治教育工作，贯彻落实社会主义核心价值观的重要手段，把这项活动作为社会实践工作的重要组成部分，在结合学校办学目标"学以致用"、学校办学定位"服务京郊"以及高校党建目标"创先争优"等基础上，设计了多次紧扣时代需求、农村实际、学生所学专业知识的活动，使得活动深入开展，达到了较好的效果。活动受到首都文明网、河北人民政府网、大兴区魏善庄镇人民政府网的关注和报道，并多次获得市级、校级奖励。

第五，以党支部建设为重点，增强基层党组织的战斗力、凝聚力和活力。食品科学系有 1 个教工党支部，4 个学生党支部，学生支部按照专业设置。2013 年食品科学系开始大类招生，2015 年上半年开始分专业，在学科大类招生情况下，按照专业设置，支部存在支部间的"衔接"问题以及支部内培养人、介绍人的流动和"衔接"等问题。针对上述问题，高丽萍广泛了解情况，多次召集支部书记开会讨论，大家建言献策，谈了自己的看法，最后明确了支部工作的分工、交接，配齐了党性觉悟高、工作能力强、群众威信高的学生支部班子成员，在招生形势变幻的情况下更好地完成了支部工作，还指导、带领各支部结合"人文北京""绿色北京""科技北京"三大主题，每年创造性地展开涉及环保、教育、食品安全宣讲、赛场服务等 10 余类的志愿服务行动计划，推进具有总支特色、高水平的志愿者活动，受到了社会热烈的欢迎。食品科学系学生党支部获得 2013—2014 学年联大学生"十佳党支部"称号。

第六，坚持以党建带团建，充分发挥党支部、团支部的作用，不断扩大创先争优活动的渗透力和影响力。高丽萍关心团支部的组织建设，把团建纳入了党建工作的整体格局中，并指导团组织健全组织设置，完善活动制度。系党总支书记亲自抓共青团工作，多次听取和指导团开展各项工作和活动，帮助团支部克服困难独立自主地创造性地开展工作，取得了较好的成绩。在 2015—2016 年度首都大学、中职院校"先锋杯"竞赛评选活动中食品科学系研究生团支部获得北京市"优秀团支部"称号。

三、坚持围绕专业发展抓党建，抓好党建促发展，努力推动专业建设、教学、科研工作圆满完成

作为一名教师、一名专业负责人，高丽萍深知肩负的重任，近年来为本科生和研究生开设多门新课程，获批校"双师"素质教师资格认证，主持的"食品质量与安全专业人才培养体系构建与实践"获得校级教学成果三等奖（2016 年）；主持申报的"中粮营养健康研究院校外人才培养基地"，获得校级校外人才培养基地（2016 年）；主持申报的"基于创新能力培养的研究生高级生物化学课程体系的构建与实践"获得校级教改项目（2015 年）；2015 年被评为 2011—2014 年度联大校级优秀教师；2015、2016 年连续两年度获得联大校级优秀研究生指导教师称号；2015 年度获得联大校级优秀本科生指导教师称号。首次对葡萄籽原花青素拮抗顺铂肾毒性并增强其抗癌活性机制进行了系统的研究，证实了其发挥作用的主要化合物。主持获得 1 项北京市自然基金项目（2016 年），1 项重点实验室开放课题（2015 年），指导学生完成北京市级"启明星"科技创新项目 4 项、近三年发表文章 16 篇，其中 SCI 收录 6 篇、EI 收录 2 篇、CSCD 收录 8 篇，指导的多名研究生论文获评校级和市级优秀学位论文。

不忘初心　身先士卒

2015—2017 年度、2017—2019 年度学院优秀党务工作者 赵欣华

> 不是山，却需要攀登的是
> 人生；不是渊，却需要跨越的
> 是自己。

赵欣华，男，满族，1959 年
8 月出生，1985 年 1 月加入中国共产党，生物化学工程学院正处级专职纪检员。2015—2017 年度、2017—2019 年度两次被评为联大优秀党务工作者，曾被评为生物化学工程学院优秀党员。

2017 年前，赵欣华同时兼任机关党总支书记和机关分工会主席。因从事纪检工作的要求，2017 年起不再担任机关党总支书记和机关分工会主席。他从事党务工作 20 多年，不忘初心，保持中国共产党党员的奋斗精神。在身兼数职的情况下，能分清轻重缓急，调整工作节奏，正确处理各种工作关系，围绕院党委的工作部署和学院的中心工作抓建设、带队伍、干实事、求发展。他作风民主，遇事与大家商量，尊重每一位同志，并注重营造宽松和谐的工作氛围，善于调动党员们的工作积极性，注重发挥大家的聪明才智。他善于做教职工的思想工作，体贴入微，注意关心身边的每一位同志，从思想、生活诸方面帮他们解决困难，在工作上帮助并指导年轻同志更好地履行职责，为更好地履行职能创造了良好的条件。

一、全力做好专职纪检员工作

作为一名长期从事党务工作的干部，特别是作为专门从事纪检工作的同志，赵欣华严于律己、作风正派且党性原则强，时刻以党章要求自己，以党

的纪律要求自己，具有使命感，竭诚为党工作。他对工作兢兢业业，任劳任怨，先人后己，处处起表率作用。从党的纪律、职业要求、责任承担上努力做好纪检各个环节的工作。认真落实校党委、纪委和院党委有关精神，不断增强落实党风廉政建设责任制、纪检监察工作的监督责任的自觉性、责任感和使命感，认真履行党章赋予的监督职责。

他每年都按照上级党风廉政建设的有关部署，认真制定《联大生物化学工程学院党风廉政建设和反腐败工作主要任务分工》；组织开展党风廉政宣传教育月活动，提升党员干部廉洁自律的自觉性，扎实推进校园廉洁文化建设，营造风清气正的育人环境，为学院健康发展提供坚强的思想政治保证；深入开展校园廉洁文化创建活动，强化规矩意识；组织中层干部参观北京市廉政教育基地，牢固树立"高线"和"底线"意识；组织学院各部门开展党风廉政责任制落实情况自查工作，做到100%覆盖。

二、立足党支部制度建设

认真组织"两学一做"学习教育，赵欣华根据院党委的要求，以提高党支部活动质量为目标，围绕学院中心工作，结合机关各部门的工作任务，设计方案，科学运作，希望在各支部书记和支委们的努力下，能使机关党总支下属的各支部工作始终充满生机和活力。

为了落实这一工作，赵欣华同志带领各支部书记精心筹划，认真准备，组织开展形式多样的学习活动。在党总支范围内的十佳党支部的创建起步、实施过程中均做了大量的工作。他注意开学初、学期终的时间段，做到工作有布置、过程有监督、终期有总结，不断地固化经验和成果，使机关党总支的工作水平不断上升。

三、着重学习型党支部建设

为了使机关党总支及所属支部更好地践行社会主义核心价值观，为开展好"两学一做"学习教育，赵欣华同志利用机关理论学习这一重要抓手，在讲求实效上做文章，确保学习不走过场。首先要求各支部要制订学习宣传活动计划，强调计划要具体（包括学习时间、参与人员、学习内容、组织形式、要达到的效果等）。并要求各支部结合工作实际，带领本部门的群众一道学习，用大家喜闻乐见的形式（读原文、自学、研讨、主题发言、宣讲、参观、答卷、参加主题活动、专题组织生活会等），激发整个机关理论学习的热情。

各支部根据党总支的要求，以多种形式认真组织本部门的党员、群众学习、答卷。有些支部大家围坐在一起，通读报告，并一起讨论答案，有的支部通过部门的微信群、QQ群，相互交流学习心得。通过上述活动，不仅提高了机关党总支及所属支部的理论学习的质量，而且还增强了学院机关重视并加强理论学习的氛围。

四、推动作风建设落到实处

作风建设要重实效，这是近年来机关党总支强调得最多、落实得最好的一项工作。根据院党委的要求，近年来，赵欣华同志根据上级的精神和纪检工作的岗位职责，多次给各支部打印下发了中央的"八项规定"、群众路线教育实践活动注意事项、对照"三严三实"我们怎么办等内容，要求各支部及全体党员，把改进工作作风，为师生员工提供更优质的服务摆到突出位置，要求各支部要结合各单位的工作实际，认真查找作风方面存在的突出问题和差距，制定出切实管用的改进办法，要把改进作风同为师生办实事、办好事结合起来，同解决学院和本部门发展中的问题结合起来，同提高管理和服务水平以及工作效率结合起来。并明确提出，改进办法要务实、具有可操作性，要能使师生受益，并以服务对象的满意作为检验标准。这些措施和制度的出台，无疑对进一步规范机关党总支的党员教职工为师生提供良好服务具有积极的意义。在整个作风建设进程中，突出了党委的政治核心作用、支部的战斗堡垒作用和党员的模范带头作用，也有效地促进了学院机关作风的转变，使各项工作迈上了一个新的台阶。

五、打铁还需自身硬

"育人首先要自育"，赵欣华同志认为学习是做好一切工作的基础，终身学习是事业对我们的基本要求。无论是从事党总支工作还是纪检工作，他都通过学习，努力探索其中的工作规律，不断提升业务能力。在长期的工作中，赵欣华同志形成了自己遇事亲力亲为、带头苦干的工作作风，凡事身先士卒，以身作则。他经常和同事们说，高校的党员干部其实包含四个身份，那就是一个合格的人、合格的教师、合格的党员和合格的干部，怀着对工作无限的热爱，充分发挥党员的先锋模范作用。

　　赵欣华同志还在多年的工作中形成了坚持主人翁精神、磊落做人、敢于建言的工作作风。他认为，虽然我们每个人都有自己不同的岗位和职责，工作分工有所不同，但是我们都是学校的主人，只要是对学生成长有好处、对学校发展有益处的事，都是每一个从事教育工作的人应当关心和应该做的事。当他看到学院某些工作中存在不足时，不怕得罪人，利用一些会议或机会提出来，并将自己想到的改进建议一并提出供相关部门或领导参考，他的建议常受到学院领导和相关部门的重视，工作得到改进或完善时，他发自内心地高兴。

　　赵欣华同志在多年的工作中形成了自己的一套工作作风和工作方式，其核心就是以党员领导干部的标准自觉严格要求自己，以高度的事业心、责任感，以对师生的热爱，努力地学习，勤奋地工作。他为我们党员领导干部树立了一个好的榜样。

以支部建设为基石 凝心聚力促发展

2018 年度学院优秀党支部书记、2017—2019 年度学院优秀党务工作者 田沛哲

不忘初心、牢记使命，快乐工作、陪伴成长。

田沛哲，女，汉族，1973 年 10 月出生，1991 年 11 月加入中国共产党，硕士，副教授。现任生物化学工程学院工程与艺术系教工党支部书记。近几年获校级教学成果奖 5 项，获校级优秀毕业设计指导奖 4 次，获教学基本功比赛奖 2 次，获第 2 届校级青年教师执教能力比赛二等奖，校级/院级师德先进个人 2 次，2018 年度被评为优秀党支部书记。

田沛哲同志热爱教育事业、热爱党支部工作，思想政治素质过硬，理想信念坚定，作风正派，带头弘扬正气。她对自己要求严格，认真参与每一次政治学习机会。2016 年 7 月赴延安参加了校党委宣传部与校人事处共同举办的"青年教师中国特色社会主义理论教育培训班"；2018 年 5 月参加了北京高校教师"习近平新时代中国特色社会主义思想"理论培训班；积极参加校内组织的各项党务学习。她从一次次学习中不断汲取前进的力量，并把学习所得应用到支部建设中，将支部建设工作开展得朝气蓬勃，有力地推动和促进了系部发展。

一、创新形式，探索开展智慧党建

为有效提升党支部的组织力，田沛哲同志在支部建设上肯花心思、舍得下功夫。

她认为支部班子强有力是高效率推动支部建设的基础，而新一届支部委

员会的委员相对年轻，一半同志是刚开始主持相关工作，对工作不够熟悉，大家就经常通过支委会等形式沟通交流，商讨如何有效开展工作、有力传达和部署上级党组织的各项决策；随时在委员工作群里交换想法和意见，对于工作中遇到的困难和出现的问题，推心置腹、相互提醒、取长补短，工作气氛融洽高效。经过两年的建设，新的支部委员会已经是一个分工明确、团结协作、有战斗力的班子，有很强的号召力和影响力，在 2019 年支部考核和民主评议党员中获得了广大党员和群众的高度认可，5 名支部委员评议结果全部为优秀。

针对部分党员党的基础知识有欠缺、教学科研工作任务十分繁重、教师们的空闲时间少和地点都很分散的实际情况，采用微信群和网络资源、视频、电影、公众号等形式实时发布学习内容、创新开展党课学习，聚零为整，让"三会一课"制度落到实处，支部 21 名党员包括在外访学的老师都能实时了解和参与学习，大幅提升了覆盖面和学习效果。通过公开支部党员主动参与活动记录表，让支部活动进一步公开透明，支部党员同志们对党务工作也更加积极主动地支持。

二、问题导向，抓实党员教育管理

将支部工作与教师教学科研工作密切结合，开展问题导向的党员教育管理。

针对学校城市型、应用型大学建设的目标和定位，结合教师党员日常工作重点，开展各层次的教学科研工作分享交流会、师生沟通会，针对增强专业生命力和活力进行研讨，增强教师危机意识，强化大局观，使教师党员对学校和学院建设的新目标和定位有了更深刻的认识；交流分享与教师日常工作中的困惑密切结合，每次交流分享的主题都是老师们结合工作需求自发提供，支部搭建交流平台，有时邀请在教学改革中有更多思考和实践、先行一步的老师介绍先进理论和具体做法，有时邀请在申报教学科研项目及各类竞赛中取得突出成绩的老师分享经验，有时邀请在人才培养中深有感悟的老师畅谈想法，或者有时就是针对某几个老师教学科研中的具体困惑展开讨论，通过问题导向的学习模式一起想办法，合力寻求解决措施。教师党员们也普遍认为这样切中要害的交流分享十分接地气，能及时了解教师的思想状况、理顺情绪、确保教师思想积极健康向上，有力地凝聚了民心，增强了合力，受到广泛认可和欢迎，增强了支部工作的活力，同时也促进了"两学一做"在实际工作中的落地。

支部还巧抓时间节点组织各种主题党日活动，拓宽"三会一课"制度的学习教育方式。在2018年学校迎接本科审核性评估动员之际，支部组织了"弘扬红旗渠精神，基层党员党性修养提升培训"的主题党日活动，以红旗渠精神激励党员勇于挑重担、敢于啃硬骨头，心怀高远，以永不懈怠的精神状态和一往无前的奋斗姿态投入迎接审核性评估的工作中。在2018年学校党风廉政宣传教育月和招生就业工作开展之际，又组织了"不忘初心讲廉洁，牢记使命共筑梦"的主题党日活动，教育每位党员进一步筑牢理想信念根基，爱岗敬业，奉献社会。党员们把主题党日活动中焕发的热情转化成工作的激情，一些工作从"要我干"变成了"我要干"。在日常教学科研之外的招生宣传中，无论是赴郊区、赴外地宣传，还是接待中学生、接待兄弟院校教师参观、承接中学生寒假实践课等这些完全不计任何工作量和没有报酬的工作中，我们看到了大量教师党员的身影。在就业工作中，我们看到了1人负责39人的就业工作的教师党员仍然兢兢业业。在教师党员志愿服务中，我们看到工业设计专业老师带领学生美化校园围墙、实验室老师带领学生入户检测室内空气品质已经成为社区的金牌服务项目。这些都体现了我们党员的大局意识、责任意识和忧患意识，也是党员队伍建设的成果。

三、初放光彩，推进课程思政和三全育人建设

如何推进课程思政建设，激励广大教师用好课堂教学这个主渠道，让专业课程与思政课程同向同行、形成协同效应，同时又能潜移默化、润物无声，这一直是党支部思考的重点工作。为此，支部委员多次探讨，确定了支部书记发挥思想动员作用、支部委员和系部领导发挥先锋模范作用、教师全员人才培养全程渗透的课程思政建设的工作思路。三次邀请学校学院先进党组织和教师、学院领导和督导专家亲临分享，全系从教师到实验室管理人员一起研讨，针对如何做好"三全育人"结合自身工作人人谈想法、交流困惑，在多次学习和交流中，大家提高了思想认识，全系教职工形成了普遍共识。工程与艺术系10位老师的11个案例都入选了学校的课程思政建设案例展。

　　从学生培养方案、教学大纲、教案到课堂教学的 PPT 设计，课程思政渗透到了学生培养的全过程。在课程思政开展形式上，田沛哲鼓励结合课程和学生特点百花齐放，不拘泥于某一种固定模式。比如："工程热力学"在课堂教学设计中坚持以培养德才兼备的高素质人才为目标，在教学组织中以节能、环保、能源高效利用的理念贯穿始终，重视培养学生的严谨、务实、求新精神，从大局出发，以系统性良性发展的思考模式，即处处和谐的理念为出发点，把培育和践行社会主义核心价值观融入教书育人全过程；"空气调节"课程围绕以学生为中心、使学生成为对社会有用之人的目标设计课程，化繁就简，深入浅出，每每从学生熟悉的生活场景入手，带领学生慢慢透过繁杂的现象看到支撑该现象的理论。一步步引导学生分析、梳理已经学过的知识点并加以应用，让学生学到思考问题的方法，获得能力和信心。

　　建筑环境与能源应用工程和工业设计两个专业的老师利用第二课堂带领学生开展科技活动，解决企业和社会的实际需求问题，让学生在实际项目中锤炼自身，优化了学生的价值塑造过程，充分发挥了认知体验与感悟实践在思想教育和价值引领中的重要作用。其中，建筑环境与能源应用工程的学生们与放心修（北京）科技有限公司和中关村在线深入合作，在室内空气净化市场鱼龙混杂、良莠难辨的行业乱象中，开展了新风产品的横评工作，中关村在线实录并发布了工作的整个过程和横评结果。总之，从帮助低年级学生适应大学生活和加强专业认知，到中年级学生的专业学习和科技活动的具体指导，再到高年级学生的职业规划和压力疏导，老师们与学生每次密切接触都是课程思政的契机。在 2018 年 4 月的本科预评估案例搜集中，建筑环境与能源应用工程专业 7 位老师的 8 个案例都入选了学校的课程思政案例展。

四、有声有色，强化服务社会实践

　　田沛哲同志带领支部积极响应学院号召，发挥专业优势，致力于为学生成长搭建实践平台、体现应用型特色，为学生成长搭建更好、更开放的专业实践教学平台，组建学生社群，形成工程应用型人才培养特色。

　　引入企业合作共建，按行业需求导向产学研用高度融合的模式改进特色实验室；依托开放性专业实践教学平台构建学生专业社群学习共同体。依托HVAC 全生命周期优化技术实验室、BIM 与智慧建筑实验室、洁净与空气品质实验室、制冷空调实验室，建立了与之对应的 4 个学生专业社群：HVAC 新风社群、BIM 技术研究社群、洁净与室内污染治理技术社群、制冷空调全国大学生科技竞赛社群，针对各类项目（技术开发、研讨讲座、技术服务、学科竞赛、实验室建设、科普活动等）形成学习共同体，结合课程和科技活动，以任务和兴趣驱动学习共同体在新型实验室平台中进行有效的创新实践学习。在此模式下学生成长迅速，取得可喜成绩；同时，师生互动密切，学生在实践学习活动中激发了探索兴趣和成就感，增进了师生情谊。

田沛哲同志依托专业优势带领新风社群推进与垡头社区的共建工作，推动服务社区、服务百姓社会实践活动开展和落地，建设社区型学生社会实践基地。2018 年将为社区志愿进行室内空气污染入户测试、诊断和治理的校地共建活动做成了金牌项目，给近 100 户社区居民免费提供了测试数据、数据分析服务和科普知识，居民们深受感动，街道送来感谢信，街道干部来学院深度交流，北京新闻频道两次报道，朝阳有线采访并制作成党建宣传片作为七一建党节的献礼，获得街道充分认可。在此基础上，2019 年上半年与街道召开共建研讨会、碰头会 3 次，进一步丰富了和垡头社区的共建活动，通过社区学院共建活动的深入开展，在促进学生成长的同时也造福了社区百姓。教师团队带领学生们在服务首都的生动实践中进一步增强了"四个意识"、坚定了"四个自信"。"建设美丽中国，为人民创造良好生产生活环境"的使命感一直激励着支部全体党员前行。

由本支部教师主要负责的制冷空调全国大学生科技竞赛社群，在第 12 届中国制冷空调行业大学生科技竞赛（华北赛区）中，代表联大参加比赛获得双奖：综合比赛获一等奖、实践技能比赛获优秀奖。组委会领导点评：11 年来，你们联大代表队 4 次获得一等奖！清华大学石文星教授鼓励道："你们联大的学生很不错！"业界泰斗吴德绳老先生嘱托：学生强则行业强，行业强则国家强！BIM 技术研究社群，和北京市住宅建筑设计研究院等设计院建立长期合作关系，共建了 BIM&CFD 建模与分析工作室，吸引了一大批热爱 BIM 的同学参与，从大一到大四的同学都有，一些能力较为突出的同学直接到设计院进行实习，还有一些同学毕业后直接留在了设计院工作。

作为教工党支部书记，田沛哲同志带领着支部党员牢牢树立"一切有益于学生成长的事情，就是我们应该做的，为国家、为行业培养优秀合格人才，是我们义不容辞的责任"的意识，在坚持教书和育人相统一、言传和身教相统一、潜心问道和关注社会相统一、学术自由和学术规范相统一的过程中，自觉做到以德立身、以德立学、以德施教，为建设首都人民满意的城市型、应用型大学添砖加瓦，再立新功！

身边的好榜样 支部的好书记

2018 年度学院优秀党支部书记 张艳贞

张艳贞认真钻研党支部工作规范手册，不断加强党支部规范化建设，坚持落实"三会一课"制度；积极有效地组织开展师生共建、"五牵手"等活动；率先垂范、全员动员、全程覆盖，深挖"课程思政"要素，践行"四有"好老师标准，做好"四个引路人"。

张艳贞，女，汉族，1992 年 12 月加入中国共产党，遗传学博士，教授，现任生物化学工程学院食品科学系与研究院教工党支部书记，荣获 2018 年度联大优秀党支部书记称号。

一、严于律己，以身作则，发挥模范带头作用

张艳贞同志思想政治素质过硬，具有坚定的共产主义信念和为师生服务的恒久热情。能认真学习习近平新时代中国特色社会主义思想和党的十九大以及习近平总书记在北京大学师生座谈会上的重要讲话精神，严于律己，在思想、政治、言行等方面时刻与党中央保持高度一致。

自觉遵守维护党章，严格遵守党的政治纪律和组织纪律，克己自律、作风正派、为人坦诚、处事公平、言行透明、决策公开、鼓励监督，带头弘扬正气，在支部培育、保护积极向上、正能量的浓郁氛围，将习近平总书记提出的做有理想信念、有道德情操、有扎实学识、有仁爱之心好老师的"四有"标准扎根心底，静心教书，潜心育人，并积极带动其他老师自觉坚守好老师标准，在支部营造良好的育人氛围。

二、加强党支部建设，发挥战斗堡垒作用

张艳贞热爱党支部工作，认真钻研党支部工作规范手册，不断加强党支部规范化建设，具有大局意识和奉献精神，好事不争不抢、有事勇于担当。在她的不断努力下，支部委员团结协作，支部党员气象更新，支部活动丰富多彩、主题鲜明、有特色、有亮点、吸引力强，支部建设取得显著成果。

加强队伍建设，支部有动力。她带领支委会认真学习党务基本知识，对各位委员工作进行了确认和分工，便于大家各尽其职、团结协作，劲往一处使。她努力建设学习型、服务型党支部，督促大家认真完成在线学习，参与各种学习研讨，组织带领大家结合专业为师生、为社区服务。支部全体党员全部按期完成在线学习任务、按期完成社区双报道，并积极参加社区志愿活动。她自己积极参与大学生党员的发展与培养，应邀参与指导 2018 年第一学期学生业余党校培训班讨论交流活动，为学生把握方向，提升学习理论高度。

丰富组织生活，支部有活力。与学生支部开展"1+1"共建，强调共同学习，教学相长，学专融合，服务同学、服务学校、服务社会，在中期汇报中受到专家评委肯定和赞誉。她组织支部党员赴红旗渠进行党性锻炼，党员们先后观看了红旗渠修建的影像资料，参观了纪念馆、青年洞。在参

组织支部到红旗渠开展党性教育

观过程中，各位党员怀着崇敬的心情，沿着红旗渠踏寻先辈的足迹，体会在当时缺衣少食的艰苦条件下，林县人民在杨贵书记的带领下不畏艰险、顽强拼搏、撼天动地，铸造"人工天河"的恢宏场景，深入体会老一辈共产党员的革命精神。一场场一幕幕的情景在解说员的娓娓道来中，震撼着每一个党员的灵魂。张艳贞组织党员赴红色大庄科教育基地开展"牢记使命、不忘初心"党员主题教育，受到支部党员的欢迎和校院同事们广泛认可。在组织策划支部活动过程中，她坚持绝不仅仅是为活动而活动，注重将党的宗旨、党的使命以及党的精神财富贯穿始终，力争在活动中让大家进行一次又一次灵

魂深处、思想深处的洗涤。

注重作用发挥，支部有阵地。围绕党旗在基层阵地高高飘扬的目标，不断拓展党支部发挥战斗堡垒作用的阵地。她带领教师党员开展"五牵手"活动，牵手一个学生党支部、一个学生班集体、一个院外党支部、一名学生党员、一名普通学生，充分发挥党支部服务功能，推动专业建设、人才培养和专业相关社会服务。她积极组织动员全系师生投入中国营养学会 2017 年"全谷物、营养+"和 2018 年"慧吃慧动、健康体重"营养宣传周活动中，带领师生与首都营养学界各院校、各民间团体一起参加了营养宣教、服务社区以及奥森公园万米健身跑等活动，全系师生一起带头做国家《"健康中国 2030"规划纲要》与《国民营养计划（2017—2030 年）》战略举措的主力军、实践者和推广者，用专业服务大众，既增强了师生的专业自信，又彰显了党组织的服务宗旨。

完善工作机制，支部有规范。建立党支部基本运行规则，支部工作有计划、有重点、有总结、有反思。支部克服地域分散、路途遥远、工作性质差异较大等不利因素，采用组建党小组（按地域和工作性质）和公众交流平台等方式，坚持落实"三会一课"制度，组织生活规范有序，每会有主题、开会讲落实、会后真执行。张艳贞广泛听取党员和群众意见，不断完善党内激励、关怀、帮扶工作机制，不断健全党支部活动立项、党支部共建等支部工作创新机制。在担任教工党支部书记之前，她曾连续担任学生党支部书记多年，其工作也得到学生党员们的充分认可。她认为孩子们不可能不受社会的浮躁影响，同理，教师也不是生活在真空中，会面对各种诱惑和压力，难免有动摇、犹豫的时候。在担任学生党支部书记时，她坚持毕业前安排一次组织生活会，担任教工党支部书记后，也坚持根据实际情况，将批评与自我批评的武器运用在支部日常建设中，发现问题、发现苗头就不定期按照需求开展批评与自我批评，形式灵活，个别问题个别谈话、少数人问题开小会、多数人问题开大会，及时纠错，充分发挥支部战斗堡垒作用。她每年毕业季都要送给学生党员一句话："不忘初心、脚步不停、终达目标"。这句话也成为其所在教工党支部党员们共勉的名言。

三、积极推进课程思政建设，做好学生的引路人

作为教工党支部书记，张艳贞积极推进课程思政建设，以身作则、率先

垂范，全员动员、全员参与，带领、号召全体教师做"四有"好老师，做学生锤炼品格的引路人，做学生学习知识的引路人，做学生创新思维的引路人，做学生奉献祖国的引路人。

她要求支部委员带头，以身作则、率先垂范，从支部教师党员骨干入手，积极总结、探讨、深挖课程思政切入点、方法途径和内化条件，并密切联系非党员教师，以"教育者先受教育"的原则，利用系会、微信群、聊天等机会和途径全员动员、全员要求，关注每门课程、结合育人关键环节，使每门课程、每个环节都能守好一段渠、种好责任田，潜移默化地与思政课程形成协同育人效应。

她组织全体教师召开"课程思政"研讨会，从"做人、做事、做学问"的大范畴入手，深入挖掘从理论教学到实践教学、从学生学习阶段特点到培养需求、从专业特点到培养环节、从课堂教学到实习实训中的思政资源和要素，使之无声无息地融合成为教学内容的一部分，使得学生易于接受、乐于接受，在不知不觉中使他们的思想认识、道德水准、价值观念和人品素养得以提升，以求达到教书育人两不误、达到全程覆盖润物细无声的效果。

张艳贞同志就是这样不忘初心、牢记使命、脚踏实地、砥砺前行。她兢兢业业地做好每一件本职工作，力所能及地把每一件事情做到最好！她曾在年度考核中被评为优秀，曾被评为联大优秀共产党员。她是我们身边的好榜样，支部的好书记，她用实际行动践行着自己"生命不息，奋斗不止"的人生格言！

恪尽职守 做好一名党支部书记

2018 年度学院优秀党支部书记 谢飞

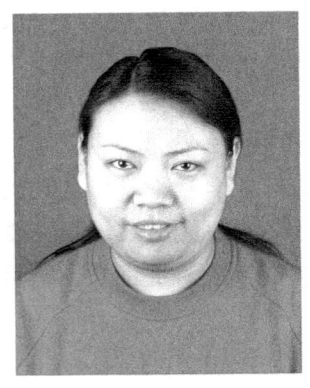

　　谢飞，多年来担任人事处党支部书记，在她的带领下，支部成员分工明确、团结协作、求真务实，有较强的号召力和影响力。她不断健全党支部活动立项等创新机制，围绕学院中心工作，加强服务型党支部建设，充分发挥党支部推动发展、服务群众、凝聚人心、促进和谐的作用。

　　谢飞，女，汉族，2005 年 7 月加入中国共产党，工学、管理学硕士，高级经济师，人事处人事科副科长，现任人事处党支部书记。

　　人事处党支部共有党员 8 名，2016 年 10 月进行了换届选举，谢飞同志继续担任支部书记。在她的带领下，支部成员分工明确、团结协作、求真务实，有较强的号召力和影响力。

一、坚持政治理论学习，提升党员队伍素质

　　谢飞同志长期以来拥有坚定的共产主义理想信念，认真学习习近平新时代中国特色社会主义思想和党的十九大精神，模范执行党的路线方针政策和上级党组织的各项决策部署，在思想上、政治上、行动上同以习近平同志为核心的党中央保持高度一致。自觉遵守维护党章，严格遵守党的纪律，特别是政治纪律和组织纪律，以身作则，作风正派，清正廉洁。带头弘扬正气，践行社会主义核心价值观，发扬社会主义新风尚。积极参加校党委组织的党支部书记培训班，不断提高政治素养。

谢飞同志认真组织支部党员学习习近平新时代中国特色社会主义思想和党的十九大精神；组织党员参加党风廉政专题党课；督促党员积极参加北京高校教师党员在线学习，学习完成率 100%；督促党员每月按时通过党费缴纳系统交纳党费；完成基层党组织和党员信息采集工作；积极完善党内信息管理系统的数据，并及时调整维护；开展"共产党员献爱心"捐献活动。

二、完善支部工作机制，加强支部规范化建设

人事处党支部一直坚持贯彻"三会一课"制度：至少每月 1 次组织生活，每年召开 1 次组织生活会，每年进行 1 次民主评议党员。近两年以学习贯彻党的十八届六中全会精神和党的十九大精神为主题，围绕"两学一做"学习教育，组织召开支部组织生活会，开展民主评议党员，推动了支部的规范

组织支部参观"真理的力量"主题展览

化建设。支部工作有年度计划和总结，支部工作手册填写认真规范。

谢飞同志能够不断健全党支部活动立项等支部工作创新机制。2017 年在"一支部一特色"活动中，谢飞同志围绕学院和部门的中心工作，带领支部开展了教授团队建设项目。在项目实施过程中，通过大量的访谈调研工作，细化了学院教授团队绩效评估、考核评价办法，进一步完善了教授团队考核和评价机制。

三、围绕学院中心工作，加强服务型党支部建设

谢飞同志具有较高的政治素质和较强的工作能力，具有副高级以上专业技术职务，在群众中威信较高。作为支部书记非常支持人事处处长的工作，经常与处长沟通师资队伍建设情况，特别是在师资队伍建设重点关注的"双师型"教师比例、人才强教（校）项目申报等问题上，提出意见和建议。比如，根据项目遴选的条件，先做符合基本条件的人员筛选，然后对符合基本

条件的人员进行一对一通知，协助他们完成相关项目的申报；关注专业课教师的培训需求，鼓励并资助他们参加与"双师型"教师素质培养相关的培训学习，有效地提高学院"双师型"教师的数量和比例。

围绕 2017 年岗位聘任、2013—2017 年聘期考核工作，在处长领导下，谢飞同志带领党支部全体党员学习文件精神，开展调研、统计和测算，主要承担了学院 2017 年岗位聘任文件中教师和其他专技岗位任职条件部分的起草工作和实际竞聘的全部过程，在一个多月的时间里，克服各种困难，经常加班到晚上十点，经过学院内部和外部的调研和大量数据测算，审核了大量的申报材料，圆满完成了学院专技岗位聘任工作。在 2013—2017 年聘期考核工作中，谢飞同志承担了教学工作量单项不达标人员的沟通和解释工作，充分发挥党支部推动发展、服务群众、凝聚人心、促进和谐的作用。

固本强基 重在育人 用实际行动为完全学分制下学生工作提供坚强保障

2018 年度学院优秀党支部书记 王子君

　　王子君爱岗敬业，热爱党务工作，努力把支部书记工作做到极致，他狠抓支部党风建设、细胞建设、阵地建设；带领支部党员身先士卒，争当先锋模范；真情服务，铸就组织之魂。他始终努力发挥共产党员的先锋模范作用，工作勤奋，拼搏奉献，用自己的一行一言为组织添彩，为党旗增辉。

　　王子君，男，汉族，2002 年 6 月加入中国共产党，生物化学工程学院团委书记兼学生处副处长、学生宿舍党总支书记、学生工作党支部书记。从事党务工作 5 年，担任党支部书记 3 年来，他爱岗敬业，热爱党务工作，努力把支部书记工作做到极致，在思想和行动上始终与党中央保持高度一致，在工作中始终努力发挥共产党员的先锋模范作用，工作勤奋，拼搏奉献，用自己的一行一言为组织添彩，为党旗增辉，荣获 2018 年度联大优秀党支部书记称号。

一、践行"两学一做"，不断提升思想境界

　　王子君努力学习党的各项路线、方针、政策，深入学习贯彻落实习近平新时代中国特色社会主义思想和党的十九大精神，利用在全党扎实开展"两学一做"学习教育契机，不断提高自己的政治理论水平和党性修养。

二、深化业务学习，努力提高领导能力

多年来，王子君不断学习有关文件和团务工作制度，提高自身的理论水平，取得工作的主动权、发言权。在学习过程中力争做到"三个坚持"：一是坚持经常性的政治理论学习；二是坚持搞好业务学习；三是坚持定期学习制度，努力使主持召开的每一次工作例会和学生干部例会成为学习工作化、工作学习化的会议，把工作部署和理论学习结合起来，不仅使自己受益，学生干部也得到了教育和提高。2016 年，他主持的校级教改课题"应用型大学学生创新能力培养的研究"顺利结题。

三、夯实支部建设，发挥战斗堡垒作用

学生工作党支部隶属联大生物化学工程学院学生总支部委员会，现有中共正式党员 9 人，支部委员 3 人，党支部成员为学生工作部和团委的干部。在全体党员的共同努力下，支部以中国特色社会主义理论体系为指导，以科学发展观为统领，始终以育人为中心，用党风严于律己，坚持"围绕发展抓党建、抓好党建促发展"的工作思路，切实加强党组织建设和党员队伍建设，着力提高党支部的凝聚力、战斗力和创造力，有力地促进了学院又好又快发展。

（一）三个建设，打造坚强战斗堡垒

基层组织建设的关键是抓支部，学生工作党支部是学院学生工作的核心，更是基层学生党建的中枢。近年来，支部重点抓"三个建设"，即"党风建设、细胞建设、阵地建设"。

党风建设强培训。近年来，王子君带领支部党员为充分发挥党员的先锋模范作用和党支部的战斗堡垒作用，根据学院党委学习指示，认真开展"两学一做"学习教育，认真学习党章，学习习近平新时代中国特色社会主义思想，学习十九大精神，

王子君组织召开支部组织生活会

主动接受政治教育，自觉加强思想锻炼，认真学习党的方针、政策和有关法律、法规等知识，紧密联系学院完全学分制改革发展的工作实际和党支部、党员队伍建设实际，坚持改革创新，务求实效，充分发挥共产党员的先锋模范作用和基层党支部的战斗堡垒作用。除此之外，党支部利用团课、党课，创建思想政治教育四级培训体系，即大一学生参加以普及党团知识、关注时事政治、社会热点调研为主的主题团课，大二学生参加以中共党史、马克思列宁主义、改革发展为主的入党积极分子培训，大三学生参加发展对象培训，大四学生参加党支部书记、党员培训。近年来，大一学生团课参与率一直保持在90%以上，支部书记培育上形成"传、帮、带"，在部分学生党支部增设党支部副书记，让有经验的教师支部书记指导学生党支部副书记开展工作。四级培训体系的建立，已经成为培养信仰坚定的共产主义接班人的重要载体。

细胞建设讲互动。为进一步增强党支部的活力和影响力，在学院与堡头街道社区共建的基础上，2014年9月，党支部与堡头街道机关党总支共同组织召开了区域化党建工作座谈会，并举行了共建协议签字仪式，制订"结对子""四助"计划等工作框架，目的是既让教师党员走向社区，又让社区居民走进校园。随后，组织学院五个党支部与堡头街道五个片区对接，采用"结对子"的工作方式，安排学生以党支部为单位，以优秀团员、"推优"对象和入党积极分子、党员为主体，定期深入堡头街道社区内开展共建文明社区活动，力争使参与共建学生覆盖面更为广泛。

阵地建设抓特色。为贯彻落实学院2011年在"本科生沟通与表达能力提升训练教学研讨会"上的会议精神，以学院办学目标为切入点，根据生源、培养目标和毕业生就业特点，在立足课堂、更新教育理念、改进教学手段的同时，学生工作部、团委结合校园文化建设，开展了形式多样的提升学生沟通与表达能力的活动。特别是支部党员，为学生指导演讲内容，担当评委，有力推动了特色活动的行程，例如："汇青春风采、展生化力量"大学生论坛、"生化梦、青春志"辩论赛、主持人大赛、英语演讲比赛等，既围绕"中国梦"等宏大主题，又凸显了本院系特色，深受同学们的喜爱。

（二）身先士卒，争当先锋模范

对于学生工作部门而言，育人的主体在基层，夯实学生党建工作的关键也在基层。王子君带领支部党员实施了"党员先锋工程"，将工作着力点聚焦于基层学生党支部建设，积极开展红色"1+1"活动。在支部内部通过严格

"三会一课"制度，认真召开组织生活会，开展民主评议党员工作，把支部建设抓在日常、严在经常。

赢得青年、赢得未来，不仅要赢在学识上，更要赢在信仰上。王子君带领支部党员抓住学生科技创新这一学院特色活动，鼓励身边教师党员和学生党员身先士卒，勇攀科技创新高峰。经过几年的不断积累，完善了"五个保障"，即思想保障、组织保障、制度保障、条件保障、激励保障，明确了按年级划分的"三级培养层次"，加强了指导教师、学生、管理人员三支队伍建设，抓住科技创新活动中"六个核心环节"，在院内形成了院、系两级竞赛体系。在最近的五年中，学院本科生科研训练计划项目累计申报学生科技创新作品418项，参加学生4000余人，其中教师党员作为指导老师的项目占95.6%，入党积极分子和学生党员占64%。学院在全国"挑战杯"赛获得二等奖的7名队员中，其中5名是学生党员。

（三）真情服务，铸就组织之魂

基层党组织的核心和灵魂到底是什么？是凝聚力。在党支部积极推动下，学院于2015年10月建设学生事务中心。王子君整合与学生事务相关的所有部门，提出"在服务中引导学生，在引导中铸造学生"，做强组织之基，铸就组织之魂。

自学生事务中心建成，党支部党员每天到服务大厅一线工作，建立首问负责制，无论学生遇到什么样的问题与困惑，只要来到学生事务中心就有老师的帮助。2016年6月，气温比往年高很多，学生宿舍还没有空调，又面临着期末考试，学生事务中心24小时对外服务，支部的党员每天值班，每当深夜，学生事务中心都有百余名学生在空调房中学习到天亮，他们身后是我们的教师党员，"怕热想学就来学生事务中心，我爱联大，我爱生化"，学生在留言簿上写道。

真心以对，真情相报。通过学生服务热线、学生事务中心公众号、微信群，学生工作党支部全体党员和教工群众时时和学生在一起，改变了过去学生有问题找班主任的习惯，现在他们首先想到的是学生事务中心，想到的是事务中心的党员老师，找到他们，就找到了答案。党员、教工的努力如涓涓细流汇成了澎湃的江河，推动着学院学生工作的发展。一年多以来，学生座谈会上对学院服务不满意的学生少了，2016年年底，学院利用微信公众号，对学生事务满意度进行调查，在862个填写调查问卷的学生中，满意和非常满意的学生占86.4%。

立德立功立言 做人做事做学问 为学生工作提供坚强保障

2018 年度学院优秀党支部书记 陈静

陈静，努力创建"三型"党支部，获校先进基层党组织、十佳党支部称号。注重理论联系实际，积极开展工作研究，近几年主持和参与校级以上课题 10 项，获市级奖励 1 项；注重加强网络思想政治教育，开通"i 静待花开 i"公众号；指导"启明星"国家级立项 2 项、市级立项 2 项；曾获校优秀辅导员、暑期社会实践优秀指导教师等称号。

陈静，女，汉族，2003 年 3 月加入中国共产党，硕士，讲师，食品科学系学生党支部书记。

《左传·襄公二十四年》曰："太上有立德，其次有立功，其次有立言，虽久不废，此之谓不朽。"陈静同志担任学生党支部书记以来，以"立德立功立言"为目标和准绳，严格要求自己，做人踏踏实实，做事兢兢业业，做学问认认真真，各方面发挥先锋模范作用。

一、立德树人，谨言慎行提修养

陈静同志思想政治素质过硬，理想信念坚定。她认真学习《共产党宣言》《德意志意识形态》等马克思主义经典著作，坚定共产主义信仰，从原著中汲取世界观和方法论等精华；深入学习习近平新时代中国特色社会主义思想和党的十九大精神，认真执行党的路线、方针、政策和上级党组织的各项决策部署，在思想上、政治上、行动上同以习近平同志为核心的党中央保持高度一致；自觉遵守维护党章，严格遵守党的纪律，特别是政治纪律和组织纪律，以身作则，作风正派，清正廉洁；带头弘扬正气，践行社会主义核心价值观，发扬社会主义新风尚；积极参加辅导员业务培训，先后考取职业指导师、心理咨询师、人力资源管理师等证书，通过持续不断的理论学习，提高党性修养，并在工作和生活中谨言慎行，注重理论联系实际，用理论指导实际工作。

二、立功做事，立足岗位做贡献

（一）加强支部的组织建设

陈静热爱党支部工作，具有大局意识和奉献精神，认真钻研党建业务，有较高的党建工作水平，能够切实担负起党支部建设"第一责任人"的职责；认真落实"三会一课"制度，党支部组织生活规范有序，扎实推动"两学一做"学习教育常态化、制度化，注重研究探讨党支部规范化建设，提升组织生活质量，加强"三型"党支部建设；加强学生党员的教育与培养工作，仅一年就培养并发展党员 20 名，转正 19 名，目前党员比例达 17%；注重党建带团建，加强团组织建设，通过文体活动、读书活动等加强团组织凝聚力、团干部的培养，为党组织培养输送新鲜血液。

（二）加强学习型党支部建设

不注意学习，忙于事务，思想就容易庸俗化。习近平总书记指出："理想信念就是共产党人精神上的'钙'"。支部建设过程中，陈静注重学习型党支部建设，成立理论社团——理实社，以食品科学系党员、发展对象、入党积极分子为主要活动主体，以马克思主义经典著作、马克思

组织支部开展"大手拉小手，共享食品安全环境"主题活动

主义中国化理论成果、党的建设基础知识为主要学习内容，以讲座、研讨、读书会、红色参观为主要活动形式。每周定期组织学生学习党的理论知识，包括习总书记讲话、全国高校思想政治工作会议精神、党的十九大精神等。

2018 年正值《共产党宣言》发表 170 周年，陈静为支部购买学习资料，组织学生多次开展学习。通过深入理论学习，学生进一步坚定理想信念，更加忠实践行党的政治路线，增强党组织的纯洁性。

（三）加强服务型党支部建设

陈静坚持以人民为中心的发展理念，坚守为人民服务的宗旨意识，在支部建设过程中积极践行群众路线，增强为同学们服务的本领。她组织学生党员服务普通同学，针对食品科学系 2016 级相对其他年级挂科较严重的情况，组织党员开展"一帮一学业"帮扶活动，之后 2016 级各科平均优秀率和及格率显著上升；组织党员服务社会，与楼梓庄小学开展"大手牵小手，共享食品安全环境"共建活动，楼梓庄小学学生多是农民工子女，党员向他们普及营养健康及食品安全等知识，通过知识竞赛等活泼生动的方式使小学生认识到食品安全的重要性。食品营养周是食品科学系开展的品牌活动，已在学校小营校区、堡头校区、学院路校区以及塔院社区连续举办 4 届，引导师生和社区居民形成良好的饮食习惯和健康的生活方式，组织支部党员利用专业特长，学以致用，做《"健康中国 2030"规划纲要》与《国民营养计划（2017—2030 年）》战略举措的主力军、实践者和推广者！

（四）加强创新型党支部建设

陈静具有较强的工作能力，积极探索新时代党务工作的新形式、新方法和新途径，让党支部工作有特色、有亮点、有创新。她能够带领党支部围绕学校的中心工作和本单位的各项任务开展工作，党建工作成效明显，在党员群众中有较高威信。新时代信息化高速发展，根据 95 后青年对于网络高度依赖的现状以及性格普遍活泼向上的特点，支部坚持实事求是，与时俱进，创新活动形式，组织党员开展学生乐于参与的"十九大主题"网络知识竞赛，集体观看《厉害了，我的国》《青年马克思》影片，观影后学生心情激动，纷纷发表感想，增强了国家荣誉感和使命感。组织学生参观五四运动馆、焦庄户地道战遗址纪念馆等红色基地，使学生了解历史后更珍惜当前的美好生活、更加坚定中国共产党的领导。新形势下，陈静注重加强网络思想政治教育，打造网络教育平台，2018 年初开通"i 静待花开 i"公众号，构建思政工作线上线下同心圆，贯彻"围绕学生、关照学生、服务学生"理念，更好地为学生答疑解惑，开展思想引领工作。

通过辛勤努力的工作，陈静获得了自身能力的提升以及主管学院领导的认可。2011 年获得联大深度辅导案例一等奖，2009 年和 2014 年获得暑期社会实践优秀指导教师称号。指导"启明星"大学生科技立项，2016 年"校本微媒体语境下大学生社会主义核心价值观培育策略研究"项目获国家级立项并以优良成绩结题，2015 年"太阳能供电的室外空气参数无线测量仪"项目获得国家级立项并以优秀成绩结题。2016 年和 2017 年获得联大优秀辅导员称号，2017 年作为副书记协助书记带领工程管理系党支部获得联大先进基层党组织、十佳党支部称号。

三、立言做学问，问题意识促科研

学院 2009 年实行导师制，2014 年实行完全学分制，2017 年聘任时将辅导员人事和党组织关系划归学生处，使得辅导员和专业导师从管理层面分离，不利于人才培养，强烈的问题意识促使陈静探索辅导员+导师协同育人模式，并通过典型案例验证实效性，主持首都大学生思想政治教育课题"辅导员和专业导师协同育人模式的构建与实证研究"，以优秀成绩结题，并获得首都大学生思想政治教育优秀科研成果奖课题类三等奖。积极申报学校各类党建项目，学生党支部+教工党支部的共建从组织建设层面有效促进了学专融合，加强了以学生为中心的育人思维。在移动互联网发展迅猛的新形势下，她及时意识到微信、微博等新媒体对当代大学生的影响，研究学生对社会主义核心价值观的认知程度，探索培育方法，主持并完成校级党建课题"校本微媒体语境下大学生社会主义核心价值观培育策略研究"。重点参与并完成校级教研课题"成果导向教育在生物化学教学中的探索与实践"，重点参与教育部人文社科专项课题 1 项。综上，共主持和参与校级以上课题 10 项。强烈的问题意识、刻苦钻研的态度，陈静收获了一系列科研成果，包括以第一作者或通讯作者公开发表论文 11 篇，其中 1 篇 C 刊，2017 年获得联大德育研究会学术论文一等奖。

作为一名基层党支部书记，陈静在平凡的岗位中，以全心全意为大家服务的观念、耐心细致的工作作风、持之以恒的奉献精神，热爱学生，关心集体，热心党务工作，得到了党员和群众的好评。在今后的工作生活中，她将继续立足本职，甘于奉献，塑造一名高校教师党员的良好形象。

立身严要求 履职重担当

2017—2019 年度学院优秀党务工作者 陈雄鹰

牢记使命，率先垂范，创新服务师生新旅程。

　　陈雄鹰，男，白族，1973 年 10 月出生，1994 年 4 月加入中国共产党，研究生学历，经济学博士，教授，现任生物化学工程学院党委委员，党政办公室副主任，资源管理系教工党支部书记、主任，人力资源管理专业负责人。在工作中，陈雄鹰坚持以习近平新时代中国特色社会主义思想为指导，以习近平总书记在全国高校思想政治工作会议上的讲话精神为行动纲领，以身作则，以其踏实的工作精神、优秀的业务水平、较高的管理能力、先进的教育理念，在各项工作中屡有建树，赢得领导、师生的普遍赞誉，先后荣获联大优秀党务工作者、师德先进个人、优秀班主任、就业先进个人、优秀教师等荣誉称号。

一、注重思想政治理论学习，提高党务工作能力

　　作为资源管理系教工党支部书记、党政办公室副主任，陈雄鹰无论是在政治理论和业务知识的学习中，还是参加校院举办的各类活动，均站在党员、群众的前列，以身作则做表率。他关心党和国家大事，注重自身素质的不断提高，认真学习马克思列宁主义、毛泽东思想、邓小平理论、"三个代表"重

要思想、科学发展观以及习近平新时代中国特色社会主义思想，深刻领会党的十九大精神，通过学习，使自己的理论水平和政治觉悟有很大提高，拓宽了视野，为完成党组织交付的各项任务奠定坚实的理论基础。

二、廉洁自律，积极发挥先锋模范作用

作为院党委纪检委员、党政办公室副主任、资源管理系教工党支部书记，陈雄鹰注重发挥共产党员的先锋模范作用，模范地遵守党纪国法，廉洁自律，克己奉公，认真贯彻落实《中国共产党党员领导干部廉洁从政若干准则》，按照上级党风廉政建设责任制的有关规定，始终严格要求自己，踏踏实实办事，清清白白做人，以实际行动落实了反腐倡廉的各项规定，维护了党员干部的形象，做到了务实做事，干净做人。

他关心群众，对同事以诚相待，善于做细致的思想政治工作，注意倾听群众的意见和要求，热心帮助群众解决实际困难，深受干部群众的信任与好评。他思想作风正派，为人谦虚，处事正直，崇尚实干精神，工作作风严谨，为人处事总是以工作为重。党政办公室工作事情多、任务重，多年来周末、下班后加班加点对他来说是家常便饭，甚至有些工作要熬通宵，他从来都是任劳任怨，以党的事业为重，以实际行动促进了机关作风转变，树立了良好形象，为机关党员干部带了好头，树立了榜样。

三、恪尽职守，出色完成组织交给的各项工作任务

（一）尽职尽责，提升党支部建设水平

注重抓好党支部学习，增强组织工作基础。在做好个人自学的同时，陈雄鹰认真组织资源管理系教工党支部党员学习习近平新时代中国特色社会主义思想和党的十九大精神，力争使学习覆盖到每个党员。通过广泛深入的学习，提高了支部党员的理论修养，为做好支部工作奠定了良好的业务及政治理论基础。同时，他也注重教师党员的师德师风建设和执教能力的提升，为每位党员购置了《平"语"近人——习近平总书记用典》《大学与大师：清华校长梅贻琦传》等学习材料。

积极开展组织活动，激发组织工作活力。陈雄鹰组织支部开展"两学一做"学习教育、组织收看《厉害了，我的国》《教师：生命与使命同行》及国家安全教育宣传片等各类主题活动，并且都开展得有声有色；积极申报

"一支部一特色"活动项目，申报的"提升教师党员执教能力，助力课程思政建设"项目获批 2018—2019 年度校级基层党支部重点培育项目，与食品科学系与研究院教工党支部申报共建项目"互学互促，共建支部堡垒"获批 2018—2019 年度校级基层党支部"1+1"共建创建项目。

（二）推进课程思政建设，探索新型人才培养体系

陈雄鹰充分发挥党支部的战斗堡垒作用和党员的先锋模范作用，凝聚全系教职工力量，做好专业课程的思政元素融入设计；抓好行动落实，专门制订了专业课的课程思政建设监督执行计划，通过支委会、教研室活动、系会等多种形式，积极探索专业课融入思政教育的实现路径，确定了"专业核心课程示范先行—专业选修课程逐门推进—全部课程覆盖"的工作步骤。

他充分发挥教师主体作用，组织教师结合课程改革开展课程思政建设的研究和实践，积极探索思想政治教育有机融入课程教育的有效途径，通过教研室活动、支部活动，开展集体备课、自检、互检等方式推动课程思政建设。2018 年有 5 门课程获批院级课程思政建设立项，资源管理系所开课程已经全部完成了思政融入设计，部分课程已经取得较好的授课效果。2018 年，资源管理系教工党支部被评为校级课程思政建设先进党支部。

（三）以原则、情怀和坚守，构筑"三全育人"魅力之路

陈雄鹰以党支部为核心，充分发挥教师党员的示范引领作用，带动其他教师一起参与到学院育人工作中；22 名专业教师担任纵向班级的导师，给每位学生提供个性化指导，提升人才培养质量；2 名实验教师也积极参与到学生毕业设计、实践教学、就业创业等育人环节中；1 名教学秘书认真做好服务学生工作，在"三全育人"的道路上一个都不少。

坚持将立德树人贯穿教育教学全过程和学生成长成才全过程，实现全方位育人。资源管理系学生从大一入学到毕业就业反馈，从第一课堂到第二课堂，系里精心安排学生的思想政治教育，时刻关注学生的成长；两个专业分别成立了专业校友分会，发挥校友分会的作用，对毕业生进行就业心理疏导和就业需求定位，让毕业生感受到系里的关怀和温暖。

坚持将立德树人覆盖到课上课下、线上线下、校内校外，实现育人无处不在。通过课程育人，提升学生"自主学习"的自觉；通过实践育人，提升学生"积极实践"的自觉；通过团队育人，提升教授团队和导师队伍的育人质量；通过科研育人，提升学生"大胆创新"的自觉；通过组织育人，提升

学生"勇于担当"的自觉。

近年来，资源管理系的"三全育人"工作取得了一些成果。教师指导180多名学生参与课题研究，"启明星"科技立项80余项，获批北京高等学校高水平人才交叉培养"实培计划"共3人次，获北京市及以上奖励20余项，获行业协会奖励12项，学生发表论文10余篇，资源管理系第一学生党支部在2018年北京高校红色"1+1"示范活动评选中荣获优秀奖，近两年资源管理系的毕业生签约率在全院均名列前茅。2018年，资源管理系被评为校级"三全育人"先进集体，陈雄鹰同志被评为校级"三全育人"先进个人。

（四）开拓进取，充分发挥参谋助手作用

作为院党委委员、党政办公室副主任，陈雄鹰同志工作积极主动，开拓进取，努力当好领导的参谋助手。重视"三重一大"和集体决策制度建设。按照上级要求，制修订《中共联大生物化学工程学院委员会会议制度和议事规则》《联大生物化学工程学院院长办公会会议制度和议事规则》，严格做到决策事项范围和决策权限清晰、规范决策程序、会议记录完整。

陈雄鹰注重到基层调研，积极为领导出主意、提建议，为加强学院党的建设付出了辛勤努力，真诚做好各项协调服务工作。党政办公室工作不仅要服务好领导工作，同时也要协调好各支部、各部门的工作。他注重提升部门的服务意识，大到安排一次会议、起草一个工作报告，小到传递一个文件，都做到严谨细致、一丝不苟、快速高效。

作为一名党务工作者，陈雄鹰同志在平凡的岗位中，以全心全意为大家服务的观念、耐心细致的工作作风、持之以恒的奉献精神，得到了党员和群众的好评，他是广大党务工作者学习的榜样。

牢记使命 尽职尽责 做宣传思想工作的有心人

2017—2019 年度学院优秀党务工作者 张志丹

> 为明天做准备的最好方法就是集中你所有智慧、所有热忱，把今天的工作做得尽善尽美。

张志丹，女，满族，1981 年 7 月出生，1999 年 3 月加入中国共产党，现任联大生物化学工程学院党委组宣部宣传副科长。张志丹同志大学期间曾担任学生党支部书记，工作后曾担任校、院党委职能部门干部、学生辅导员，有较为丰富的党务工作经历。

作为一名专职高校宣传思想工作干部，张志丹同志政治素质过硬，党性观念强，理想信念坚定，能够充分认识做好宣传思想工作的重大意义，自觉树立对宣传思想工作的责任感和使命感，立足本职工作，努力学习，勤于思考，不断提升工作技能，创新工作方法，以踏实肯干的工作作风、细致谨慎的工作态度，认真做好每一项工作。

一、提高认识，把住导向，积极推动宣传思想工作开展

张志丹同志能够充分认识做好高校宣传思想工作的重大意义，能够从全局和战略高度深刻认识高校意识形态工作的重要性，自觉增强自己对高校宣传思想工作的责任感和使命感，注意把握高校宣传思想工作点多线长面广的特点，努力捕捉新形势下高校宣传思想工作的着力点，指导推进各项工作开展。

她深知要做好宣传思想工作、全面落实立德树人的根本任务，必须坚持

党的领导，用习近平新时代中国特色社会主义思想武装师生头脑，用社会主义核心价值观凝聚人心。因此，她坚持理论学习，翻阅大量的学习资料，用心选编《学习文选》，为教职工理论学习做好服务与引导工作。

她能够认识到高校作为意识形态的前沿阵地，规范宣传思想阵地管理流程和工作机制极为重要。她认真做好宣传阵地管理工作，做好相关宣传内容的审核、备案工作，不给错误言论以传播渠道，让学院的宣传阵地成为激发正能量的坚强力量。

为了适应新形势下宣传思想工作的要求，充分运用新型传播手段创新高校宣传思想工作，她勇于面对挑战，在负责管理学院新闻网稿件发布的基础上，积极学习新媒体相关技术，开通、维护学院官方微信公众号平台，创新宣传手段，努力掌握网络舆论主动权。

二、立足本职，苦练内功，努力提升宣传思想工作技能

张志丹同志在工作中深入研究规律，不断增强方法自觉，注重方法创新，提高做好意识形态工作的本领，提高做好新形势下高校宣传思想工作的能力。她坚持利用业余时间和工作之余浏览网页，从校内外的各种新闻网站上，学习他人新闻写作的技巧和章法，丰富自己，服务工作。

为了拍摄出好的信息照片、抓住精彩的瞬间，她阅读了大量的摄影资料，浏览了大量的专业网站，从中学习理论知识，提高摄影水平。为了有效提升摄影水平，尽快摆脱摄影零基础的短板，她还自己购买了单反相机，利用休息时间进行摄影练习，真正将提高工作技能内化为自己的业余爱好。

为了顺应新媒体发展需要，她申请开通了学院官方微信公众号平台。作为平台的运营管理员，她认真学习、研究微信公众号的运行与维护方法，学习页面设计、色彩搭配等相关知识，认真思考版面设置、撰稿风格等，倾力编写相关稿件，突出亮点，大力宣传学院中心工作，平均每年约刊发微信公众号文章 150 余篇。先后策划教授团队建设、学生团队建设、40 年校庆、师生服务北京等多项专题，达到了良好的宣传效果，提升了学院社会影响力。

她还利用网络等现代信息资源，学习借鉴做好宣传思想工作的新理念和新经验，把一些好的做法融入日常工作中，不断完善工作方法，提高自身工作能力。

三、热爱岗位，倾心工作，竭力提高宣传思想工作质量

张志丹同志热爱宣传思想工作，把全部精力都投入工作中，不辞辛苦，任劳任怨，不计得失，倾心工作，竭力提高宣传思想工作质量。在工作中，她按照上级的工作部署和党委的工作安排，结合学院的实际，协助部门领导起草各项宣传思想工作相关文件、材料；负责审核与采编全院新闻宣传稿件，通过校、院网络信息等平台发布与上报，参与对学院各类重大活动的对内、对外报道宣传，平均年发稿量近200篇，并在学院网络中心的技术支持下，定期对9个一级栏目、近30个二级栏目的信息进行清查和更新；根据学院办学实际，及时调整完善栏目建设……面对烦琐、细致的工作，她不急不躁，有条不紊地认真做好每一项细碎的工作，力争把工作做到尽善尽美。

在日常采编学院新闻的过程中，为了实现最佳宣传效果，她总是一遍又一遍地修改每一篇新闻稿件，不放过每一个字，包括每一个标点符号，发布的每一篇稿件都经过深思熟虑，不惜加班加点，绝不草草发布，力争做到新闻发布规范、得体、严谨、准确。每当将点滴的瞬间以新闻的形式凝结成永恒，记录下美好的时刻，让真善美在校园里传播，她便会感受到工作带给她的最大快乐与满足。

四、团结协作，通力配合，认真践行党务工作者的责任与使命

张志丹同志为人谦和，有较强的团队意识与协作精神，有些工作经常需要各部门协作配合完成，她总是能做好相关的沟通协调工作，较圆满地完成工作任务。作为一名党性较强的党务工作者，她能够自觉配合其他部门以及本部门其他工作需要，讲全局意识，不计得失，不辞辛苦，甘于奉献，全力配合，协助其他同志完成相关工作，认真并坚定地践行着一名党务工作者的责任与使命。

张志丹同志深知作为一名专职宣传思想工作干部，既要努力学习提升自身素质，成为意识形态前沿阵地的合格守卫者，又要每天完成大量烦琐的工作，必须要付出格外的努力。记不清多少个深夜甚至凌晨，为了一篇微信公众号的推送稿件盏灯鏖战，更记不得由于睡眠不足，在坚持工作时喝掉多少浓茶、咖啡。辛苦疲惫之际，一名党务工作者的责任与使命成为激励她坚守信念、尽职尽责、努力工作的强大精神依托。她很喜欢这样一句话："为明天

做准备的最好方法就是集中你所有智慧、所有热忱，把今天的工作做得尽善尽美。"多年来，她也把这句话作为自己的人生格言，努力把"今天的工作"做得尽善尽美，不求做到最好，一定做到尽心，真正做一名宣传思想工作的有心人。

不忘初心强党建 牢记使命勇担当

2017—2019 年度学院优秀党务工作者 李志刚

宁静致远，知行合一。

李志刚，男，满族，1969 年 1 月出生，1992 年 4 月加入中国共产党。自 1992 年在联大应用文理学院参加工作以来，先后担任应用文理学院学生处干部、信息科学系副主任、科技开发部主任、宣教处处长（主管院党委宣传部、学生工作部工作）、人事处处长，曾兼任学院工会副主席、机关党总支副书记、人事处党支部书记。2017 年 1 月调入联大生物化学工程学院后任人事处处长、离退休党总支书记、人事处党支部书记。工作以来曾多次获得联大优秀教育工作者、联大优秀共产党员、本科教学评估先进个人、社会实践先进个人、学校专职从事学生思想政治教育工作十年以上奖励等荣誉称号，2006 年获北京市教育工会优秀工会积极分子，2008 年获北京市总工会奥运立功标兵。近五年考核中 3 次获得优秀。

一、信仰坚定，做党的理论的传播者

李志刚同志曾任思想政治课教师、学院宣传部长，重视学习党的理论，对党的理论有一定的研究，多次给学生、支部和总支的党员讲党课，自觉做一个党的理论的传播者。

在带领支部同志进行理论学习时，他十分重视理性认识的重要性，他常说在实际工作中靠感情、靠利益驱动可以暂时团结一些人、干一些事情，但不能长久，因为情感、利益会随外界环境的变化而变化，必须将朴素的感性认识上升到理性认识，正确的行动才能持久。干事业必须依靠信仰把人们团结起来，不忘初心的"不忘"就是一个理性升华过程，是将入党之时对党的感性热爱，于伟大的中国特色社会主义事业的实践中不断提高对党的认识，不断坚定共产主义信仰的过程。

他还注重做好离退休老同志的思想工作。在与老同志的沟通中曾对离退休党员讲，也许由于年龄，大家逐渐感觉到自己成了身体的囚徒，但身体的衰老不能影响思想的进步，坚定的信仰才能摆脱身体的困境。在每次讲党课、组织理论学习之前，他都认真调研面向对象的总体情况、所关注的问题、近期思想变化，做到有的放矢，以有效地传播党的理论知识。

二、甘于奉献，做党员群众的知心人

近三年，李志刚同志在党务工作上主要负责离退休党总支和人事处党支部工作。他积极做好调查研究工作，主动和同志们谈话，了解他们的成长经历、心路历程以及现今遇到的思想、工作和生活上的困惑，从日常生活、个人发展入手，分析他们思想、性格上的变化，通过自我剖析，阐述个人及学院与社会发展的关系，加强思想政治工作，不讲或少讲"小道理"，理直气壮地讲大道理，讲理想信念，力图做到大处着眼、细微之处着手，提高党的工作的有效性。

对于一些对社会问题认识不够清晰，在思想上有一些不坚定，在情绪上有一些波动的老同志，他和总支、支部相关同志一起研判这些老同志的特点与症结，制订谈话方案，进行走访或约谈，耐心听取老同志的意见，帮助他们全面了解个人、学院、学校与社会发展的关系，肯定他们的积极性，指出他们的不足，疏解他们的不良情绪，保证校院的稳定发展。

在日常工作中，在涉及教职工岗位聘任、职称评定、工资调整等问题上，李志刚也耐心细致地做好宣传解释工作，在政策允许的范围内保证教职工利益，做群众的贴心人。

三、求真务实，做党的教育路线的践行者

李志刚同志现任学院人事处处长、离退休党总支书记、人事处党支部书

记，在工作中求真务实、勇于担当。

在支部工作中，他针对部门存在的工作作风问题等，在会前与相关同志耐心交流，会上从党的教育事业、校院发展与人的自由全面发展的角度进行深入的理性分析，引领党员从身边小事，一点一滴做起，换位思考，从党的宗旨——全心全意为人民服务的角度，来看待工作中的态度与效率问题，使得人事处工作的群众满意度逐年提高。

2018年离退休的五个党支部进行换届选举，他坚持原则按组织要求的程序规范进行，必须召开支部党员大会、必须进行差额选举。这一做法与以往不同，对于才上任一年多的他是一个挑战。他首先与总支中的骨干进行沟通，研究新方法可能会出现的问题和解决方案，做好耐心细致的思想工作，得到他们的支持。然后召开总支扩大会，组织学习《中国共产党支部工作条例（试行）》，让骨干们带头发言，统一思想，并解决实际问题。最后五个支部都严格按照换届程序要求召开了支部大会进行差额选举，选出了新一届支部委员会。

2018年离退休党总支还进行了一项重大改革，即实现党对离退休工作的全面领导，把过去的12个离退休工作组，重新组合为15个，让5个支部共15名支部委员担任工作组组长。他带领离退休党总支骨干和人事处的党员，做了详尽的调研，设计了老同志满意的调整方案，最终结合支部换届，圆满地完成了任务，取得了预期效果。

他积极投身学院的改革，加强教授团队建设，进行了教授团队立项、考核、奖励，修订了一系列相关文件，使教授团队建设更加系统化；深入分析学院师资队伍状况，以创新创业教育为核心特征、以双师数量为指标加强师资培训，使学院的双师比名列全校前茅，目前又全力以赴投入导师管理这一新的任务中。

立德树人育栋梁

倾注爱心 创新育人模式 在实践中夯实人才培养之路

2017—2018 年度学院师德先锋 田沛哲

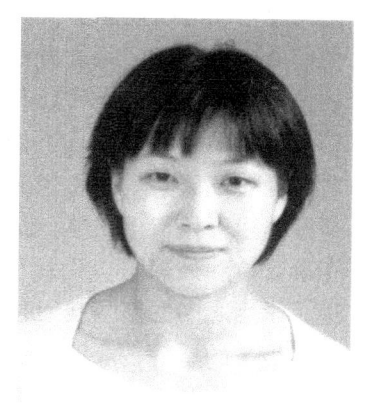

田沛哲"懂学生",是学生的良师益友,注重对学生的全程培养,将学生们碰到的每个问题和困难都当成自己的问题一样仔细思考、耐心且细心地指导、鼓励和疏解;注重因材施教,做教学改革的先行者,刻苦钻研教学理念和教学方法、开展教学研究、进行教学改革;坚持科教融合、产教融合,在服务首都的生动实践中夯实人才培养之路。

田沛哲,女,汉族,副教授,工程与艺术系教工党支部书记。

15 年前,源于对所学专业的热爱、对学生的热爱,田沛哲选择了教师这一职业。在 15 年的教师生涯中,她也经历过工作的琐碎、压力、困惑和无奈……在一次学校选派到清华大学研修的试讲中,一位国家级教学名师对她的试讲给予了高度评价:"我相信田老师将来一定是一位出色的教师",能够得到来自国家级教学名师的充分肯定,再一次带给她信心和力量,也更加坚定了她的信念——心甘情愿将自己的心血付诸教学、倾注于学生身上。随后的日子里,她更加勤奋努力地工作,将全部热情奉献给了她钟爱的教育事业。

作为一名教师,田老师在传道授业解惑的同时,特别注重对学生的全程培养和指导,充分发挥作为导师的作用,从帮助低年级学生适应大学生活和加强专业认知，到中年级学生的专业学习和科技活动的具体指导，再到高年级学生的职业规划和压力疏导，将学生们碰到的每个问题和困难都当成自己碰到的问题一样仔细思考、耐心且细心地指导、鼓励和疏解，工作卓有成效，深受学生爱戴。

一、懂学生，做学生的良师益友

田老师认为要"懂学生"，了解他们的性格、背景、特点，在他们遇到问题需要帮助的时候能够及时伸出援手，帮助他们把状态调整到最好，努力做他们的良师益友。每次开学，无论多忙，她总会和学生单独谈话，了解他们的情况和诉求，必要时还和家长及时沟通，共同帮助学生成长。同时通过微信经常和学生们谈心，不拘形式，只要看到学生状态不对，就会和他们聊一聊。通过不厌其烦的思想工作，考研的同学压力得到及时疏解，对专业没兴趣的学生开始产生兴趣，跟宿舍同学相处不融洽无法面对而郁闷的学生能够正确看待和处理同学关系了……这一次次的交流密切了师生关系，同时也促进了学生之间的互帮互助和共同成长。有学生说，"我从田老师身上学到了做人、做事的道理，获得了全方位成长，现在要毕业了非常的不舍"。看到学生的成长和变化，她认为"把时间花在学生身上，是最有意义的事"。

二、因材施教，做教学改革的先行者

如何让课堂教学更具吸引力，基于书本又超越书本？为了提高课堂效率，田老师在承担着大量新开课和繁重的教学科研管理任务之余，刻苦钻研教学理念和教学方法、开展教学研究、进行教学改革，积极参与编写适合学校学生教学的高质量高水平教材，推动课程改革和教材建设。

在系里一位教师身体出现状况来不及交接的紧急关头，田老师接手了建筑环境学这门体现专业特色的专业核心基础课程。在教学实践中她很快发现，这门课程与以后的所有专业课程都相关，同时对学生对专业的正确认知和理解有很强的导向作用，然而这门课程是专业指导委员会近年来要求各高校开设的新课，从教材到各种教学资源可以参考的资料都有限且还在摸索之中，少有经验可以借鉴，同时因为课程内容更多涉及基本原理和基本概念，具体计算方法要到专业课里学习，学生可能觉得并不实用。对此，田老师和同事们决心一定要把这门课建设好！抱着这样的信念，他们一起充分调研，调整讲义，加大课程改革力度。在由她主持的校级核心课"建筑环境学"建设中，突破传统课程质量观和授课模式，采用蓝墨云班课和 BOPPPS 教学法大幅提升教学效率和学生参与度，鼓励学生自己进行"综合性设计性实验"设计，教学团队投入大量课余时间从选题开始全程一对一辅导，将课内教学与课外学习有效结合，把科学精神、人文素养、健康人格教育和实践能力的培养贯穿于课程教学的全过程，激发了学生浓厚的专业探索兴趣，很多学

田老师和学生在一起

生主导的设计性实验在团队教师的指导下都拓展为了学生科技活动。她提出的线上线下混合教学、任务驱动打造"合作参与型"课堂的理念在答辩中获专家高度评价。经过不断努力，她获校级教学成果奖 4 次，主/参编 6 本教材，完成 3 门院重点课程、核心课程建设。

田老师认为，毕业设计是学生离开学校前的最后一次综合知识和能力的强化训练，非常重要。因此在指导学生毕业设计过程中，她积极调动各方社会资源，给学生创造机会，让学生深入实际工程学习和调研，请设计院资深设计师为学生讲解，最大限度提高学生知识应用的能力和水平，指导的学生 4 次获得校优秀毕业设计奖。

三、坚持科教融合、产教融合，在服务首都的生动实践中夯实人才培养之路

纸上得来终觉浅，绝知此事要躬行。田老师注重实践在促进学生成长中的重要作用，坚持开展基于用户需求的研究工作，研究课题从现实中来，科研成果为社会服务、为立德树人服务。她把每一次帮助企业解决工程实际问题的机会都作为锤炼学生的好时机，积极指导、鼓励和带领大量学生参与了"银泰中心冷站和空调系统故障诊断和评估""中国建筑设计研究院自然通风设计效果评估""北京地铁站室内环境和节能研究""无风道新风机横向评测""不同耗材过滤效率"等的研究和工程实践。指导了大量学生参加各级各

类学生科技立项和科技竞赛活动，与放心修（北京）科技有限公司共建了HVAC 全生命周期优化技术实验室，汇聚大量行业资源，所有实验系统和设备材料都由企业和行业相关单位出资建设。实验室对于课程实验、现场教学、第二课堂、学生科技活动、创新创业活动的开展都给予了有力支撑。借助HVAC 全生命周期优化技术实验室平台，学生们开展了大量的用户需求导向的产品研发、技术服务和营销策划。通过一次次与实际工程和企业的密切接触，促进了学生主动学习和优质就业。

田老师还利用第二课堂优化学生价值塑造流程，强调认知体验与感悟实践在思想教育和价值引领中的重要作用。在室内空气净化市场鱼龙混杂、良莠难辨的行业乱象中，田老师带领学生利用第二课堂开展新风产品横向评测工作，用专业知识解决实际社会需求问题，引导行业消费，体现专业价值，推动健康建筑发展，吸引了企业和媒体的关注。学生们与放心修（北京）科技有限公司和中关村在线建立了深入的合作，2017 年 6 月中关村在线实录并发布了学生对新风产品横评的整个过程和横评结果，学生们都由衷地感到自豪。室内空气品质研究团队的学生为北京市近百户居民提供了详细的测试数据、测试报告和改进建议，受到居民的肯定和感谢，社区还专门给学院写来感谢信，BTV 新闻频道两次进行了报道。

对于有专业热情的学生，田老师积极鼓励和精心培养他们参与各项学生科技活动，教师和学生共同参与的研究小组经常召开组会，在组会上师生畅所欲言，时常碰撞出灵感的火花。她还创造条件给学生报名参加国内知名的学术交流活动，让学生开阔眼界，了解行业发展的新技术、新焦点。同时，她对学生要求也非常严格，在指导学生撰写报告时，一份报告修改十几遍是很正常的事情，但从不代劳，她认为"授人以鱼不如授人以渔"，学生自身能力的提升才是让学生受益终生的教育。目前还是大三学生的新风创业团队的同学们在一次次实践中发现了问题，自主研究、撰写论文，论文已被 2018 制冷年会录用。

在科教、产教的深度融合中，田老师深刻体会到：这是一条有效打通课内课外学习、启迪思考、激发专业热情、体现专业价值、优化价值塑造流程的正确道路，学生们在服务首都、服务社会的实践中，开阔了视野，能力和信心大幅提高，在实现自己梦想的道路上坚定前行，同时进一步树立了"四个正确认识"，坚定了"四个自信"。创业团队学生王思琦说："建设美丽中国、服务社会，大学生不是旁观者，我们正一起并肩前行！"

　　田老师就是这样，用心关爱学生，悉心指导学生，时刻以提升学生能力、促进学生成长、培养学生成才为己任，创新育人模式，探索人才培养高效路径，坚守信念，传道授业，立德树人。

躬行千亩桃园 筑梦三尺讲坛

2017—2018 年度学院师德先锋 葛喜珍

葛喜珍是制药工程专业负责人，北京市教学名师。她学识渊博，立德树人，无愧为学生的引路人和筑梦人！她成果丰硕，主持省部级科研项目 10 余项，近年发表 SCI 和核心期刊论文 60 余篇，主编教材 2 部，参编学术专著 2 部，获省级科技进步奖 2 项，带领团队研制植物源农药，把科研论文写在祖国的大地上，事迹被中国教育电视台等媒体报道。

葛喜珍，女，汉族，中共党员，博士，教授，生物医药系制药工程专业负责人，多次被评为校级优秀教师、优秀班主任、师德先锋，2013 年被评为北京市教学名师，2018 年被评为北京市师德先锋，2003、2005 年两度获省级科技进步奖。

葛教授挚爱教育事业。从教 20 余年来，始终满腔热忱，以德立身，以德立学，以德施教，用坚定的理想信念、高尚的道德情操、扎实的专业学识、广博的仁爱之心，践行教师的职责和使命，做学生健康成长的指导者和引路人。近五年讲授 8 门课程，每学年承担 4—6 周校内外集中实训实习、指导 5—8 名学生毕业设计、指导 7—10 名学生课外科技活动；爱生敬业，真抓实干，只要学生和学校需要，工作没有上下班，不论是除夕夜，还是身在外地，都一定使命必达。

一、以德施教，做学生的引路人和筑梦者

在葛教授心中，每一名学生都是自己的孩子。对于那些学习、生活等方面遇到困难的学生，葛老师则倾注了更多的爱。有一名学生沉迷于网络，天天宅在宿舍上网，每天靠吃方便面度日，学习、实验全抛脑后。为助其戒除网瘾，葛教授专门为他设计了一个实验，每天督促着他进实验室。在葛教授的鼓励和鞭策下，他出色地完成实验，并戒掉网瘾。还有个女生是一个孤儿，和养父相依为命，生活非常困难。大二那年她家里又不幸遭遇了火灾。葛教授知道后立即给她送去生活费，同时积极帮她申请救助，并一直关注她的生活和成长，帮她推荐就业单位。现在该生已成为单位的业务骨干。

在葛教授心中，最大的幸福就是看着学生走出校门，向着自己的梦想前行。为使教学计划更契合学生个性化成长需求、提升教育教学质量，她邀请学生参与教学计划修订，并开展问卷调查了解毕业生意见；她积极开展教育教学研究，完成教研项目 10 余项，两次获校级教学成果奖。她深

葛老师和学生在一起

知让学生在学习过程中找到乐趣是提升教学效果的关键，结合学生特点，围绕"学会、会学"的主题，努力寻找授课内容与学生相关的兴趣点和延伸点，积极使用各种教学手段调动学生积极性，使课堂气氛活跃，不见"低头族"。

在同学们心里，葛教授不仅是学业导师，更是人生的引路人。在专业领域，学生对她的评价是知识渊博、对中药知识无所不知。在课堂上，她关注的不只是知识传授，还包括如何把思想政治教育渗透到每堂课，润物细无声地育人以德。讲授药理学课程，她利用发现青霉素的案例，引导学生认识到做事要执着，要注重积累与合作，机会只留给有准备的人；讲授中药课程，以诺贝尔奖获得者屠呦呦默默奉献为案例，引导学生思考我国中医药发展存在的问题，以及作为未来制药行业的从业者应如何在中医药创新方面发挥自己的才能，培养学生的使命感。

在同学们心里，葛教授不仅是良师益友，更是他们的筑梦者。制药工程专业与外校实施双培教育，为给学生创造良好的学习机会，从动员、选拔、制订计划到服务，她都时刻挂在心上。当学生遇到困难时，她及时与双方院校相关部门沟通，竭力帮学生解决问题。为帮助考研同学，她和同事每年组织专业考研经验交流会，邀请考研的校友给师弟师妹传授经验，并建立考研群，安排专任老师负责考勤，辅导、督促学生。近年学生陆续考取北京协和医学院、北京化工大学、暨南大学等著名高校。为协助学生实习和就业，她每年邀请校友为毕业班传授就业经验，带领团队赴各地洽谈合作，建设实习基地和稳定的就业基地，并亲自带队到基地实习，基地给予很高评价。

二、科教融合，激发学生科研和社会服务的兴趣

葛教授痴迷于科研，不仅自己取得了丰硕的成果，同时也对学生产生了潜移默化的影响。学生第一次进实验室，她用自己求学和工作的经历诠释科研的内涵和魅力。有学生在教师节致信道："说实话您让我相信了智慧的魅力，您关于什么是科研、什么是实验的见解深深打动了大家，那天的实验课，没人逃、没人偷懒，大家主动把自己关在实验室，不得不说，那种自觉完全归功于您的影响，这种影响令人难以置信。"

她引导学生从大一开始参与科研项目。她的科研项目涉及实验室工作、田间试验、中试、成果转化、药物批号申报等环节，她根据学生的兴趣和需求，指导学生参与一个或多个环节，并邀请学生参加大型项目中期、结题会，让学生真正感受到科学研究与产业化的意义。通过参与科研项目，学生的科研能力得到很大提升，发表论文 32 篇，申报国家发明专利 16 个。

她重视利用课外科技活动开展创新教育，培养学生的创新能力、创业素质和团队协作精神，为此，她成立专业学术社团，以科研项目为依托，指导学生参加大学生课外学术科技作品竞赛，国家级、市级学生科技立项 30 余项。每年有 1—2 个团队获"启明星"项目支持。曾获国家三等奖 1 次、市级"挑战杯、创业杯"三等奖 9 次、校级奖励 8 次。通过实战，学生体会到了实验的乐趣、知识的力量、创新的价值，同时培养了学生务实、执着和严谨的工匠精神。学生在朋友圈写道："我们的葛教授总是以科研和实验为重，尽可能地为我们创造良好的实验条件，每当我遇到困惑，总能在她那里找到答案，她开阔的眼界和敏锐的思维深深影响了我。"

　　她牵头促成北京市平谷区大桃科研基地松棚村党支部和系学生党支部的共建。在共建活动中，学生到基层为农民讲解植物源农药的使用方法、指导田间应用、宣传生物农药对环境的环保性。通过宣传和应用改变了果农的用药习惯和观念，为环境保护尽绵薄之力。共建团队还建立了"互联网+大桃"的销售模式，为平谷大桃的宣传和销售增添了有力的一笔。共建活动增强了学生服务社会的意识，锻炼了服务社会的能力。

三、学以致用，引领学生知行合一科研助农

　　习总书记号召"知行合一，做实干家"，葛教授就是这样的学者。她不仅严谨治学，更关注社会、服务社会。她认为科研成果不能只停留在纸面上，能真正与民生相结合，让民众和消费者得到切实的好处，才是让她开心和幸福的事！

　　随着食品安全问题渐入公众视线，她萌生了发挥专业所学为无公害食品保驾护航的念头。平谷大桃是北京地标性果品，病虫害防治主要依赖化学农药，严重危害人体健康，对环境也造成破坏。从 2005 年起，她带领学生先后从 80 多种中药中筛选防治桃病害的生物农药。在大量艰苦试验后，团队研发的植物源农药——10% 小檗碱可湿性粉剂，高效、安全、环保、成本低，首次实现植物源农药在桃上的登记。

　　在农药研发过程中，葛教授怀着一颗严谨与博爱的学者之心，首先在自家阳台、办公室、实验室种满了植物。她先将研制的农药在这些植物上做试验，再拿到试验田小面积试用。她的严谨敬业精神极大影响了学生，家在平谷的学生志愿提出将农药拿到自家地里试用。葛教授以不伤害农民利益为底线，试验由一亩逐渐推广到十亩、百亩乃至千亩、万亩。10 多年的研发，一步步走来，她记不清究竟经历了多少次失败，克服了多少困难，有过多少个不眠夜！

　　产品研发出来后，葛教授主动联系农户协商大田试验。由于农民长期使用化学农药，产量有保证，多数农民不愿意冒风险去尝试一种新型农药，这样的抵触心理让她的大田试验举步维艰。她用心与农民打交道，多次深入田间地头，为农民解决一个个生产实际问题，用自己的真诚打动农民。2014 年以来，平谷区 5 个乡镇陆续示范和推广葛教授的植物源农药，效果非常显著，桃农高度认可。目前，团队研发的植物源农药不仅用于平谷大桃，也应用于

海南、江苏等地出口到香港的有机蔬果。

这项利于民生的科研成果转化落地，有力践行了习总书记"把论文写在祖国大地上"的讲话精神。她的事迹也先后被中国教育电视台、北京电视台报道。

奉献科学智慧，解决公众难题，为学生成才立范，为社会进步尽责，这就是葛喜珍教授认定的幸福人生。

春风化雨润桃李 一片丹心育后人

2017—2018 年度学院师德先锋 冀颐之

从教 10 余年以来，冀颐之以学生的发展为己任，用爱温暖生命，在自己热爱的教学科研事业中默默耕耘，怀揣着创新求真的精神教书育人，坚守着一名教师对教育事业深深的热爱。认真钻研教学技巧，主持和参与校级教研项目 2 项，获得校级教学成果一等奖 1 项、二等奖 1 项；主持市级科研项目 3 项、校级项目 1 项、北京市重点实验室项目 1 项，发表研究论文数篇。

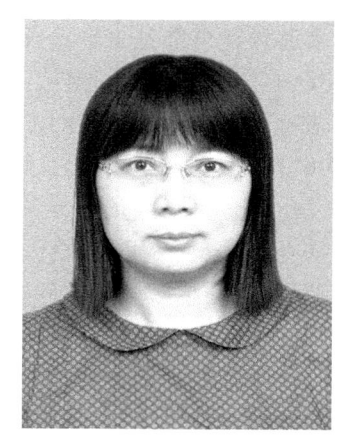

冀颐之，女，汉族，中共党员，博士，副教授，生物医药系生物工程专业教研室主任，兼任中国生物发酵产业协会功能发酵制品分会副秘书长。从教 10 余年以来，她以身体力行的方式与学生共同成长，在自己热爱的教学科研事业中默默耕耘，怀揣着创新求真的精神教书育人，在平凡的教育岗位上，坚守着一名教师对教育事业深深的热爱。2017 年 7 月被评为 2017 年度联大优秀本科毕业设计（论文）指导教师；2016 年《基于创新人才培养的生物化学课程教学改革与实践》获得校级教学成果奖一等奖；2015 年被评为联大优秀班导师、联大优秀本科毕业设计（论文）指导教师。

一、身体力行，与学生共同成长

作为生物"明德"班班导师，冀颐之认为做一名好导师，最重要的是一个"爱"字，要爱学生、关心学生、了解学生，良好的师生关系是教育的基础。在方法上，她更注重身体力行，用自己勤勉、严谨的工作学习态度去感染学生，使学生在潜移默化间树立正确的人生目标，用积极向上的态度充实地度过四年大学时光。

师者，所以传道受业解惑也。结合导师制，冀老师耐心引领学生从专业知识的入门、累积，到能够独立完成基本的专业任务。积极鼓励他们参与大学生科学研究活动，打通学生科研项目和毕业设计环节，从申报材料的书写、实验设计、准备、实验开展、完成论文、答辩等环节冀老师均投入了大量的精力，对学生精心指导。她常常为了获得一组好的数据，在实验室陪学生加班至深夜。付出总有回报，2015 年至今，她指导的大学生科技项目获得国家级立项 1 项、市级立项 4 项、校级立项 2 项，所指导的毕业论文《Rhizopus arrhizus 脂肪酶基因毕赤酵母表达载体的构建》被评为 2015 届校级优秀本科毕业论文、《一步酶催化合成 1，3-二油酸-2-棕榈酸甘油三酯的工艺》被评为 2016 届院级优秀本科毕业论文、《色氨酸生物传感器的构建》被评为 2017 届校级优秀本科毕业论文。通过"师徒式"的科研训练，使本科生掌握了课堂上无法获得的专业技能，提升了科研能力，为其今后的人生奠定了扎实的专业基础。

一位教育家曾说过："只有当你不断地致力于自我教育的时候，你才能教育别人。"冀老师非常热爱教育科研事业，为此她积极参与进修深造，促进自己不断成长。2015 年获得教育部骨干访学项目资助，在清华大学化学工程系绿色生物技术实验室进行了为期一年的国内访问。期间，她踏实努力、刻苦勤奋，细致的作风受到实验室一致好评，并掌握了多项先进专业技能，收获丰硕，为后续科研发展提供了重要的动力。其积极向上、学术上不断探索的态度也深深影响了学生。在她的鼓励下，生物"明德"班学风浓郁，多位学生选择继续深造读研。2015 年至今，已有 6 位同学分别考取了中国科学院、北京协和医学院、南开大学、南昌大学、南京林业大学和天津科技大学重点院校及本专业特色优势高校的硕士研究生。冀老师也被评为 2015 年度校级优秀班导师。

二、立足教学科研，在热爱的事业中默默耕耘

三尺讲台说天下，一寸粉笔写乾坤。作为青年教学骨干，冀老师承担了微生物学、生物工艺学、发酵食品等专业课程的教学任务。此类课程研究的是肉眼看不到的奇妙小生命，从它们的形态结构、生长特点、培养方法到工业应用，从史前期的古老酿造酒到现代高新技术的基因工程菌，从几乎使印第安人灭绝的天花到挽救人类于水火的青霉素，课程涉及以微生物为基础的各类重要生产技术及产品。为了点燃学生对专业知识的兴趣，她认真钻研教学技巧，全心投入教学。根据所授课程特点，依据 CDIO 理念，探索了"理论教学案例化""实践教学产品化""自主研习项目化"三套工程化创新教学模式，使 CDIO 理念在课程建设中得以实施，学生知识、能力、素质协调得到培养，取得了非常好的教学效果。在 2015 年年度考核中获得优秀，2016—2017 学年第一学期教学质量评价为优秀，论文《基于 CDIO 理念的生物工程人才培养模式探索》被《高校生物学教学研究》编委会评为年度优秀论文，主持并完成了校级教研项目《生物工艺学网络教学资源的建设及应用研究》、院级生物工艺学核心课程建设项目，参与并完成校级教研项目"微生物学网络教学资源的建设及应用研究"，《以产品和项目为主线的生物工程专业实践教学体系改革和实践探索》获得校级教学成果二等奖，《基于创新人才培养的生物化学课程教学改革与实践》获得校级教学成果一等奖。

科研是教学的"源头活水"，如果没有科研做支撑，大学课堂教学就会失去"灵魂"。著名科学家钱伟长曾指出，教学没有科研做底蕴，就是一种没有观点的教育。认真从事科研的老师思路开阔、具有创新意识和批判性思维，令学生耳目一新，眼界开阔。因此青年教师在教学科研中要两手抓，两不误。冀老师长期从事工业微生物、酶工程方面的研究，具有良好的科研素质。目前主持并完成北京市教育委员会中青年骨干人才项目 1 项和北京市委组织部

优秀人才资助项目 1 项，主持北京市教育委员会科研面上项目 1 项、校级人才强校优选计划——百杰计划项目 1 项、生物质废弃物北京市重点实验室项目 1 项，同时参与了其他多项科研课题，发表研究论文数篇，在上一聘期科研工作量达到 1600 多研时，超额完成任务。成绩的背后是巨大的付出，作为幼儿的母亲，她常常面对陪伴孩子和节假日加班的艰难选择，而生物学实验在时间上有持续性的要求，否则就会半途而废，这是一道没有选择的选择题。在科研过程中，她积极鼓励学生参与其中，并以自身行动，将严谨的科研作风、细致的科研习惯以及对科学研究发自心底的热爱潜移默化间传递给学生，手把手、心传心帮助学生完成了良好的科研训练。

三、创新思路，凝聚人心，做好基层组织工作

在 2012—2016 年，冀颐之任生物工程教工党支部书记。2017 年至今，任生物工程专业教研室主任。本着"我是一块砖，哪里需要哪里搬"的想法，服从工作需要，积极配合完成本单位各项工作。

在任党支部书记期间，冀老师以发挥支部特色为抓手，以"紧抓思想、深化学习；发挥优势、科技兴校；凝聚人心、促进和谐"为指导思想，围绕学校和学院中心工作，积极开展形式多样的党建活动，提高党支部的凝聚力，在科研项目、科研成果、学生课题等方面取得了丰硕的成果，树立了生物工程支部"科技兴校"新品牌。在党建活动中，她创建了"生物技术科技周"特色活动。结合本专业特色及高层次人才优势，打造了一个涵盖生物技术科普展、教师成果展示、知名专家前沿讲座等内容的多层次、多形式的"生物技术盛宴"。以专业特色服务师生，提升了校园学术氛围，取得了良好的效果。生物工程教工党支部荣获联大先进基层党组织、生物化学工程学院先进党支部和联大三育人先进集体称号。冀老师本人也多次荣获生物化学工程学院优秀共产党员称号。2017 年至今，冀老师任生物工程专业教研室主任，她以解决教师工作量不足的困难为抓手，积极配合上级领导，沟通协调，取得了较好的成效。

春风化雨润桃李，一片丹心育后人。作为一名普通高校教师，冀颐之在三尺讲台和一方实验室中，以学生的发展为己任，用爱温暖生命，十几年来默默耕耘。捧着一颗心来，不带半根草去。她不计个人得失，在平凡的岗位上，用实际行动诠释着一名教师对教育事业的担当和责任！

立德为先 育人为本

2017—2018 年度学院师德先锋 蔡红

蔡红是工程管理专业负责人。她坚持"立德树人、育人为先"的理念，在自己挚爱的教师岗位上默默耕耘了 20 余年，只为学生能够放飞梦想，圆梦青春。她努力教好书，深受学生的欢迎；做好科研，取得丰硕成果；育好学生，个性化人才培养成效明显；建好专业，专业特色初显。"给学生最好的"，这是蔡老师的追求和心声。

蔡红，女，汉族，教授，工程管理专业负责人。蔡老师坚持"立德树人、育人为先"的理念，在自己挚爱的教师岗位上默默耕耘了 20 余年，只为学生能够放飞梦想，圆梦青春。

一、教好书

（一）教学认真负责，评教成绩优秀

作为一名教授，蔡老师热爱教学，辛劳勤恳，教学有质量、有成效。蔡老师承担专业导论、房屋建筑学、建筑施工技术与组织、BIM 理论与实务、房屋建筑学课程设计、工程项目管理综合实训、毕业实习、毕业设计等多门课程。两年共完成 1025.55 学时。指导毕业设计年均 1 人获校级优秀。蔡红老师受到学生的欢迎，2015—2017 学年连续 4 个学期，评教成绩均为优秀。2017—2018 学年第一学期学生评教在系里排名第一，承担的工作量在系里也排名第一。

（二）推动课程建设，提升育人质量

作为课程负责人，蔡老师积极推动课程建设，建成校级应用型课程 1 门——工程项目管理综合实训，建成校级专业核心课程 1 门——建筑施工技术与组织，开展校级新生研讨课建设——智慧建筑与智慧建造，结合学院学分制改革，建成通识选修课程 1 门、专业核心课程 1 门，新建的专业选修课 BIM 理论与实务，受到学生的高度欢迎，学生称"投 100 个积分都选不上"，课程达到零迟到、零旷课。

（三）深挖思政内涵，深化课程思政

蔡老师还积极推动课程思政建设，挖掘了创新精神、职业道德、工程素养三个核心思想政治教育元素，通过将 BIM 技术融入课程，培养学生的创新精神；通过案例教学，培养学生诚实守信、遵守工程规范的职业道德；采用团队角色扮演教学，培养学生严谨、科学、团队协同的工程素养。

二、做好科研

（一）积极开展科研，取得丰硕成果

近两年，蔡老师承担校级教研项目 2 项、校级课程建设 3 项、横向课题 4 项，分别是上海交通大学文博楼 BIM 技术服务项目、上海寰宇滨江 3 号楼 BIM 技术服务项目、合肥星泓金融创新城 B 地块 BIM 技术服务项目、多伦多 Adena Views 小区 BIM 技术服务项目；发表论文 16 篇；出版译著 2 部、学术著作 1 部（7 万字）。

（二）得到高度肯定，荣获多项荣誉

蔡老师的付出和努力不仅结出了丰硕的果实，也得到了高度的肯定。近两年蔡老师获得了多项荣誉，获评 2015—2017 年度联大优秀教师；2014—2015 年度联大优秀导师；2015—2016 年度联大就业先进个人；2015—2016 年度、2016—2017 年度联大优秀毕业设计指导教师。另外，多次荣获学科竞赛优秀指导教师 2 次，获各类 BIM 大赛优秀指导教师称号。

三、育好学生

（一）加强班级建设，建成团结奋进班集体

蔡老师的导师班级成立于 2010 年 9 月，现有人数 38 人，历届总人数 74 人。蔡老师专门设计了班旗，凝练了"又红又专，友爱有为"的班训，并创作了班歌《在垡头西里的日子》。制定了严格的班级建设制度，包括学习制度、宿舍制度、活动制度等。班级建设整体水平不断提高，建成了一个思想积极上进、

蔡老师指导学生

学习氛围浓厚、文艺活动多姿多彩、班级特色鲜明的班集体。荣获 2015—2016 年度优秀团支部、2016—2017 年度先进班集体称号。学生获各类奖学金 17 人次，近三年累计考上研究生 8 人，就业率达到 100%。

（二）加强团队建设，有情有义有梦想

蔡老师经常带领团队开展社会实践和学习交流活动。2016 年带领全体成员参观广联达公司，进行专业学习的同时，进一步促进班内成员间相互沟通交流，同学们在广联达公司了解 BIM 在现代建设中的重要性，体验现代科技的神奇，这在 BIM 学习上有很大帮助，也让同学们对自己未来的工作有了更深的认知。还多次带领大家开展拓展活动，大家为了共同的梦想一起努力，一起拼搏，团队感情愈加深厚。在学院组织的纵向班级团建活动中，团队成员团结协作，勇夺团体一等奖。

（三）强化学术培养，提升学生科研创新意识

蔡红老师重视对学生的学术培养，在专业导论课上就为一年级学生制订就业目标及四年的学业规划、学术规划，连同"第二课堂"一起，为学生制订个性化成长方案。她指导学生参加学科竞赛，在中国"互联网+"大学生创新创业大赛上荣获校级一等奖，"启明星"创业大赛获校级一等奖、市级二等奖，"启明星"节能减排大赛获市级二等奖，斯维尔、广联达 BIM 大赛获国

家级一等奖、二等奖。组织学生参加学术活动，与团队活动相结合，组织参观广联达智慧城市体验馆，组织学生参加专业相关学术会议，成立学生课外学术团体——奇点 BIM 协会，组建工管考研群。指导学生参与科研项目，借助 BIM 智慧建造及云技术研究室，指导学生参与 BIM 课题，年平均人数达 30人（不限导师班，不限本专业），在各年级学生之间形成良好的传承关系，提高了学生参与科研的积极性。学生累计科技竞赛获奖 17 项，"启明星"科技立项市级 4 项、校级 6 项。

四、建好专业

（一）明确学科方向，培育专业特色

作为专业负责人，蔡老师承担了本科教学工作审核性评估、招生宣传、专业调研、培养方案制订与修改、就业促进等多项工作，工作量非常大，但蔡老师积极思考专业建设的方向。基于数据化、信息化时代建筑施工管理方式面临着深刻变革，城市建造进入了智慧建造的数字化时代的实际，明确了 BIM 和绿色建筑的学科方向，以学科建设带动专业建设，逐渐形成了利用 BIM 在智慧城市，尤其是智慧建造领域，进行建设项目全生命周期的精细化管理的专业特色。

（二）紧跟行业趋势，坚定培养目标

结合工程项目管理由传统的项目管理方式发展为运用现代信息技术的现代项目管理新模式，建设管理进入全生命周期的精细化管理阶段的行业趋势，蔡老师不断坚定培养能够利用 BIM 等信息技术，进行建筑三维可视化建模、绿色建筑分析与评价、造价控制及施工模拟，最终实现项目全生命周期的精细化管理的高素质应用型人才的培养目标，并探索基于此培养目标的课程体系，围绕 BIM 方向新增若干课程。

（三）坚持育人为本，打造专业团队

教师是教育的关键。蔡老师着重建设高素质双师型教师团队。目前团队中青年教师占 80%，具有实践经验的双师型教师占 36%，具有高级职称的教师占 64%，具有博士学位的教师占 45%，100% 教师都有行业执业证书，教学评价均在 90 分以上，多名教师承担省部级科研课题和各类横向课题的研究工作，科研项目从级别到经费稳步增长，近两年承担校级教研项目 6 项、校级课程建设项目 2 个、院级学分制课程建设项目 13 门（含专业核心课、通识选修课），为教学实践开辟了广阔的视野，并在多个领域获得奖励，如国家级精品教材、北京市优秀教师、北京市青年优秀工程师、北京市高校青年教师社会调研项目、青年教师微课比赛等。另外，蔡老师还积极聘请企业专家辅导学生毕业设计及科研，提升了教师团队的整体水平。

（四）推动人才培养，建设实践基地

为促进人才培养质量的提升，蔡红老师积极开展实践基地的建设，主持建设工程招投标模拟实训室、工程造价与工程管理综合实训室、BIM 虚拟仿真实验室。经过多次努力促成东易日盛家居装饰集团股份有限公司校外人才培养基地的建立，还与北京市建筑设计研究院、中国建筑技术集团、中国室内装饰协会等多家单位建立合作关系，并推动开展定期交流，为学生提供校外实践教学及就业机会。

由于繁重的工作压力，蔡红老师也常常会感到疲惫。但是，她说："我在肩膀的酸疼中回望，还是天真的欢喜更多些，我就是特别恳切地想要给我的学生最好的。"这是她作为一名教师的心声。

做新时代的好老师

2017—2018 年度学院师德先锋 米生权

米生权，积极探索科教融合，将自己的科研成果应用于教学；潜心教育教学研究，将思想政治教育润物无声融入教学；勇于承担各项重任，以德立身，以德施教，深受学生欢迎；关注学生成长，重视自我提升，努力做学生健康成长的指导者和引路人。

米生权，男，汉族，中共党员，博士，副教授，食品科学系副主任，食品质量与安全专业教师，硕士生导师。主要从事功能食品与慢性病相关研究，是学校第一批双师型教师，具有临床执业医师资格、临床从业医师资格等。2017 年入选联大"百杰计划"，曾荣获 2015—2017 年度联大优秀教师称号，2016 年联大优秀教学奖一等奖、教学成果奖三等奖，2013 年联大优秀共产党员称号，2014 年荣获北京食品学会先进个人等荣誉。

一、探索科教融合，践行应用型教育理念

科学研究是高校教师的基本任务，也是支撑教学的一项重要组成部分。因此米老师积极申请横纵向课题，开展高水平的科学研究一直是他追求的目标。米老师的研究领域主要是功能食品与慢性病，尤其是肥胖、高血脂、糖尿病等代谢性疾病的生物活性物质功能及其作用机制。2017 年米老师入选联大"百杰计划"，近几年主持国家自然科学基金子课题 1 项、国家卫生健康委员会课题 1 项、国际生命科学会课题 1 项、北京市教育委员会课题 1 项、横向

课题 4 项，参与纵向课题 13 项，累计到账经费 70 余万元，2018 年到账经费近 30 万元。近两年发表论文 13 篇，以第一作者或通讯作者发表论文 7 篇，其中 SCI 收录 1 篇，CSCD 收录 4 篇。截至目前指导硕士研究生 4 名，毕业 2 名。米老师还积极参与社会服务，用自己的科研成果服务社会，曾多次在社区进行功能食品与慢性病相关讲座，目前担任中华预防医学会慢性病预防与控制分会青年委员会委员、中华预防医学会慢病风险评估与控制分会青年委员会委员、中国营养学会会员、中国营养学会联大营养师培训基地教学负责人。

作为应用型大学，学校在强调应用型人才培养的同时，对于科研突出的学科及专业，如食品科学学科下设的食品质量与安全专业、食品科学与工程专业一直强调科研与教学并举，以科研带动教学，促进科

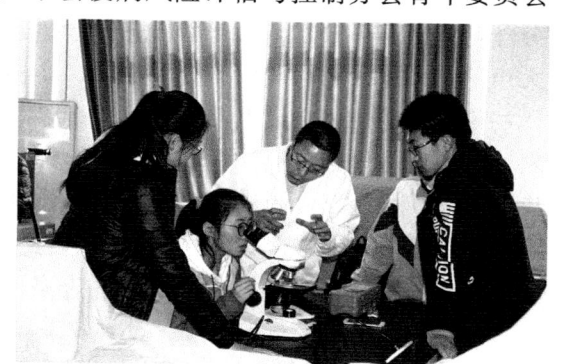

米生权指导学生

教融合，因此在培养计划制订过程中一直强调应该把学生培养成为具有扎实的专业基础理论与专门知识，掌握现代食品相关技术及具有一定科学研究能力的高素质复合应用型人才。在这一理念的指引下，米老师积极开展科教融合的探索，把自己的科研成果应用于教学。米老师在科研中开展了许多动物实验，他将这些实验转化成教学案例，先后将糖尿病大鼠模型建立、骨质疏松大鼠模型建立、高血压大鼠模型建立直接应用到了实验动物学教学中，使学生充分感受到了实验动物学的实用性，同时掌握了常见实验动物模型的制作与评价，收到了很好的效果。

二、潜心教学研究，培育学生个性化成长

米生权主讲实验动物学、食品安全性毒理学评价、基础医学概论等课程。积极开展教育教学改革研究，发表教改论文 4 篇。讲课思路清晰，课堂幽默风趣，教学过程中善于运用案例教学，在主讲的基础医学概论中，利用其具有两年急诊科医生临床经验的优势，采用鲜活的案例教学，使学生具有身临其境的代入感，充分调动了学生的学习兴趣，深受学生喜欢。他经常在课后

通过网络、电话等方式解答学生的各种问题，被学生们亲切地称为"米哥"。还承担了学生的日常咨询医师，经常会有学生微信、电话询问一些病情和就医指导。

米老师十分重视课程思政建设，课堂教学中注重以专业技能知识为载体开展育人工作，根据自己所授课程的课程性质，分别挖掘课程中蕴含的思想政治教育资源，从教学目标、教学内容和环节、教学策略与方法、教学资源分配等方面编写教案，及时引导树立学生正确的人生观、价值观，以润物细无声的方式进行思想政治教育。比如，在实验动物学教学中，利用转基因技术的伦理问题的争论热点，在大家理解伦理的基础上，充分调动大家查阅资料，分析典型伦理案例，并以翻转课堂的方式引导学生深入探讨转基因动物中的伦理问题，充分调动学生学习积极性和学习兴趣，在辩论中对转基因动物的应用价值和应该遵守的伦理道德进行了深入理解，并给予辩论优秀者以奖励，全面形成了全班同学查文献、查案例，分工协作，每一位同学都能积极参与，学习兴趣高涨的氛围，教学效果显著。

"细致耐心，因材施教"一直是米老师的教育理念，多年来一直坚持，无论在教学中还是在指导学生科研中，尽可能针对学生特点实施不同教育教学方法。前几年有一名同学先后留级两次，个性突出，是出了名的"刺头"学生，课堂上曾经和老师发生冲突，造成恶劣影响，没有老师愿意带其毕业论文。后来米老师主动承担起了他的毕业论文指导，经过充分调研后，专门为他设置了他喜欢的研究方向，在动物实验中，和他同吃同实验，充分尊重他的观点，经过半年手把手地培养，该同学转变非常明显，全身心投入毕业论文中，动手能力很强，又善于思考，毕业时获得了校级优秀论文称号。从一个"刺头"学生变成了佼佼者，该同学的转变受到了老师们的一致肯定。自担任本科生导师以来，米老师根据自己的班级情况，积极发挥同学们的主观能动性，按照不同学生的个性特点，针对性地安排科研项目和科技创新，仅有 10 余人的班级，目前承担了多项市级和校级"挑战杯"项目、"实培计划"等科研项目，形成了人人有项目、人人参与科研的良好局面。

三、勇于承担重任，任劳任怨促专业发展

米老师进入学校工作的 10 余年，食品科学系先后经历了 5 次实验室整合搬迁，其中 3 次为大规模的实验室搬迁。米老师先是担任实验室主任，后担

任教学副主任主管教学和实验室工作，承担了实验室搬迁的大量工作。在实验室搬迁过程中，需要开展实验台的规划整合、水电改造、仪器设备调试安装，工作非常烦琐，尤其是实验台的调整，由于实验台是以前多个专业、系不同时期购置的，宽窄、高低、颜色大不相同，而且需要根据实验室大小、规格、水电位置进行调整。要合理安排这些不是一件容易的事情，经常需要加班测量、规划。为了更好地完成工作，这期间米老师自学了 CAD 简单制图、实验室设计等知识。由于实验室建设不能影响正常教学秩序，很多时候都是安排在假期和休息时间，加上系里高级职称教师占绝大多数，分配过程中要征求大家意见，经过反复讨论、多方平衡之后才得以进行，在这一过程中，米老师能够以身作则，经常带头做出牺牲。

在此期间，米老师还兼任班主任、系安全员、信息员、党支部书记等职务，承担了大量的工作。在他的付出和努力下，各项工作得以圆满完成，尤其在担任研究生党支部书记期间，米老师还带领支部先后获得北京市红色"1+1"活动先进支部、北京市优秀团支部等称号。

四、注重自我提升，努力做学生的引路人

作为一名教师，只有善于学习，不断地完善自我，才能更好地担当学生健康成长指导者和引路人的责任。因此，米老师自 2005 年工作以来，坚持不断学习，2008—2011 年完成了博士论文，获得了中国疾控中心流行病与卫生统计学博士学位。2014—2015 年，他完成了北京市教师培训基地项目，并在北京大学医学部访学一年。2018 年他申请了美国华盛顿大学访学半年的计划。

除此之外，米老师还积极拓展自己的专业知识和技能，2007 年通过 HACCP 认证员资格考试，同年获得中国就业培训技术指导中心食品安全师资格，2009 年通过亚太地区 SPSS 培训认证，2016 年获得实验动物从业人员证书，2017 年获得公共营养师行业资格证书，2017 年获得食品安全师（高级）认证，2017 年获得 Meta 分析工程师培训证书。

扎根一线 倾心教学 做学生英语学习的引路人

2017—2018 年度学院师德先锋 任颂

任颂珍惜与每一位同学相遇的美好，以爱育爱，得到了学生的充分肯定，学生评教一直名列前茅；热爱教学，认真设计有效的教学内容，开展多彩的课堂活动；尊重学生，用自己不断进取的精神、爱心、耐心、正直、豁达影响学生，教学成绩优异，荣获联大三育人先进个人等多项荣誉称号。

任颂，女，汉族，中共党员，公共基础课部外语教研室副主任，讲师，从事高等教育工作 10 余年。

她忠诚教育事业，为人师表，深受学生好评。曾获联大师德先锋、联大优秀班主任、联大优秀导师、联大第 8 届青年教师基本功大赛三等奖、联大三育人先进个人等荣誉。2017 年，她的事迹入选生物化学工程学院"我与联大共奋进"宣讲团宣讲内容。她还曾多次代表学院到其他学院进行教学交流及演示。

一、以爱育爱，学生认可

任老师对学生的用心付出得到了学生的充分肯定，在 10 年多的教学中，她教过 A 级、B 级、C 级的学生。在学生每学期的评教活动中，多次名列部门第一、学院所有教师前 10 名。2015—2016 学年第一学期，其学生评教排名全院第一。

她所教的各级别学生成绩都很优异，以 2015 级 A 级学生为例，大学英语四级考试通过率为 100%，平均分 508 分，各学期考试成绩都名列全校第一。

二、教书育人，爱岗敬业

就其个人而言，任老师处在比较艰难的一个时期。她的孩子尚且年幼，父亲卧病在床，需要人照顾，每天她连最基本的睡眠都难以保证。在这样的情况下，她克服困难，仍然坚持原有的工作热情和工作态度，以及教学水平。抽出尽可能多的时间为学生制订学习进度与计划，坚持定期对学生进行辅

任颂老师在课堂上

导，对进度进行测试与检查。经常到了凌晨时分她还在为学生准备复习进度和批改他们的作文和作业。

她认真设计有效的教学内容，开展多彩的课上活动，进行有序的课堂管理，与学生建立良好的情感关系。她在课下与学生进行大量的沟通，了解他们的想法，建立彼此之间的信任。她帮助学生认清自己的问题所在，掌握正确的学习方法，形成良好的学习习惯，同时对学生进行人文以及心理层面的辅导工作。根据每位学生的基础和特点制订各自的学习目标以及具有针对性的学习方案，帮助学生提高本课程的学习成绩。针对一小部分由于学习态度不端正导致学习成绩不佳的同学，任老师除了指导学习方法和学习计划，更多地给予了他们学习态度的教育。对于个别基础薄弱的学生，她加大辅导力度，甚至达到每周 1—2 次。

三、给得再多，不如懂我

在大学英语教材中有一篇来自耶鲁大学宿舍管理员的文章，文中说："老师看见的是学生在论文该交的时候眼中的紧张，他们有很大的来自同伴的压力，所以学生们都很严肃，对除了学习之外的事情漠不关心，而事实上在生活的另一个侧面这些学生们都是些可爱的人，你很容易就喜欢上他们。他们

爱笑，待人友善。他们比我所了解的任何一代学生都更加互相关爱。"在任老师心中，她的学生也是一样，每个学生都是立体的，有不同的侧面。有的学生看似在放空，却把课上讲过的"Now or Never"的信条默默地改成了自己的签名档；有的学生上课不爱发言，却发现其发了长微博来深度思考老师上课时所提的问题。这些都要求老师对学生的知识结构要有充分的了解和分析。

凭借对学生的了解、理解以及与学生间的默契，任老师可以清晰地了解学生在知识结构上的弱点是什么，对知识点出现错误理解的原因是什么，以及要怎么讲学生可以最大限度地听懂。在课堂中，她经常加入一些与学生们的经历和生活息息相关的例子，使学生们更准确、更深刻地了解授课的内容。同时，她还经常在课堂上分享自己在大学期间学习的心得、做社团的辛酸、与同学的友谊、应对考试的感受、打过的游戏以及与老师们"斗智斗勇"的经验，和同学们一起重温这段珍贵的大学生活记忆。

任老师认为同样一句话，在不同的时候，用不同的语气，从不同人的嘴里说出，会产生截然不同的效果。当学生非常尊重、崇拜老师时，老师说的话，他会非常重视，而当学生在心里根本不接纳、不认同，甚至看不起老师时，老师说得再多，再苦口婆心，他也懒得听，只觉得厌恶。而这种尊敬的赢得，可能是通过老师不断进取的精神、爱心、耐心、正直、豁达，或者老师所表现的自信心、一句鼓励的话语、一个到位的点评、一个信任的眼神而得到的。因此，任老师一直坚持这样做着，努力成为一名学生尊敬的好老师。

四、多一些鼓励，少一些数落

有名学生结束了两年的英语学习后，在给任老师的信中写道："我还记得刚入学的时候，您就表扬过我的作文写得很整齐，我回去和室友高兴地说，因为英语不好从来没有英语老师鼓励过我，今天是第一次。"这位入学成绩很差的同学，最后顺利通过了大学英语四级考试。这就是任老师鼓励的力量。

任老师深信，大学时期是大学生树立人生信心的关键时期，老师在某时不经意间的一句表扬，可能会让其感激一辈子；气极之时的一句口不择言，也可能会让其记恨一生。任老师一直告诫自己对学生一定要多一些鼓励，少一些数落。

她要求自己在学生犯错时，一定要考虑他们的情绪、性格特征和思想状况，找到他们能接受的方式进行教育。尤其对于有些生性胆小、自卑的学生，一旦犯错，就要特别注意沟通的方式，要学会巧妙地给学生指出问题，不要因为某句不慎的言语而使其自尊心受到伤害，要讲究语言艺术，让学生能感觉到老师的关心无处不在。

五、与你相识，幸运如我

在从教 10 余年的时间里，任老师认识了很多学生，得到了很多学生的肯定。也许有的学生向老师表达感激的言语很夸张，但这些对于一名教师来说是无声的、最高的荣誉，更是老师继续坚持做好工作的动力。学生曾送给任老师一句话："与你相识，幸运如我"。任老师也很庆幸在从教的 10 余年时间里遇到的都是如此可爱的同学们，他们课上认真专注，课下多才多艺，他们情感丰富、对新鲜事物敏感，正义感爆棚，对未来充满美好的期待。她珍惜与每个学生相遇的机会，也希望同学们在毕业后回忆起大学生活的时候，能够感到与任老师在大学英语课堂上的相遇是幸运且美好的。

有人说，教书很苦，因为它就像是一场暗恋，你费尽心思去爱了一群根本不在乎你的人。而任老师却这样解读，她说："如果能把这些根本不在乎你的人变成很爱你的人，这将是很美好的经历。"她也一直在坚持这样做！

不忘初心 立德树人

2017—2018 年度学院三全育人先进集体 资源管理系

联大生物化学工程学院资源管理系下设人力资源管理和工程管理两个专业教研室，共有教职员工 28 人，承担着人力资源管理专业和工程管理专业学生的专业课程以及其他专业的管理类课程的教学任务。资源管理系全体教职员工以习总书记提出的办好中国特色社会主义大学，要坚持立德树人，把培育和践行社会主义核心价值观融入教书育人全过程为指导，贯彻落实"学术立校、人才强校、开放兴校"三大战略，不断提升学科建设、专业建设及科研水平，优化专业教师结构，提高学生培养质量，为把学校建设成为高水平、有特色、北京人民满意的城市型、应用型大学努力奋斗。

一、坚持立德树人，提高育人水平

全系教师认真学习了习近平新时代中国特色社会主义思想和党的十九大精神，以及习近平在北京大学师生座谈会上的重要讲话精神，观看了《厉害了，我的国》《教师：生命与使命同行》等专题片，向先进人物学习，引导教师以德立身、以德立学、以德施教、以德育德，不断提升教师对工作的高度责任感。鼓励教师刻苦钻研业务，加强自身修养，不断提高工作能力和业务水平，争做有理想信念、有道德情操、有扎实学识、有仁爱之心的好老师。近两年，全系教师严格遵守学校的各项规章制度，遵守学校的工作纪律，具有较好的职业道德，爱岗敬业，关爱学生，受到学生好评。

二、坚持以学生为中心，做好"教书育人"

（一）明确培养目标，修订培养方案和教学大纲

根据北京市产业结构调整和首都"四个中心"的建设以及学校"建设城市型、应用型大学"的发展目标，资源管理系两个专业确定了培养高素质应用型人才的培养目标，并进行了培养方案的修订。人力资源管理专业新增了统计调查与数据分析、人力资源管理数据分析与应用等课程，工程管理专业增加了一系列基于 BIM 的信息化技术课程，在传统的"四大平台"体系外，增加了"信息技术平台"。两个专业均根据培养定位对近 160 门专业课的教学大纲进行了重新修订，增加了实践学时。同时，围绕职业道德素养、科学素养和创新精神三大培养主题，在课程中融入思政教育元素，不断丰富教学内容。

（二）积极申报教研、科研项目，进一步深化科教融合

为提高教师的教研和科研能力、提高课程的教学质量，系里支持教师积极申报教研和科研项目，并鼓励教师将教研成果与科研前沿融入教学中，提高教学内容的现实性、先进性和生动性。近两年教师申请立项的科研项目 34 项，教研项目 5 项，到账经费合计 230 万元，发表核心期刊论文 19 篇。

（三）积极推动课程思政建设，持续优化改进教学方法

全系教师认真贯彻落实全国和北京高校思想政治工作会议精神，以社会主义核心价值观为核心内容，把价值引领贯穿到专业课教学、实践活动中，扎实推进人力资源管理和工程管理专业的课程思政建设工作。结合学院完全学分制改革，制订了专业核心课程示范先行、专业选修课程依次推进、最后全课程覆盖的工作步骤。目前，所有的专业核心课程已经完成了教学目标的"课程思政"融入设计，在课程培养目标指导下，制订了课程思政建设方案，并已经走入课堂，获得了学生的好评，教工党支部还荣获校级课程思政建设先进党支部称号。

近两年，全系成功申报立项 32 门核心课程、通识教育选修课程、应用型课程的建设项目，并出版专业教材 5 部。在课程教学中，不断优化教学内容，探索和尝试新的教学方式方法，利用体验式教学、专题式教学、辩论式教学、多元化表达训练以及翻转课堂等方式，提高学生的学习主动性和积极性。每学期每名教师均承担 2—3 门课程的理论与实践教学任务，每学年人均工作量

达 400 学时，近两年未出现教学事故。

（四）成立教授工作团队，不断完善师资队伍建设

系里成立了以汪昕宇教授为核心的专业教学和科研团队，在教学任务的分配、教学改革与研究任务的落实等方面形成合力，根据专业教师的专长合理安排教学工作和科研任务，实现教学与科研的良性互动。通过鼓励教师访学、学术交流、培训等方式，不断提高自身素质，提高教学科研水平，所有教师均参加高校师资培训中心举办的讲座或者注册监理工程师延续注册学习年会、BIM 软件培训、建筑产业峰会等，与其他高校、科研院所展开学术交流。专业教师累计参加国内各类学术会议 3 人次，参加高校师资培训中心的讲座 70 人次，组织学术交流与专家讲座近 50 人次，参加科研培训 43 人次，2 名老师进行了国内访学。这不仅提升了现有教师的科研和执教能力，也扩大和提高了学院人力资源管理专业的知名度和影响力。

近两年来系里有 3 名讲师晋升为副教授，新增 10 名教师获得"双师型"教师资格，目前博士比例达 44%，高级职称比例达 50%，"双师型"教师比例近 80%，1 名教师获得北京高校优秀共产党员称号，1 名教师获得校级优秀班主任称号，2 名教师获得校级先进就业工作者称号，1 名教师获得校级优秀教师称号，2 名教师获得优秀导师称号。此外，还建立了企业专家智库，新增多名企业专家走进课堂做报告，建立校外兼职导师的"双导师"制，补充吸收企业实践专家进入教学团队。

三、坚持全程全方位，做好"管理育人"

（一）加强制度建设，完善教学过程管理

系里不断加强并完善制度建设，建立了包括听课、试讲、教学检查、集体备课、教学观摩和示范教学以及学生实习管理和毕业论文过程管理等一系列规章制度。积极发挥学科带头人和教授团队的主导作用，围绕改进教学效果、创新教学形式定期开展丰富的主题教研活动，以唤醒和培养专业教师的教研自觉，并鼓励教师结合课程特点逐步形成自己的教学特色。

为保证学生实习活动的顺利开展和实现良好的实习效果，建立了一套完善的实训实习管理制度，具体包括：毕业生就业实习基地建设与管理规定、实习协议书、学生实训实习安全管理办法、关于毕业实习指导教师的有关规定、就业实习学院指导教师鉴定意见、就业实习教学效果调查表，对学生的

实习进行全程管理，从实习指导、教师配备、学生参与、实际效果等方面提出明确要求，并加强与企业的定期联系和巡查。此外，还利用现代化多媒体手段，开发学生实习平台，要求学生定期动态记录实习过程，实现对实习的动态管理。

（二）加强校外实习基地建设，继续推进一站式人才培养

系里两个专业以培养应用型、复合型人才为目标，注重理论教学和实践教学的有机结合，强化实践教学体系的科学设计，加强与企业的合作，为专业教师和学生创造条件，参与企业实践教学活动，既提高了专业教师的执教能力，也提升了学生的就业能力。近两年，与北京外企人力资源服务有限公司、中国国际技术智力合作有限公司、北京络可英网络科技有限公司、北京乐业智联科技有限公司、北京易才宏业管理顾问有限公司、猎聘网、北京网聘咨询有限公司、北京众仁达人力资源管理有限公司、北京东易日盛装饰装修有限公司、北京云建标科技有限公司等多家公司签订了校企合作协议，为教师参与企业实践，为学生参与就业实习提供了良好的平台。

（三）重点关注特殊学生，加强特殊学生管理

认真开展学业预警机制的研究，对家庭经济困难学生、心理有障碍的学生、经常不上课的学生进行重点排查、清查。教工党支部制订牵手工作方案，对有学业困难、生活困难和心理困惑的学生制定了具体帮扶措施，由导师及时与重点学生进行谈心谈话，晓之以理，动之以情，帮助其转向正常的学习和生活。

四、坚持学生个性化成长导向，做好"服务育人"

（一）认真落实导师制，全面开展纵向班级建设

随着完全学分制的推行，系里取消了横向班级，全面开展纵向班级建设，每一名专业教师既是专业导师，又是纵向班班主任。每位导师均定期召开班会，与学生充分交流学习与生活体会，了解学生的学习动态和心理变化，更好地促进学生专业素养提高和综合素质发展。2017年，有3个纵向班获得了校级优秀班集体称号，2个纵向班获得了校级优良学风班，还有3个纵向班获得了院级优秀班集体称号。

（二）指导学生制订个性化成长方案，取得较好的育人效果

各导师根据学生兴趣特点指导本科生制订个性化成长方案，从学生的成

长总目标到阶段成长目标，从课内修读课程到第二课堂，包括科创活动、讲座活动、社团活动、文体活动、实践活动、国际交流活动、党团活动等全方位提供指导，充分发挥导师的指导作用，建立了高效率育人机制，育人效果斐然。学生积极上进，思想觉悟和道德品质不断提高，近两年有近 300 名学生递交了入党申请书，有 37 名学生加入中国共产党；形成良好的学习氛围，已有 2 名学生在个性化成长方案指导下，3 年完成本科学业，获得学士学位，2017 年度获国家奖学金 1 人、国家励志奖学金 36 人、校级特等奖学金 2 人、校级一等奖学金 6 人、校级二等奖学金 53 人、校级三等奖学金 95 人；毕业生质量逐年提高，2017 年度考取研究生 20 人，2018 年度考取研究生 20 人，本科毕业生历年就业率超过 98%，多次获得就业工作先进集体称号，用人单位对毕业生的专业能力和职业素养均给予较好的评价。

（三）指导学生参加科创活动，学科竞赛成绩斐然

各导师发挥自身能力专长，鼓励学生在学好专业知识的同时，积极辅导学生参加科技创新活动，参与教师科研课题的研究，提高学生综合能力。近两年，共近 200 名学生参与了教师的课题研究，共申请"启明星"科技立项 80 余项，申报北京高等学校高水平人才交叉培养"实培计划"共 3 人次，发表论文 10 余篇。2017 年以来，在科技竞赛方面取得了较好成绩，人力资源管理专业学生获得北京市及以上奖励 5 项，工程管理专业学生获北京市及以上奖励达 15 项，获行业协会奖励 12 项。比如，获第 2 届中国互联网+大学生创新创业大赛三等奖、2017 北京地区高校大学生优秀创业团队二等奖、中国移动创马 OneNET 城市系列赛华北赛区优胜奖、第 15 届"挑战杯"全国大学生课外学术科技作品竞赛三等奖、第 2 届全国大学生人力资源管理知识技能大赛（第一赛区）三等奖、第 3 届全国大学生人力资源管理知识技能大赛（第一赛区）二等奖。

教书育人 一切以学生成长为中心

2017—2018 年度学院三全育人先进集体 工程与艺术系建环教研室

工程与艺术系建环教研室共有教师 10 名，其中教授 2 名、副教授 4 名、讲师 4 名。教研室全体教师把"一切以学生成长为中心"作为指导思想，开展了一系列工作，在学生个性化培养、全面成长方面取得了可喜的成绩。

一、一切"以学生成长为中心"开展专业建设

在教研室活动中，全体教师以"一切以学生成长为中心"为指导思想，对 2017 年版的培养方案、教学大纲、课程建设、课程思政、工程认证专业评估、审核性评估、学生社团建设、实验室建设等方面进行了深入的探讨，以培养行业优秀的爱国敬业高水平人才为专业发展方向，统一思想，凝聚共识。

教研室以 2017 年版的培养方案制订为例，从整体框架、指导思想、学生形成的专业能力、毕业生要求、学生毕业后未来五年的形成能力等进行了热烈的讨论；对培养方案中每一门课程的内容、对学生能力素养形成中的作用、各门课程内容的衔接、课程体系的整体建设等进行了深入的探讨研究，以符合北京市发展、未来时代发展、城市型应用型专业发展为目标，以学生长远发展为导向，完成了培养方案、教学大纲、课程建设等工作，为学生全面能力素养的形成打造了坚实的基础。

二、为学生成长搭建专业实践教学平台

教研室教师达成共识，积极为学生搭建更好、更开放的实践教学平台，

让学生根据自己的兴趣、爱好、特点，在专业上发展，给学生提供重要的成长平台。

教研室以行业和应用需求导向的开放性专业实践教学平台为载体，将培养目标、创新资源、社群学习和课程改革系统化设计，打通行业资源、实践平台、课程、教师科研和学生学习过程的壁垒，构建产学研用新型学习研究共同体，形成工程应用型人才培养特色。

（一）引入企业合作共建，按行业需求导向产学研用高度融合的模式改进特色实验室

教研室依托开放性专业实验室实现行业资源汇聚，并高效地转化为人才培养资源。将行业企业资源注入特色实验室，包括资金、技术需求、市场资源、技术团队和相关技术等。将学生团队、教师团队、实验室资源和行业企业资源有机融合，以问题和市场需求为导向，重点支持开放性研究性课程实验、科研转化经典教学案例、科技开发与技术服务、专业学科竞赛等。每个开放性实验室均有主要对应建设的课程和教学改革课题，其课程和教改项目负责人即是实验室负责人和学生专业社群指导的负责人，将实验室资源、社群和课程持续改进，并打通课上与课下、校内与行业、课程与竞赛之间的壁垒，形成持续改进的互动机制。

（二）依托开放性专业实践教学平台构建学生专业社群学习共同体

根据实验室特点和资源情况，依托 HVAC 全生命周期优化技术实验室、BIM 与智慧建筑实验室、洁净与空气品质实验室、制冷空调实验室，建立了与之对应的 4 个学生专业社群：HVAC 新风社群（技术团队、运营团队）、BIM 技术研究社群、洁净与室内污染治理技术社群、制冷空调全国大学生科技竞赛社群，并由教研室选派核心指导教师团队负责指导和协调资源，针对各类项目（技术开发、研讨讲座、技术服务、学科竞赛、实验室建设、科普活动等）形成学习共同体。

（三）师生互动密切，学生在实践学习活动中激发了探索兴趣和成就感

通过组织和建立教师团队指导下的学生科技社群，结合课程和科技活动，以任务和兴趣驱动学习共同体在新型实验室平台中进行有效的创新实践学习，逐步形成学生自主规范管理模式，如社群发展和工作计划、讲座和研讨、项目组织管理、成果宣传与管理、社群人员管理等。学生在此模式下成长迅速，如由田沛哲老师主要负责的 HVAC 新风社群，师生走入社区进行入户测试，

为北京市近百户居民提供了详细的测试数据、测试报告和改进建议，受到居民的肯定和感谢，社区还专门给学院写来感谢信，BTV 新闻频道两次报道了师生用专业技能服务群众的活动；针对该社区空气净化产品缺乏科学评价标准和长期的基础研究，导致空气净化市场鱼龙混杂、良莠难辨的现状，带领学生进行了多款产品和耗材的实验室测评，发现了很多问题，积累了测试经验和大量有效数据，构建了全新的"基于实际运行工况的评价指标体系与方法"，受邀出席了 2017 年 6 月的两净峰会，中关村在线实录并发布了学生团队对新风产品横评的整个过程和横评结果。

又如 BIM 技术研究社群，和北京市住宅建筑设计研究院有限公司、北京市建筑设计研究院有限公司、中国建筑科学研究院有限公司等设计院建立长期合作关系，共同筹建了 BIM&CFD 建模与分析工作室，吸引了一大批热爱 BIM 的同学参与，从大一到大四的同学都有，一些能力水平较好的同学直接到建筑设计院进行实习，还有一些同学毕业后直接留在了设计院工作。

由陈福祥老师主要负责的制冷空调全国大学生科技竞赛社群，参加第 12 届中国制冷空调行业大学生科技竞赛（华北赛区），荣获综合比赛一等奖、实践技能比赛优秀奖。此项比赛有清华大学、北京科技大学、北京航空航天大学等近 20 所大学参赛，是行业知名赛事。比赛历时 2 天、4 个比赛环节，由陈福祥老师带队，杨振铭、杜晓闯、李桦楠同学代表学校参赛，这是联大代表队第四次获得一等奖！清华大学石文星教授、业界泰斗吴德绳老先生都高度肯定了学院参赛学生的表现，吴老先生还嘱托：学生强则行业强，行业强则国家强！学生们都感到备受鼓舞，纷纷表示将更加努力，取得更好的成绩。

三、在日常点滴中实践润物无声，立德树人

教研室全体教师都承担着学生导师工作，在日常教学、科研等方面以身作则，以德感人，默默奉献，用实际行动潜移默化影响学生建立正确的世界观、人生观、价值观。

各位导师通过编制每位学生成长手册、每次教研室会议前 10 分钟学生动态沟通等方式，使大家及时了解学生动态，以学生的个性化特点来引导、帮助学生成长，各位导师注重了解学生的性格、背景、特点，常和学生们谈心，

不拘形式，看到学生的状态不对，就和他们谈心，帮助学生克服困难，在就业、生活、恋爱、学习等方面为学生提供全方位的帮助，默默资助经济困难的学生。教师们以做"一切有益于学生成长的事情"为己任，通过不厌其烦的思想工作和身先示范，密切了师生关系，建立了深厚的师生情谊。

坚持立德树人 推进三全育人 服务人才培养

2017—2018 年度学院三全育人先进集体 教务处

教书育人是高校的根本任务，也是高校教育工作者的工作重心。在学校、学院党委的正确领导下，教务处的全体教职员工坚持党的基本路线，遵循学校办学定位，恪守教师职业道德，深刻理解"三全育人"的内涵，在本职工作中以人为本，以生为先，不断深化教育教学改革，努力提高自身知识储备和业务水平，用优良的职业道德品质服务师生，把"教书育人、管理育人、服务育人"理念最大限度地贯彻到教学管理的全过程中。特别是在学校迎接本科教学工作水平审核性评估的工作中，教务处全体人员以学校工作的大局为重，任劳任怨，踏实工作，身体力行，艰苦奋斗，以最大的工作热情投身到繁忙的教学管理工作中。

一、齐心协力，迎评促建，努力做好本科评估的各项工作

在本科审核性评估工作中，根据学院教学管理的工作实际，着眼于学院教学管理上的重点突出问题展开工作。组织相关部门对《审核性评估自评自建导引》中的关键点、重点和难点问题进行具体分析，查摆问题，制订学院的整改方案。

体现"教书育人"，就要先把书教好，把控好期末考试和毕业设计的质量关。教务处先后组织开展了 2015—2016 学年、2016—2017 学年、2017—2018 学年本科期末考试学期初补考试卷、教学文件、毕业设计（论文）的自查工作，全面梳理课程的教学档案。共审核试卷 1000 余份、检查教学文件 800 余

份，检查毕业设计（论文）1000 余份。根据前期检查情况，先后开展了两次教学档案的大范围的检查和整改工作，全面梳理了前期的教学档案，并实现定点存放，专人专管。

教务处重点针对 2017—2018 学年的试卷、毕业设计（论文），开展了全面的审核、督导、检查等工作。各项检查的覆盖率达到 100%，同时在教学检查中采用有效反馈机制，对检查中发现的问题做到及时反馈、限时整改、重点督导、有效管控，有效地提高了 2017—2018 学年学院的试卷和毕业设计（论文）的整体质量，并将通过后续一系列的具体措施来固化教学质量监控各个环节的规范性。

在审核性评估工作中，教务处协调组织学院各部门分项撰写学院自评报告，通过整理后最终形成学院的自评报告；完成教育部专家入校预评估的相关组织和协调工作，安排专家到学院进行访谈、听课和实地考察等，并根据专家组的反馈意见进行了细致的学习和研讨，对专家提出的具体问题逐项进行整改和工作部署，已经取得先期的成效。

二、深化改革，立德树人，努力提升育人质量

教务处不断深化教育教学改革，立足北京，服务京津冀，以 2018 年评审通过的 23 个院级课程思政专项教学改革项目为抓手，以点带面，逐步实现所有课程的知识体系在课程建设中体现出思政德育元素，所有教学活动都肩负起立德树人的功能，将社会主义核心价值观教育贯穿到课堂教学的各个方位、各个层面，全体教师都承担起立德树人的职责。从以往单纯的思政课教育转变为覆盖各专业、各学科、各课程体系的大思政和大德育，将"课程育人"提升为"全课程育人"。

教务处明确学校办学定位，推进城市型、应用型大学的建设，积极深化完全学分制改革试点，推进专业的内涵建设，开展专业核心课、通识教育选修课、应用性课程等各类课程的建设，自 2014 年以来共建设新开课程通识教育选修课 150 余门、专业核心课 40 余门、应用性课程 24 门。自 2016 年以来推行专业核心课程教学模式的改革，按照基于学习产出的教育模式（OBE）的教育理念，通过改革教学模式和课堂学习方式，突出以学生为中心的课堂教学，目前全院共有 15 门课程参与了教学模式改革，有效地提高了课堂的学习效果和学习效率，最终使学生受益，增加了学生的学习兴趣，同时也有效

提高了对学生专业核心能力的培养。

三、规范管理，服务师生，保证教学的正常秩序

教学管理工作可以说是一种"刚柔并济"的工作。既要在各方面实现规范化管理，体现出"刚"性，又要在面对具体问题上，考虑师生的具体困难，以人为本，体现出"柔"性的一面。教务处全体人员都需要面对如何把握好这种尺度的问题。比如，在教学任务的下达和执行过程中，要充分考虑学分制的教学规律性和特点，以生为本，也要充分考虑大多数师生的具体需求和困难。这就需要在这个过程中做许多深入细致的工作，如每个学期的排课过程中，要对部分不熟悉学分制教学规律的老师和学生反复进行多次的排课选课的解释和说明，同时做到换位思考，对规则外不突破原则的问题尽量予以解决，对不能解决的问题也要通过细致周到的解释让对方能够接受。再比如，每个学期的选课过程中，由于学生对选课流程不熟悉、对课程设置和培养方案不了解等造成各类问题，就需要教务处工作人员对不同年级、不同专业的学生进行全方位的指导，对学生提出的问题努力做到第一时间进行解决和处理，不能解决的问题也要做好解释说明和学生的思想工作。此外，在毕业资审、创新学分申报、实践教学、考试管理等各个环节，还要努力做到在规范管理的同时，服务每一位师生，最大限度地保证教学运行的平稳和有序。

总之，教务处全体员工团结协作，不断努力，切实在工作中践行"三全育人"的理念，落实"立德树人"根本任务，让每一位师生在教与学的全过程中理解并严格执行学校的相关规定和制度，在教学管理的框架下，接收到丰富详尽的教学管理的信息和帮助，为培养德智体美劳全面发展的社会主义建设者和接班人贡献力量。

立德树人守初心 潜心育人勇担当

2017—2018 年度学院三全育人先进个人 李春旺

李春旺，男，汉族，中共党员，教授，工程与艺术系主任，建筑环境与能源应用工程专业负责人，兼任北京制冷学会理事、北京市制冷空调专业职称评审专家。曾被评为北京市优秀青年工程师、北京市中青年骨干教师、联大优秀教师、联大优秀共产党员、联大教学质量示范教师（全校示范观摩课评比一等奖）。

他是一名具有 20 余年教龄的教育工作者，他始终立足平凡岗位，在教学科研第一线默默耕耘，勤勉工作。他常说："只要是有利于学生成长、有利于教师发展、有利于学校事业发展的事情就值得做。"

一、着眼大局，扎实推进学科专业内涵发展

学科专业的内涵发展是持续性的系统工程，必须做好顶层设计。李春旺组织教研室对行业发展和京津冀高校做了深入调研和多次研讨碰撞，逐步形成共识；根据行业向绿色化和信息化高端转型的需求，面向生态城市和绿色建筑领域，培养具有城市能源规划、健康建筑营造、智慧建筑、绿色建筑分析评估能力的卓越工程师，构思了高端产业集群、研究实践平台、课程与课程体系、师资团队、学生团队融合发展的内涵发展模式。

内涵发展的关键在于落实，与企业洽谈签约、注入各类企业资源、构建实验平台、推动项目落地、指导组建学生团队、构思与开发建设课程、提升师资队伍业务能力等，不仅需要整体协同，每一件事情的推动和落实都要付出巨大的努力。在李春旺的带领下，教研室全体老师高度达成共识，学科教学两手抓，扎实推进以学生为中心的专业内涵发展，切实提高教育教学质量。

二、潜心育人，开展教育教学创新实践

李春旺多年来潜心教育教学研究，并持之以恒开展教学的创新实践，曾经获得北京市教学成果奖 1 次，校级教学成果奖 6 次。这些成果的取得如果没有对教学的热爱是不可能的。2014 年，学院开始学分制试点，他负责专业核心课建设，编制了专业核心课程建设指南，提出能力需求导向的教学内容重构、以学生为中心的教学法设计和基于能力需求的评价考核，有力地推动了学院课程质量的提升。为了推动指南的落地，他除了集体讲解外，还利用大量的时间和任课教师一对一地沟通，促进教师更新课程质量观，理解以学生为中心的教学法，使得很多老师"开了窍"。他的总结论文还被评为全国应用型课程改革实践征文大赛优秀奖。

潜心教学是个辛苦活、良心活，然而教学效果多年后才能体现在学生身上，对于教师来说短期内可能看不到成果。新时代对高等教育质量提出了更高的要求，特别是高等工科教育急需转型升级。在这个背景下，学校提出开展工程教育认证培育试点工作，这对学校来说是个新课题，一是没有参考，二是需要专业付出极大的努力，更新教育观念，重塑教育过程，凸显专业规范和特色。作为专业负责人，李春旺与教师们形成共识，以对学生负责、对专业未来负责、对学校负责的态度，毅然承担了这个任务，且在短期内取得了一定进展。学校提出委托专业做关于 OBE 的培养方案和课程开发研究，教研室在繁重的科研和教学任务下，组建了研究团队。虽然工作压力又增加了很多，但是他没有任何怨言，因为这是对学生、对专业和学校都有益处的事情。

三、立德树人，引领青年教师和学生成长

李春旺认为师资水平是提升教育教学质量的前提条件，青年教师的品格、眼界、专业水准是教育的希望。作为系里的负责人，他十分关心青年教师的发展，投入大量时间关注和帮助青年教师成长，了解他们在工作和生活上的困难，并不断鼓励青年教师，帮助梳理成长路径，经常和青年教师进行交流探讨，引导他们提升自己的胸怀和境界，站在全局的角度思考问题，积极给他们争取项目、经费、资源，亲自帮助修改各种申报文本，出谋划策，尽可能地为青年教师的成长提供支持。

　　他虽然工作很忙，但是对学生丝毫不放松。他对学生严格是出了名的。他常对学生说，想学好本事，光靠课上不行，课下也得努力。他强调学生项目要真做、要落地，他不愿意也不喜欢凑合，同时还总提出一些新的想法，无形中就增加了许多工作量。学生们都说，要是想挑战自己一把，就参加李春旺老师指导的小组。跟着他做项目累是真累，但是也真出成果。仅仅近几年他指导的学生科技立项，就制作了 4 件实物样机，在学科竞赛中也取得了非常好的成绩。

　　李春旺老师就是这样，默默奉献、辛勤耕耘着……他时刻牢记作为一名教师的职责和使命，把责任放在心间，把担当付诸行动，不忘初心、立德树人、潜心育人，是学生们心中名副其实的"有理想信念、有道德情操、有扎实学识、有仁爱之心"的好老师。

用爱心、奉献、实干诠释教育初心

2017—2018 年度学院三全育人先进个人 王璐

王璐，女，中共党员，汉族、硕士、高级讲师，生物医药系行政教学秘书。她自 2008 年入校以来，一直奋斗在教学管理、服务的第一线。她在工作上认真负责，积极肯干，在平凡的岗位上，无私奉献、爱岗敬业，在繁杂琐碎的工作中，能够做到安排有序、高质高效，受到师生好评。曾在 2010 年获得学院"三育人"先进个人称号。

一、理想信念坚定，工作认真负责，不忘教育初心

王璐为人正直，有高度的政治责任感和大局观念。她工作中注重学习，并在思想上严格要求自己，理想信念坚定，愿意为教育事业奉献一切。她工作作风踏实严谨，勤奋敬业，能严格要求自己，善于与他人合作，具有很强的服务和管理意识。工作中不敷衍、积极主动，不管是分内还是分外的工作，从不计较，都会竭尽全力认真完成。

二、爱岗敬业，管理服务并举，用爱心和实干赢得好评

作为一名管理人员，王璐具有很强的敬业精神，她将"教书育人、管理育人、服务育人"的理念进行了完美诠释，将"三全育人"思想时刻落实到日常工作点滴之中。

作为系教学秘书，系里一应大小事务，都要协助领导保质保量完成。尤其在迎接本科评估过程中，她负责系里各种相关资料的准备和存档，如毕业论文、试卷及课程档案等，做了大量工作，为保证材料顺利归档，经常加班

到很晚。虽然工作内容琐碎繁杂，她都能做到耐心细致、有条不紊。她还负责学生学籍处理、毕业资格审查，并协助导师做好各年级学生的管理工作。她真心为学生着想，在学校政策允许范围内，一切从有利于学生成长的角度出发，处理解决问题，把爱心、关心贯穿于学生工作始终。如在学籍处理过程中，发现有学生处于学籍警示边缘，会第一时间与导师沟通，帮助导师及时了解掌握学生学习情况，及时给予帮助和指导，避免学生被警示甚至留级处分；在毕业生毕业资格审查时，会在第八学期初提前筛查，筛查出学分不够不能正常毕业的学生，再对照成绩单和培养方案，分析学生所缺课程，提前通知学生及时选课，避免这些学生结业、延期等情况发生。

系办公室是一个综合性很强的部门，工作非常的繁杂和琐碎，面对庞杂的工作，王璐老师都毫无怨言，兢兢业业地完成，同时还能不断创新工作方法，提高工作效率，使各项工作有序开展。

三、教书育人，陪伴学生成长，用真诚和付出赢得尊重

王璐在做好管理服务工作的同时，积极参与学院课程建设，作为课程负责人主持了一门通识教育选修课建设，并成功开课，且课程受到学生普遍欢迎，四年来选课学生达 600 多人次，完成 400 多学时教学工作量，且学生评教均为优秀和良好以上。在授课过程中，她注重理论联系实际，注重学生实际应用能力的培养；教学认真负责，根据学生实际情况，不断改进教学方法；治学态度严谨，课前备课充分，素材丰富，课堂信息量大，生动有趣。该门服饰搭配艺术课程，实践性强，常常见她利用中午休息时间为学生进行指导，对学生进行色彩测试或服装饰品的搭配指导，甚至学生购买衣服，都要通过微信群请她帮助挑选和配色，她都会耐心地给予指导和帮助。在授课过程中，她注重课程思政建设，有意识地把正确的世界观、人生观等思想教育内容结合到课堂教学活动中。在教学中通过多种渠道和方式，采取适合于学生心理特点的措施加以引导，使学生牢固树立正确的思想观点。如在讲到服饰品牌、服饰审美和风格格调等方面，引导学生树立正确的审美观，增强民族的文化认同、不要一味或盲目追逐流行或崇洋媚外，要增强民族的文化自信；在讲授服装用材时，对学生进行环境保护、资源保护（尽量不穿不用动物皮毛服装等）方面的教育；在进行明星模特穿搭点评时，也会用一些正能量明星成长经历对学生进行励志教育，同时也引导学生正确看待娱乐明星的社会影响

并养成独立思考的良好习惯。总之，她会从教学的方方面面对学生进行正面的思想教育。通过这些点滴渗透，陪伴学生从外在形象到内在涵养不断进步、不断成长。

她还积极参与学生课外学术科技竞赛的指导工作，2018 年指导学生参加联大生物学竞赛获得校级一等奖，2019 年指导学生参加北京市大学生化工原理竞赛获得市级三等奖。

四、积极参与学院事务，兼职服务职工，用热心和奉献赢得称赞

王璐工作有激情，做事有热情，在做好本职工作的同时，热心学院事务，积极为教职工服务。作为系分工会主席，配合院工会做好如师德建设、校园文化建设、运动会、教代会等系列工作；同时结合系内实际，开展相应活动，受到大家欢迎；兼职学院女工委员和女教职工委员会主任，结合学院工作，积极组织相关活动，在关注女工身心健康和妇女权益保护方面做出了积极贡献；兼职系教工党支部宣传委员，协助党支部书记做好党建和宣传相关工作。

王璐老师十几年如一日，用爱心、奉献、实干来开展教育教学工作，用高度的责任感和强烈的事业心承担起"教书育人、管理育人、服务育人"的神圣使命。她常说无论是教书育人、管理育人还是服务育人，都体现着学校教育的终极目的——培养德智体美劳全面发展的优秀人才，在此过程中能够尽一份自己的力量，感到无限的光荣和自豪。

以原则、情怀和坚守构筑育人魅力之路

2017—2018 年度学院三全育人先进个人 陈雄鹰

陈雄鹰，男，中共党员，白族，研究生学历，经济学博士，教授，现任资源管理系主任兼教工党支部书记、人力资源管理专业负责人、党政办公室副主任。长期从事劳动经济、人力资源开发与管理领域的教学与科研工作以及与学生培养密切相关的行政管理工作。曾荣获联大师德先进个人、优秀班主任、就业先进个人、优秀教师等荣誉称号。

在工作中，陈雄鹰同志坚持以习近平新时代中国特色社会主义思想为指导，以习近平总书记在全国高校思想政治工作会议上的重要讲话精神为行动纲领，以身作则，以其踏实的工作精神、优秀的业务水平、较高的管理能力、先进的教育理念和突出的教育实绩赢得领导、师生的普遍赞誉，用原则、情怀和坚守履行教书育人、管理育人、服务育人职责，构筑育人魅力之路。

一、原则与风格并重，确保教书育人质量

作为一名教师，在教学过程中免不了会遇到原则与例外的碰撞，如何在情与理中做出合理抉择的同时确保教育质量是经常摆在老师们面前的问题，陈老师在这方面给我们做出了积极正面的表率，这集中体现在陈老师的课堂、毕业论文和学生课外学术科技竞赛指导工作上。学生逃课是大学课堂的常态，很多老师面对这种问题总是感觉力不从心。但陈老师的课堂却很少有逃课现象。他通过创新课堂教学与管理手段，一方面努力提高课堂教学质量吸引学生到课学习，不少学生需要提前去教室占座位，这在人文社科类课程的课堂

上是不多见的；另一方面综合严格考勤、作业提交、突击检查等多种方式，提高学生遵守纪律的意识，约束学生的逃课行为。学生们一边"抱怨"陈老师管得太严，一边又大赞他的上课风格。

在指导毕业论文时，陈老师的认真与严格要求让学生们在深感"备受折磨"的同时，又倍感骄傲。这是因为陈老师从论文写作的内容、方法、文字表达、格式等方面都有近乎严苛的要求，甚至标点符号也不放过，论文中出现的任何问题，都会毫不留情地指出来让学生修改。而面对毕业生平时白天要实习不方便指导论文的问题，陈老师总是牺牲下班后和周末休息的时间，利用学生空闲时间给学生指导论文，陪学生修改论文到深夜也是常事，充分体现了一名教师的育人情怀与风格。正因如此，陈老师被学生戏称为"火眼金睛"，说，"经过陈老师审阅后的论文就可以放心地参加答辩了"，以至于不少由其他老师指导论文的学生也都找陈老师帮忙审阅。陈老师指导的毕业论文每年至少有1篇被评为优秀论文。

在指导学生课外学术科技竞赛和"启明星"学生科技立项方面，陈老师也是不遗余力地给予细心辅导。在他的指导下，每年都有学生或团队获得校级和市级科技立项，其指导的学生课外学术科技竞赛也是佳绩不断。特别值得一提的是，陈老师和另外一名老师联合指导的由人力资源管理专业学生组成的"垃圾匹配分类处理新模式"团队参加第9届"挑战杯"首都大学生课外学术科技作品竞赛，获北京市特等奖；参加第15届"挑战杯"全国大学生课外学术科技作品竞赛获国家级三等奖。这实现了资源管理系学生课外学术科技作品竞赛奖项的新突破。这个奖项中包含着陈老师的大量心血，在参赛的关键时间节点上，他经常与学生一起通宵达旦地研讨和撰写项目成果报告，提醒学生注意从实操、文本撰写到现场答辩的每一个细节问题，让学生们深刻感受到了陈老师小处见风格的人格魅力。

学生在毕业时对陈老师的评价是"陈老师让我们又恨又爱，恨的是陈老师不太讲情面，爱的是他的不讲情面让我们学习和成长了太多，所以恨是假，爱是真，我们都庆幸有这样讲原则又有风格的好老师。"正是这样，陈老师曾被学生评选为"心目中十佳好老师"，获得学校优秀教师荣誉称号。

陈老师讲原则与讲风格并重的教育艺术，也影响着周围的老师们，让老师们意识到严格管理的重要性，学到了如何指导学生的毕业论文，以及明确了对待各个教学环节工作应有的态度。陈老师所带领的资源管理系在校院两级多次的教学文件和毕业论文的检查中均获得专家的好评。

二、情怀与责任同行，创造服务育人佳绩

无论是作为教师、系主任，还是党政办公室副主任，陈老师始终坚持以学生为本，强化服务意识，努力提高服务育人水平。

作为学生导师，陈老师共指导 4 个年级 32 名学生。在积极参与学院纵向班级建设工作的同时，他注意加强与班级内学生的交流，能够掌握每一位同学的学习和思想动向，对于出现问题的同学给予及时的辅导，并注重学生的个性化培养。班内学生都惊叹于陈老师的洞察力，同时也觉得万分温暖，感受到了来自陈老师的关注、关心和陈老师心中的那份育人情怀。陈老师所指导的 2016 届和 2017 届毕业生签约率均为 100%，其中有 3 名学生获市级优秀毕业生，1 名获校级优秀毕业生称号，为资源管理系的学生导师工作做出了表率。根据他所指导的学生反馈，正是陈老师在他们大学迷茫之际给予了最贴心的鼓励与最实用的建议，帮助他们找到了人生的方向，学生们亲切地称他为"人生的导师"。在 2018 届毕业生毕业典礼上，陈老师的学生、北京市优秀毕业生李翀同学代表毕业生做了精彩发言，言语中对母校的感恩感染了在场每位同学，充分体现了一名大学生阳光、正义、有担当的风采，这都离不开陈老师的悉心教导。

作为系主任，为了能给学生提供更优质、更丰富的学习和实践资源，陈老师一方面加强建设校内专业学习的硬软件环境，为校内专业实训提供良好的条件；另一方面注重大力开发和建设校外实习实践基地，让学生拥有更多的实践机会，以切实提升学生实践应用能力。目前，资源管理系两个专业均能为 70% 以上的学生提供校外专业实习或实践机会，建成两个校级校外实习基地和十余个院级校外实习基地。

作为党政办公室主要负责人，陈老师承担着全院学生境外交流的服务工作，积极组织学生开展国际交流活动。一方面，通过讲座、汇报会、招生简章、宣传彩页和展板等形式，向学生们宣传赴德国德累斯顿工业大学留学、暑期赴美带薪实习和暑期赴白俄罗斯等国际交流项目。近两年，学院共有 206 名学生参加了国际交流项目。其中德累斯顿工业大学研究生培养项目已成为学院的品牌项目，生源数量和培养质量都在稳步提升。另外，陈老师负责的聘请外教工作也有较好收效。学院每年聘请美籍外教为在校学生开设英语口

语、英语口语高级研修、英语听说等课程；接待各类外国专家短期来院为学生开展讲座共 6 人次；聘请教授为青年博士开设英语写作研修班，这些课程和培训均得到师生的好评，对于提升师生的英语水平和国际交往能力起到了积极的促进作用，党政办公室的服务工作也得到了全院师生的赞誉。

服务无止境，陈老师就是这样用情怀和责任书写着服务篇章，不断创造着服务育人的佳绩。

三、坚守教育本心，搭建管理育人平台

教育是培养人的活动，也是良心工程，需要我们坚守教育本心。但同时，教育也离不开科学化的管理，需要在坚守教育本心的基础上，强化科学管理，以推动教育目标的实现。

作为系主任，陈老师始终致力于优化学生和教师管理，提高管理效率，并最终提高学生的培养质量，让教育在优质管理的平台上良好运行。一是强化纵向班级管理制度的建设和学生个性化成长方案的建设，提高了各位老师对自己指导的纵向班级的管理意识和管理水平，在 2017 年度优秀班级和优良学风班的评选中，有 3 个班级被评为校级优秀班集体、4 个班级被评为校级优良学风班，占全院获奖班级总数的 1/3 以上。二是加强教学过程管理，规范教学管理流程和制度，明确了各位教师、管理人员的职责，并将各教学环节应完成的工作和应达到的标准细化、具体化，让每位教师对自己工作的完成内容和标准有非常清楚的认识，从而大大地提高了教师们的工作质量，2018 届毕业论文工作因上述管理工作的改进而取得了圆满的结果。三是面对人力资源管理专业实习和毕业实习管理缺失、学生满意度不高的问题，陈老师组织教师一起研讨如何解决这个问题，旨在改进管理过程，提高实习效果，并最终确定了指导老师责任制的方案。虽然这一方案的出台加大了老师们的工作量，但一想到可以提高管理效果和学生实习效率，老师们心中满满的都是满足感。四是推行毕业生就业工作责任制，由每位老师负责自己纵向班级内毕业生的就业工作，通过共性问题集体解决，个性问题由导师、系领导和辅导员共同负责的机制，近两年资源管理系的毕业生签约率在全院都名列前茅。五是完善课程思政建设管理办法，在全系全面推行课程思政建设，让思政进课堂，"守好一段渠，种好责任田"。本学期全系有四门课程先期申报获批了课程思政建设项目，是全院立项数量最多的系部。

陈老师在关心学生的同时，也非常关心老师们。哪位老师的特长是什么、短板在哪里、需要怎么样的培训和学习来强化和提升，哪位老师家里有什么事情、遇到了什么难题，哪位老师最近情绪上有波动，哪位老师身体又不太好了，等等，大到思想动态，小到家长里短，陈老师都能做到心中有数，从而在管理过程中，根据每位老师的实际情况来安排工作。老师们都说："跟着陈老师干活是很累，但我们累并快乐着，因为干完活都觉得没有白干，都有成效，所以心情也是愉快的。"陈老师之所以如此关心老师们，是因为他深刻地知道，离开了老师就谈不上教育，只有提高老师们的工作热情、工作责任感和职业能力，才能做更好的教育。为此，陈老师积极地为老师提供和创造学习、培训和深造的机会和平台，强化教师队伍建设；给予老师们人文关怀，逐步形成积极的团队文化。在陈老师的带领下，资源管理系的工作得到了学院师生的认可。人力资源管理专业教研室曾荣获校级"三育人"先进集体，人力资源管理专业在 2017 年第三方评价中专业排名跻升全国前 20%。资源管理系在学院部门考核中连续两年获得优秀。

俗话说，火车跑得快，全靠车头带。在做好教学、服务和管理工作的同时，陈老师特别注重提升个人政治理论与专业素养。他总是能够在第一时间领会中央、北京市、校院的相关政策和精神，并将其付诸教育实践。他积极参与专业实践，提升专业实践素养，以更好辅助教学。2016 年他被学校再次认定为新一轮双师型教师。在科研方面，近两年主持 1 项省部级项目，参与 2 项国家社科基金项目研究，参与 6 项横向课题研究，2015 年至今，共发表学术论文 14 篇，其中核心期刊 9 篇，撰写专著 1 部。上述成绩不仅是陈老师努力进行自我提升的证据，也从侧面印证了其对所承担工作的胜任能力，更是他在育人道路上能够带领团队稳步前行的基础。

老师们都说，陈老师身上好像有使不完的劲，每天都不知疲惫、精神百倍地工作着，而且还头脑清醒、思路清楚。但是，就像世界上没有"永动机"一样，每个人都会疲惫。陈老师之所以总是能以饱满的精神状态来对待每一项工作，是出于内心对教师这份职业的尊重、敬畏与热爱，是对原则、情怀和坚守的育人魅力之路的美好诠释。

扬帆稳舵促学科发展 保驾护航为培育英才

2017—2018 年度学院三全育人先进个人 尚小雅

尚小雅，女，汉族，博士，研究员，食品科学与工程一级学科（北京市重点建设学科、硕士学位授权学科点）带头人。

一、严于律己，兢兢业业，立德树人

尚小雅老师严于律己，工作兢兢业业、为人坦诚、处事公平、言行透明、决策公开，有理想信念、有道德情操、有扎实专业知识、有仁爱之心，带头弘扬正气，坚持在学科推行积极向上、正能量的科研和教学氛围。

作为食品科学与工程一级学科带头人，她始终坚持强化研究生导师立德树人职责，积极探索研究生教育立德树人新机制，积极推进科学道德和学风建设。以科研育人为抓手，做到科研与育人相结合、相统一、相促进。以立德树人作为中心环节，把思想政治工作贯穿教育教学全过程，加强对学生的思想引领和价值引领，给学生树立正确导向，对学术不端"零容忍"，培养学生实事求是、认真求实的科学精神和科学道德，树立正确的世界观、人生观、价值观。培养出具有良好政治理论水平与素养，拥护党、热爱祖国，遵纪守法，有良好的职业道德品质、学术诚信的高素质人才。

二、在学科内组建教授团队，加强学科建设

作为食品科学与工程一级学科带头人，尚小雅主动拜访食品界院士孙宝国先生，听取了权威专家对我国食品科学界现状的全面分析和对学校食品学科发展的意见和建议，及时在学科内讨论通过了一级学科发展的 4 个研究方向，围绕大健康领域，设置了食品科学、食品营养学、食品安全和农产品加

工与储藏工程 4 个有特色的研究方向，明确了方向带头人，组建了教授团队，解决了多年来学科内部没有团队和方向，教师各自为政、单打独斗的局面。

在前辈金宗濂教授的引荐和学院张恩祥院长的支持、努力下，学院将全国著名专家王硕教授聘为学科的特聘教授。尚小雅在学科建设、2017 年博士授权点申报书的撰写及 2018 年食品科学与工程一级学科硕士授权学位点自评总结报告的撰写、专家评审及权威专家的会评中都发挥了引领作用，并为教师的研究发展提出了宝贵的意见和建议，让大家受益匪浅。

尚小雅还与美国哈佛大学医学院、美国斯坦福国际研究所生物科学部、美国明尼苏达大学双子城分校等 6 所国外著名大学的相关院室共建了研发平台，并聘请相应方向的 6 名教授担任两个省级重点实验室的方向负责人，引进和聘请的专家教授在学科建设中起到了非常重要的作用。

三、积极推进团队建设和青年教师的培养

作为学科带头人，尚小雅坚持以提高团队建设、提高中青年教师的师德和业务水平为重点，以培养、引进学科领军人才和方向带头人，引进培养年轻的优秀博士、建设合理的学术梯队为核心，努力建设一支师德高尚、业务精湛的师资队伍。

2017 年 5 月开始，她带领生物活性物质与功能食品重点实验室的 4 个团队，圆满超额优质完成了学校面向特色团队的科研项目，凝练了研究方向、加强了团队建设。她还积极做好优秀人才的引进工作，同时为了拓展现有专业教师的知识层次和结构，提高教师的国际化交流水平，鼓励年轻的副教授和教授积极联系去国外知名高校进行访问学习的专业对口单位，并督促指导年轻教师积极申报国家留学基金委的全额资助项目，同时对年轻教师的出国英语培训经费提供全额资助。为提高学科现有教师的专业检测水平，她还与中国科学院等高水平检测平台负责人积极联系，争取合作机会，提高教师业务水平。

为了贯彻学校《推进本科教学工作审核评估工作的方案》文件精神，加强"双师双能型"教师队伍建设，支持教师行业企业实践，切实提升社会服务能力，她积极与年产值超亿元、与学科专业方向紧密相关的 3 家北京企业：北京北大维信生物科技有限公司、北京东方红航天生物技术股份有限公司和北京绿色金可生物技术股份有限公司联系，签订了教师企业实践基地；带领 3

位年轻教师与北京北大维信生物科技有限公司进行项目对接，进行企业的项目实践。

四、积极推进研究生招生宣传，创新研究生培养机制

尚小雅积极推进研究生招生宣传，2017 年带领本学科多位教授，历时两个多月，跨越 6 个省进行了 14 场 1231 位学生参加的招生宣传。2018 年她带领方向带头人对本校食品和生物医药专业学生进行了招生宣传，对外校学生安排了暑期夏令营活动，争取更优秀的学生报考本学科的研究生。经过不断努力，在近两年招生工作中，面试一次就能招满，2018 年在别的学科没招满的情况下还额外增加了 2 个招生名额，且首次有 2 位外校考生第一志愿考取。

2017—2018 学年她还修改和调整了研究生教学大纲，提供给每个方向的研究生足够多的选择和实验实践的机会；为拓展学生的国际化视野，开设了 3 门全英文专业课，提升研究生培养质量。

她还主持制定了研究生导师招生文件，实行第一导师负责制，第一导师必须有项目才有资格带研究生，研究生进入导师团队共同培养；每位研究生都必须参加到导师的科研课题中，通过科研项目的执行，提高研究生分析问题和解决问题的能力和学术水平，确保研究生毕业后能够适应社会对高层次人才的需求。

五、积极发挥学科带头人示范作用，引领教师共同成长

尚小雅在 2017—2018 学年获北京市教育委员会和自然基金联合的重点项目 1 项（80 万元），获联大领军人才项目 1 项（40 万元），以第一参与人与中国医学科学院北京协和药物研究所、北京工商大学联合申请获得国家自然科学基金面上项目 2 项。以通讯作者发表 SCI 研究论文 4 篇。在教学、科研方面，她悉心指导年轻教师，帮助其快速提升执教能力与科研能力，充分发挥作为学科带头人的示范作用，引领教师共同成长。

做学生健康成长的引路人

2017—2018 年度学院三全育人先进个人 申秋燕

申秋燕，女，公共基础课教学部体育教研室教师，从教近 20 年来，她认认真真，兢兢业业，时刻以引导学生健康成长为己任，关爱学生，以爱为舟，以教为桨，甘做学生成才的引路人。

一、言传身教，润物无声

申秋燕坚信一名教师无论是教什么课程，只要站到讲台上，就是一盏灯，对人生的理解深度、对国家的爱、对父母的敬、对生命的珍惜，会在点点滴滴的语言中流露出来。她深信经典不是普通的文字，是千百年来人生经验的总结，是前人为我们规划出的人生路线图。无论遇到事业中，还是家庭中的重大抉择，读圣贤经典，阅历史文献，询事物客观规律，并以此作为参考，都能够不断地进行自我校正，反观自己的理念正误，提高自我修养与自我认识，理清自己的思路，改善自己的观念，才能更加客观地引导学生。因此，她在余暇时间养成了读书的习惯，精读中华文化经典《论语》《道德经》《弟子规》《了凡四训》，并把从读书中领悟到的理念自觉运用在教学、训练、生活中，在潜移默化中引导着学生们，帮助很多同学重塑了他们的观念，引导学生们健康向上，充满正能量。有的学生也在她的带动下，自觉诵读中华文化经典著作，并定期共同交流读书体会，共同感悟读书带来的收获与成长。

二、课程思政，育人无痕

申秋燕积极推进课程思政建设，主持院级课程思政专题教改项目 1 项，精心进行课程设计。她转变大学体育教学理念，通过改革课上体育课程设置、创新课外体育活动机制、打造校园体育文化，在切实帮助大学生提升体能的同时，重视充分发挥大学体育教学的多方面育人功能，将德育教育渗透到体育课程之中，让"体育"的概念深入每个学生的生活中去，辅助大学生真正成长成才。她注重强化价值观引导，利用体育讲堂，用体育明星充满正能量的故事和人生体会，引导学生树立积极向上的人生观；完善教学方法及教学手段，运用多种教学方法，如激发兴趣法、增强信心法、个别谈心法等，适时地对学生进行德育教育，满足学生多种情感需求，促进学生健康行为习惯和良好道德品质的形成，同时提高体育教学的质量；参与制定、完善教学评价体系，学生成绩评定突出团队考核，结合多种考核元素，制定更科学的评定体系；积极努力推进校园体育文化建设，以贯彻体育育人教育理念、提升学生体质健康水平为活动宗旨，认真组织、大力开展校园体育运动，丰富了同学们的课余生活，提高了学生运动技术水平和身体素质，培养了学生热爱体育、崇尚运动的精神，增进了各系间的交流和学习，进一步营造了团结协作、顽强拼搏的校园文化氛围，全面提高了学生的综合素质。

她开设了"形象塑造"选修课，引导学生重新认识中华文化和西方文化的差异，发现中西文化中对美的理解和认知的差异，让学生知礼仪、守礼仪，自觉塑造自我良好形象。她在普修课的教学中积极发现学生的特长，并按照学生的特点推荐他们到不同的社团进行学习和磨炼，还亲自组建了国标社团，每年代表联大参加首都高校体育舞蹈比赛，取得了较好的成绩。2017 年以来，社团共取得奖项第一名 1 个，第三名 3 个，第四名 3 个，第五至八名 10 个。丰富了学生业余生活的同时，也有效地促进了学生综合素质的提升。

三、亦师亦友，关爱学生

申秋燕认为作为老师只教知识是不够的，关心学生本身，应当始终成为奋斗的主要目标，应该站在生命的高度，用一颗真诚的心梳理教学体系。她在日常教学的同时，注重关心学生生活及学习状态，发现问题，及时给予关爱和引导，多次帮助学生疏导心理困惑，帮助学生理清思路，解决问题。她认为当学生有了理智，就会有良好的道德思想，良好的道德思想决定他们的行为习惯，良好行为习惯的养成便会决定一个人幸福的生活。

几年前有名男同学选修了申老师的交谊舞课，一次偶然的聊天中他告诉申老师自己小时候父母离异，父亲另娶，母亲独自带着他长大，十几年中一直在母亲对父亲的怨恨中成长，觉得父母就像一块石头压在自己心里使自己无法呼吸。面对这名同学的无助，申老师对他进行了耐心的开导，在申老师的关心下，该同学顺利完成学业，找到了自己喜欢的工作。后来，该同学又跟申老师聊起"对父亲没有感情，只有恨"，申老师开导他要牢记父母的生养之恩，建议他试试先改变一下自己，先去表达自己的爱。在特殊的节日为父亲买一些礼物，温暖父亲的同时或许自己也会被温暖……申老师的话触动了他内心最柔软的一面，当时这个大男生硬撑着没让泪水落下来。再一次见面，这名男生告诉申老师"春节给父亲买了工作地的特产，还为同父异母的妹妹买了玩具，礼物寄出的那一刻，压在自己心中多年的大石头放下了"。

她就是这样无数次关爱学生、解学生之所难、带学生走出困境、做学生亦师亦友的知心人。甚至学生毕业之后走向社会遇到困境，也很愿意找申老师倾诉，而她也愿意倾其所能，帮助学生打开心结，像一缕温暖的阳光照进学生的心田，照亮学生前行的路。

习总书记曾经说过，一个人遇到好老师是人生的幸运，一个学校拥有好老师是学校的光荣，一个民族源源不断涌现出一批又一批好老师则是民族的希望。师者，人之模范也，一名合格的老师，为师亦为范，首先要做道德上的合格者，以德施教，以德立身。申秋燕老师一直以来就是这样要求自己的，并且将坚持这样做下去！

以学生为本 创新育人模式 服务学生成长

2017—2018 年度学院三全育人先进个人 霍罡

霍罡，男，中共党员，副教授，现任学生处副处长。曾获2013—2015 年度、2015—2017 年度生物化学工程学院优秀党务工作者，2015—2016 年度联大"三育人"先进个人称号。

霍罡老师从事学生工作多年，他始终坚持以学生为本的理念，用责任心和爱心做好学生管理与服务工作。以军训、心理健康、就业、宿舍管理、辅导员团队建设等其分管的重点工作为主要抓手，切实做好育人工作称号。

一、加强严的管理，打造优良学风

为迎接本科教学审核评估，打造优良学风，霍老师主持制定了《联大生化学院早晚自习管理制度》，在大一新生中实行早晚自习，组织辅导员和学生干部做动员、抓考勤；与各系及基础部主任协作，专业教师配合设计早晚自习的学习内容，早自习以学英语、背单词为主；晚自习以写作业、专业启蒙讲座和基本功训练为主。在实施过程中，根据实际情况，不断完善细化管理制度。经过一段时间的努力，狠抓大一学风初见起色，很多同学已养成上早晚自习的好习惯，甚至在周末也能自觉坚持上早晚自习。

他以《北京联合大学学生公寓管理规定》为依据，狠抓学生公寓管理，培养学生的规矩意识。为帮助学生养成良好的作息习惯，对所有学生公寓实施夜间断网，提倡早睡早起。现在，宿舍里熬夜玩游戏、视频聊天的少了，这项措施也受到绝大多数学生的认可。他对违纪行为出重拳治理，宿舍禁烟，堵疏结合；在消防大检查中拆除床帷子60多个，消除了火灾隐患，严肃批评违纪学生，建立全员防火意识。他还制定了辅导员与宿管老师的每月碰头会制度，会上及时交流宿舍中的问题，帮助辅导员全面掌握学生状态，开展有针对性地教育。目前全员育人、全过程育人的模式已经成型。

他认真总结 2017 年就业工作中的问题，强化 2018 年就业工作全过程质量控制，主持制定了《2018 年毕业生就业工作考核与奖励方案（试行）》，设置了三个过程考核节点，旨在激励各专业在保证就业率不下滑的前提下抓签约率，保证了就业质量。

二、融入爱的管理，打造和谐校园

霍老师坚持日常巡视学生公寓，主动协调后勤保卫处、教务处和各系部合力解决学生的实际问题。为 2017 级新生全部配备了床垫子；在各公寓重建洗衣房，安装晾衣架，并为不便安装晾衣架的一公寓购买了活动晾衣架，满足基本生活需求；在公寓内安装自动售货机，方便学生购买食品；筹建校园内的快件驿站，改善校园周边的取件乱象，保障师生人身安全。2017 年冬季供暖前夕，学生一公寓 606 室因暖气试水而"受灾"，他亲自来到宿舍慰问"受灾"学生，为他们更换了新被褥，帮助学生克服困难，"受灾"学生都纷纷表示很暖心，感谢学院和老师的关爱。在日常的宿舍管理工作中，他还要求宿管老师深入宿舍，像家长一样关心学生疾苦，发现问题及时反馈、解决，共同营造家的温馨氛围。

他非常重视学生心理工作，鉴于学生心理问题日渐突出，他建立心理健康群，组织辅导员参加心理咨询师专业培训，聘请安定医院教授级专家为全院导师举办心理健康知识讲座，普及心理学知识。由于学生心理咨询需求旺盛，聘请已退休的周学英大夫作学院兼职心理咨询师，帮助学生疏导心理问题，排忧解难。一年来，周大夫已对在校生开展一对一心理咨询 20 余人次。利用"辅导员+导师"的工作模式及时排查学生的心理问题，做到早发现、早治疗，体现了对学生身心健康的关爱。

霍老师高度重视学生就业工作，统筹学院总体就业进展。建立学生就业工作群，及时发布就业通知、招聘信息、政策解读，实现快捷服务。加强与各系部领导的沟通，分析解决实际问题，督促各专业的就业进度。每周五发布就业数据，精准把握就业进度，并细化到每位导师名下学生的就业状态，帮助导师及时做好毕业生的就业推荐工作。同时，在学生事务大厅设立就业窗口，派专人耐心细致地解答毕业生的就业问题，提供个性化服务；暑假期间就业工作也不间断，为毕业生提供派遣、改派、取档等服务，做到急人所急。在全体师生共同努力下，2017 年学院就业率达 97.97%，在 2017 年度校先进就业单位评选中位列第四。他本着以学生的长远发展为本的原则，教育学生树立正确的价值观和择业观，扎实推进 2018 年就业工作。

霍老师特别关注新疆籍少数民族学生的学习生活，深知民族问题无小事，要以讲政治的高度来对待。自学院招收新疆少数民族学生至今，他坚持每学期开 2—3 次新疆生例会，听取意见，上报院领导，主动协调相关部门帮助他们解决学习、生活中的实际问题和困难。其中包括解决清真餐厅饭菜质量和口味的问题，调解汉族与维吾尔族同学因饮食习惯不同产生的摩擦，帮助学习吃力的新疆生与汉族学生结成帮扶对子，开展一帮一辅导。几年来，组织新疆生古尔邦节联欢、进国家大剧院听交响乐，增进了民族感情。对新疆生学业上关注、生活上关心，力促学院成为温暖、和谐的民族大家庭。

三、关心辅导员成长，打造研究型团队

辅导员是学生管理工作的主力军，需围绕育人的根本任务，不断提高自身的素质和水平，研究问题，完善管理方法和途径，对学生施以积极的影响，适应新时代大学生的需求。

目前，学生管理事务性工作过于繁杂，辅导员们沉浸于事务性工作中，消耗了大量精力，塌下心来研究问题的时间不足，缺乏系统性学习和培训，对他们的长远发展不利。鉴于这种情况，霍老师提议成立了辅导员工作室，建立定期学习、研究制度，指导每位辅导员明确自己的研究方向，打造研究型团队，对学生问题开展有针对性的、多角度的学术研究，取长补短，并创造更多的外出学习交流与业务培训机会，提高他们思政教育的理论水平，带领辅导员团队稳步成长。

霍老师深知管理育人责任重大，在工作中秉承以学生为本的理念，不断创新育人模式，勇于实践，改进作风，严于律己，廉洁奉公，不忘初心，牢记使命，在着力培养"守规矩，重情义，有担当"的新时代大学生的道路上坚定前行。